历史的起源与目标

Vom Ursprung und Ziel der Geschichte

Karl Jaspers

[德]卡尔·雅斯贝斯 | 著

李夏菲 | 译

漓江出版社

著作权合同登记号桂图登字：20-2017-106

图书在版编目（CIP）数据

历史的起源与目标 /（德）卡尔・雅斯贝斯著；李夏菲译．
—桂林：漓江出版社，2019.5（2025.11 重印）
ISBN 978-7-5407-8595-6

Ⅰ.①历…　Ⅱ.①卡… ②李…　Ⅲ.①雅斯贝尔斯（Jaspers，Karl 1883-1969）-历史哲学-哲学思想　Ⅳ.① B516.53

中国版本图书馆 CIP 数据核字 (2019) 第 006367 号

LISHI DE QIYUAN YU MUBIAO

历史的起源与目标

[德] 卡尔・雅斯贝斯　著

李夏菲　译

出版人：梁志
策划编辑：张谦
责任编辑：谢青芸
特约编辑：周斯焱
书籍设计：石绍康
责任监印：张璐

漓江出版社有限公司出版发行
广西桂林市南环路 22 号　邮编：541002
发行电话：010-65699511　0773-2583322
传真：010-85891290　0773-2582200
邮购热线：0773-2582200
电子信箱：ljcbs@163.com
微信公众号：lijiangpress
北京中科印刷有限公司印刷
［北京市通州区宋庄工业区 1 号楼 101 号　邮政编码：101118］
开本：880mm×1230mm　1/32
印张：13　字数：285 千字
2019 年 5 月第 1 版　2025 年 11 月第 9 次印刷
书号：ISBN 978-7-5407-8595-6
定价：55.00 元

译 序

卡尔·雅斯贝斯（Karl Theodor Jaspers）是20世纪重要的德国哲学家、精神病学家。作为前者，雅斯贝斯是生存哲学的奠基人之一，他的哲学著作对生存哲学、宗教哲学、历史哲学都产生了深刻影响；作为后者，他的《一般精神病理学》从方法论上帮助精神病理学成为一门科学[①]。在这两个领域，雅斯贝斯都举足轻重，建树甚丰。

《历史的起源与目标》（*Vom Ursprung und Ziel der Geschichte*）是雅斯贝斯最重要的历史哲学著作，也是他的代表作之一。在本书中，雅斯贝斯从历史哲学的角度出发，以宏观且开放的目光审视了人类的过去、现在和未来，探讨了历史的意义，勾勒出一个世界历史的结构。雅斯贝斯在书中提出的“轴心时代”思想在历史学界引起了很大反响，也为欧洲的汉学研究、文化史和宗教史研究所吸纳。这本书首次出版于1949年，至今经历了十次再版，引起了广泛的讨论。

2017年，由库尔特·萨拉蒙（Kurt Salamun）整理编纂的雅斯

---

① 参见［德］维尔纳·扬扎里克:《雅斯贝斯、库尔特·施耐德和海德堡精神病理学》，载自［德］珍妮·赫什等:《卡尔·雅斯贝斯，哲学家、医生、政治思想家》，皮佩出版社，1986，第121页。

贝斯全集第一编第十卷《历史的起源与目标》在巴塞尔出版，这是本书的德语最新修订版。本译文即根据这一版本译出。

一、走向哲学之路

雅斯贝斯认为，“在哲学上没有任何东西是可以与人相分离的”，“当人们探讨一位哲学家的思想时，他的基本经验、他的行动、他的世界和日常行为都是不可忽视的”①。就雅斯贝斯本人而言，他的成长和生活经历同样在很多方面影响了他的思想发展。作为一位哲学家，雅斯贝斯从未接受过专门的、学院式的哲学教育，“我的哲学是透过生活本身不断发展的”②。

1883年2月23日，雅斯贝斯出生在德国北部城市奥尔登堡。他自幼家境富裕，父亲卡尔·威廉·雅斯贝斯（Karl Wilhelm Jaspers）曾经做过法官，后来在奥尔登堡借贷储蓄银行担任董事，出任过州议会议员、市议会主席。他的母亲亨丽埃特·雅斯贝斯（Henriette Jaspers）出身于一个祖辈务农的家庭，她性情开朗，对一切精神活动都有浓厚的兴趣。在子女的教育问题上，这对父母总是鼓励孩子独立思考，有意培养孩子的意志，尽力避免在精神上对其施加钳制，他们始终“以身作则教育孩子，不去利用身为父母的权威，也不将某种客观权威树立成标尺”③。在这个家庭里，“盲目

① [德]卡尔·雅斯贝斯:《哲学自传》，载自[德]卡尔·雅斯贝斯:《哲学与世界》，皮佩出版社，1958，第319页。
② [德]卡尔·雅斯贝斯:《关于我的哲学》，载自[德]马蒂亚斯·波姆特（编）:《开放的视野：雅斯贝斯研会年鉴2015/2》，瓦施坦出版社，2015，第39页。
③ [德]汉斯·萨那:《卡尔·雅斯贝斯》，侯沃尔特出版社，1974，第15页。

服从被看作是恶习”[①]。对孩提时代的雅斯贝斯来说，严谨理性的父亲和乐观宽容的母亲是他的楷模，他们令雅斯贝斯感到无限的理解和爱。

雅斯贝斯自幼体弱多病，18 岁的时候，他被诊断出患有肺部支气管扩张、早期肾炎，并且由于肺气肿导致心脏功能不佳。疾病使雅斯贝斯几乎始终都在面对迫在眼前的死亡威胁，他时刻都必须艰难地协调工作和健康之间的紧张关系。这种与常人不同的生活处境促使雅斯贝斯领悟出他哲学思想中的一个基本概念：极限情境（Grenzsituation）。雅斯贝斯将“死亡、偶然事件、罪责和世界的不可靠性”[②]称为极限情境，而人在无法回避的极限情境下才会意识到自己的本质[③]，因此，“继惊讶与怀疑之后，意识到极限情境是哲学更深的起源”[④]。

雅斯贝斯自中学时代起便已阅读过不少哲学著作，对斯宾诺莎尤为着迷[⑤]，但他那时并没想过把哲学研究当作自己的终身事业。1901 年，中学毕业的雅斯贝斯起初选择追随着父亲的脚步攻读法学，但却在三个学期的学习中渐渐感到研究法律无法使他满足，而将注意力转向诗歌、艺术和戏剧。在对当时的社会环境感到不满的同时，他在自然、艺术、诗歌与科学中感受到了伟大和壮美[⑥]。雅斯贝斯决定弃法从医，在那时的他看来，医学“把全

①《卡尔·雅斯贝斯》，第 15 页。
②［德］卡尔·雅斯贝斯（著）：《哲学导论》，皮佩出版社，1971，第 20 页。
③ 参见《哲学自传》，第 387 页。
④《哲学导论》，第 18 页。
⑤ 参见《哲学自传》，第 278 页。
⑥ 参见《哲学自传》，第 278 页。

部自然科学和人作为对象，打开了一个最为广阔的领域”[①]。出于对人本身的兴趣和热爱，雅斯贝斯选择了精神病理学。当晚年的雅斯贝斯在《哲学自传》(*Philosophische Autobiographie*，1957)中回顾这一职业选择时，他这样写道：“从青年时代起，我便已在不断探索哲理。我是从哲学的动机出发而从事医学和精神病理学的。我当初未把哲学作为终身事业，只是因这任务的伟大而感到情怯”[②]。

1909年，雅斯贝斯在海德堡取得医学博士学位。随后，他开始在海德堡大学精神病院从事精神病理学研究。1913年，《一般精神病理学》(*Allgemeine Psychopathologie*)出版，它奠定了雅斯贝斯在精神病理学领域的地位。在当时，精神病理学研究并未形成自己的理论和方法，神经学、解剖学、遗传学、心理学等各类解释众说纷纭，而占据主导地位的是韦尼克(Carl Wernicke)和梅涅特(Theodor Meynert)的理论，二者从神经学出发，认为一切精神疾病均是由脑的生理进程引起的。[③]雅斯贝斯不赞同这种将人的身体与精神割裂开来的研究方法，在他看来，精神病学的研究对象是人，不仅是人的躯体，更是人的精神、人格和人本身。[④]在《一般精神病理学》中，他以狄尔泰(Wilhelm Dilthey)的主张——“我们解释自然，但我们理解精神生活”为理论基础，运用胡塞尔(Edmund Husserl)的现象学对精神病人的幻觉、妄想、情绪等加

① 《哲学自传》，第279页。
② 《哲学自传》，第501—502页。
③ 参见：[德]H. 赫夫纳：《卡尔·雅斯贝斯：一般精神病理学100周年》，载自《神经医生》，2013，第1285页。
④ 参见：《哲学自传》，第292页。

以描述，从而把精神医生难以涉足的病人主观世界直观地呈现出来。在“哲学家们的促动下”[①]，雅斯贝斯为精神病理学研究提供了新的研究方法，他将其称之为“理解的心理学”。他的这本著作也被视为现象学精神病理学的开山之作。

凭借《一般精神病理学》，雅斯贝斯获得了在大学任教的机会。由于当时海德堡大学医学院已没有空余的讲师名额，雅斯贝斯选择进入海德堡大学哲学系，讲授新开设的心理学课程。这一选择将他“引上了命定的道路”[②]。在这里，雅斯贝斯走进了一个哲学家的世界。他的职责虽然是讲授排除掉哲学的心理学[③]，但很快，他的哲学冲动便促使他突破了这种限制。以亚里士多德的主张——“心灵可以说是一切”——为基础，雅斯贝斯开始在心理学的名义下研究可以认识的一切[④]，这一点对他的思想发展有着决定性意义。1919 年，雅斯贝斯完成了《世界观的心理学》（*Psychologie der Weltanschauungen*），它虽以心理学为题，但已在探讨哲学问题，书中所涉的一些概念，如生存、极限情境、爱等，成为雅斯贝斯一生的研究重点。这本书后来被看作是现代生存哲学的首部著作，它的出版成为雅斯贝斯学术生涯的一个转折点。雅斯贝斯自此决心投身哲学研究。1922 年，雅斯贝斯被聘为海德堡大学哲学教授。到 1932 年，经过十年的积累和沉淀，雅斯贝斯先后完成了《时代的精神状况》（*Die geistige Situation der*

① 《哲学自传》，第 295 页。
② 《哲学自传》，第 301 页。
③ 参见《哲学自传》，第 303 页。
④ 参见《哲学自传》，第 303 页。

Zeit）和三卷本的《哲学》（*Philosophie*），前者赢得了广泛的读者，使他成为公众谈论的人物；后者迄今仍是德语世界中唯一一部全面探讨生存哲学的著作①。1948 年，雅斯贝斯离开海德堡，前往巴塞尔大学任教。1969 年，他在巴塞尔逝世。

雅斯贝斯不曾在哲学系做过学生，却从过去的大哲中找到了自己哲学道路上的老师。雅斯贝斯早年曾钻研过斯宾诺莎，但对他哲学思想的形成影响最大的还要属克尔凯郭尔（Søren Kierkegaard）和康德（Immanuel Kant）。第一次世界大战期间，雅斯贝斯开始阅读克尔凯郭尔的著作，在他的思想启发下提出了自己的生存概念②，这一概念构成了雅斯贝斯生存哲学的核心。之后，雅斯贝斯又从对康德哲学的研究中，将理性的概念和要求加入到自己的生存哲学框架之中。因此，他的哲学可以说兼有理性主义和非理性主义的特点。在《普通精神病理学》写作时期，雅斯贝斯接受了胡塞尔现象学的影响，但随后他的思想便远离了现象学。同时代的思想家中，对雅斯贝斯影响最大的是马克斯·韦伯（Max Weber），雅斯贝斯在许多自传体文献中都曾提及这种影响。在雅斯贝斯看来，他的时代缺乏伟大的、本来意义上的哲学家，“现代世界的特征也许在于，最出色的哲学家并不总是‘哲学家’，而是一些不凡的专业科学家”③，同时代的人里，他只将马克斯·韦伯和阿尔伯特·爱因斯坦（Albert Einstein）看作哲学上的楷模④。

---

① 参见《卡尔·雅斯贝斯》，第 43 页。
② 参见《哲学自传》，第 389—390 页。
③ [德]卡尔·雅斯贝斯:《世界观的心理学》，施普林格出版社，1919，第 2 页。
④ 参见《卡尔·雅斯贝斯》，第 139 页。

二、哲学家的历史情怀

在雅斯贝斯的三十余部著作中，《历史的起源与目标》是唯一一部集中反映他的历史哲学和历史观的著作，但它并非孤立地产生的，而是雅斯贝斯的哲学世界史构想的一部分，这一构想肇始于雅斯贝斯思想上的又一发展。

1933 年，德国纳粹上台，在纳粹阴影下生活的十二年构成了雅斯贝斯生活和思想的另一个转折。雅斯贝斯的妻子格特鲁德（Gertrud Jaspers）是德国犹太人，雅斯贝斯与她一生恩爱甚笃。因不肯与妻子离婚，雅斯贝斯成了纳粹的眼中钉。1933 年起，雅斯贝斯被排斥于一切大学行政事务之外；1937 年，他的教授职位遭到剥夺，被迫走下讲台；1938 年后，他失去了出版的权利；到了 1945 年，就连他和妻子的生命也遭到严重威胁——一位朋友暗中告诉雅斯贝斯，由于纳粹的最终解决方案，他与妻子将于 4 月 14 日被遣送集中营。[①]1945 年 4 月 1 日，美军占领了海德堡。雅斯贝斯在自传中写道："一个德国人不会忘记，他与妻子能够活下来，得要感激美国人，感谢他们反对那些以纳粹德国的名义想要置他于死地的德国人。"[②]纳粹的恐怖统治和被祖国抛弃的经历使雅斯贝斯作为一个德国人的自我意识产生了动摇，他开始重新思考何为德国人，萌生了做一个世界公民的渴望。

---

① 参见《哲学自传》，第 353 页，载自《卡尔·雅斯贝斯》，第 48 页。
②《哲学自传》，第 353 页。

> 所谓“德意志”的，都只是由德意志的语言和在这种语言中得到展示的精神生活，以及由这种语言所传递的宗教和道德现实聚合到一起的。这样的“德意志”有极多含义。政治上的德意志只是其中的一个维度，并且是一段不幸的，从一个灾难走向另一个灾难的历史。所谓“德意志”的，它们活跃在伟大的精神空间中，在精神上进行创造和奋斗，它们无须称自己为德意志的，也不具有德意志的意图和德意志的骄傲，而是凭借事实、理念和世界范围内的交流，在精神上活跃着。①

在这段时间中，雅斯贝斯的研究兴趣也发生了一些转变。1937年起，雅斯贝斯开始通过阅读获取“关于世界的新知识”②。1939年春，他结识了印度学学家海因里希·齐默尔（Heinrich Zimmer），齐默尔带给他许多来自中国和印度的文献及译文。徜徉在中国的精神世界中，雅斯贝斯感受到一种“共同的人性起源”③。对中国哲学的研究使他意识到，“我们正从欧洲哲学的暮色走向世界哲学的晨光”④。雅斯贝斯决定写作一部哲学的世界史，他深知这任务艰巨而人力有穷，但同时，他也清楚地看到完成这个任务的必要性和迫切性⑤。哲学的世界历史成为雅斯贝斯其后二十五年中的一个工作重点，为此他笔耕不辍，在身后留下了两万余页相关手稿⑥。

---

①《哲学自传》，第 357 页。
②《哲学自传》，第 383 页。
③《哲学自传》，第 383 页。
④《哲学自传》，第 386 页。
⑤ 参见《哲学自传》，第 385 页。
⑥ 参见《卡尔·雅斯贝斯》，第 78 页。

1949 年出版的《历史的起源与目标》就是雅斯贝斯在这一方面的重要研究成果之一。

雅斯贝斯关于哲学世界史的构想源于他的世界哲学理念。在他看来，世界哲学绝非是各国哲学的简单加和，而是以世界范围内的普遍交流以及普遍交流的可能性作为基础的哲学思考，同时，它也为世界范围的交流创造思想上的空间。从这个意义上来说，世界哲学也可以说是雅斯贝斯生存哲学的一个发展。

雅斯贝斯将人的存在方式划分出四个层级，分别是此在（Dasein）、一般意识（Bewusstsein überhaupt）、精神（Geist）和生存（Existenz）[①]。此在是人的肉体存在，即生物学意义上的人的生命，包括人的本能和冲动，是最低一级的人的存在方式；一般意识是知性（Verstand），是人进行认识和逻辑思考的能力与可能性，是一切个别意识现象中的同一意识；精神是人在此在和一般意识的基础上达到的理念和价值观之总体；生存是人最高一级的存在方式，是人的本真存在（eigentliches Sein）。与前三个层级不同，它无法从经验的角度进行把握。雅斯贝斯将人的自我存在（Selbstsein）称之为生存（Existenz），它"不是如是存在（Sosein），而是能存在（Sein-können），即，我不是生存，而是可能的生存，我不拥有自身，而是趋向自身"[②]。生存是雅斯贝斯生存哲学的核心，它是开放的可能性，这种可能性以自由为基础，其本身也象征着自由。那么，我们如何才能实现生存，实现自我存在呢？雅斯贝斯认为，自

① 参见：[德]卡尔·雅斯贝斯（著）：《理性与生存》，皮佩出版社，1984 年，第 84 页。
② [德]卡尔·雅斯贝斯（著）：《鉴于启示的哲学信仰》，载：[德]卡尔·雅斯贝斯（著）：《人是什么？——写给所有人的哲学思考》，皮佩出版社，2000 年，第 173 页。

我存在存在于交流之中，只有与他人一同处于交流之中，我才能意识到自我存在，如果我是孤立存在的，那么我的自我存在就会终止。[①]生存在交流中实现自身。[②]因此，雅斯贝斯的生存哲学也是关于交流的哲学。在雅斯贝斯看来，哲学思考源于交流的意志，哲学在交流中才能达到目的。[③]只有当一种思想可以促进交流时，它在哲学上才是真实的。[④]进入20世纪后，交通和通信技术的发展将整个地球变成了一个唯一的、统一的空间，这个空间既为世界范围内的交流创造了条件，也使这种交流成为一种必然。雅斯贝斯清晰地看到这一点，并且意识到，哲学必须对生活做出反应和准备，哲学思考应当为普遍交流创造条件。于是，清楚地认识人类哲学整体的任务就变得迫切起来，雅斯贝斯希望通过哲学的世界史为普遍交流搭建起主要的架构。[⑤]

在雅斯贝斯看来，哲学的世界史是一个整体，当人们对它进行研究时，根据人们观察它的不同角度，这个整体会展示出不同的面来。由于观察的角度是开放的、多样的，因此，问题的关键便在于找到真正本质的观察角度。雅斯贝斯尝试从六个角度观察这个整体：

1. 从历史编年学的角度看，哲学由哲学家带入世界之中，每个哲学家都有自己生活的时代和文化空间，哲学史作为一个整体，就成了一部关于文化空间、时代和时期的历史。

2. 从问题的角度看，每个哲学家都在思考内涵，他的思考中包

---

① 参见［德］卡尔·雅斯贝斯:《哲学》卷二，施普林格出版社，1956，第49页。
② 参见《卡尔·雅斯贝斯》，第101页。
③ 参见《哲学导论》，第23页。
④ 参见《哲学》卷二，第56页。
⑤ 参见《哲学自传》，第384页。

含一个问题，这样，哲学史就成了一部问题史、内涵史，是提出问题和解答问题的历史。

3. 从人的角度看，每一个哲学家都是独一无二的个体，是在表达自己的人，于是，哲学史在整体上就成了一个思想家的共和国。

4. 从发生学的角度看，每一个思想家都在一定程度上依赖语言、宗教和艺术，这个角度下的哲学史就成了哲学从语言、神话、宗教、诗歌和艺术中发源的历史和在其中产生回响的历史。

5. 从实用的角度看，每一个哲学家都在通过思考实现他的哲学，并通过哲学来影响世界，这样看，哲学史就成了哲学的实现史和影响史。

6. 从动力学的角度看，每一个哲学家都与其他思想家联系在一起，他会接受、吸收或反对其他人的思想，哲学史就成了哲学论战史、接受史和思想上的交流史。①

与这六个角度对应，雅斯贝斯计划用六本书来完成他的哲学世界史：第一本书写各个时期的历史；第二本书分三部分，分别写内涵的历史、哲学与科学的关系史、哲学的轮回史；第三本书写大哲学家；第四本书写哲学与语言、宗教和艺术的关系史；第五本书写哲学的实现；第六本书写权力的斗争。②在撰写这部历史时，雅斯贝斯的原则是：哲学史必须具有普遍性；它在理解中必须是直观的，在传讲中必须是简单的；它本身必须是哲学。③

在这个庞大的计划中，雅斯贝斯生前完成并出版的，只有第一

① 参见《卡尔·雅斯贝斯》，第 78—79 页。
② 参见《卡尔·雅斯贝斯》，第 81—82 页。
③ 参见《卡尔·雅斯贝斯》，第 81 页。

本书的导论部分，即《历史的起源与目标》，和第三本书《大哲学家》（*Die großen Philosophen*，1957）的第一卷，其余部分都只能在遗稿中找到或多或少的残篇。随着雅斯贝斯的遗稿陆续得到整理出版，相信他的哲学世界史架构也会更加清晰和丰满地展现出来，略微弥补这部未完成的鸿篇巨制留给后人的巨大遗憾。

三、雅斯贝斯的历史观

《历史的起源与目标》是雅斯贝斯整个哲学世界史构想中提纲挈领的一部分，他在其中探讨了一些极为关键的问题：历史是什么？它从何而来？又将去往何方？它的意义何在？对这些问题的解答构成了雅斯贝斯历史哲学的基本思想。

在日常语境中，“历史”指过去发生的事和人们对这些事的记载与研究。而在这两层含义之外，雅斯贝斯探讨的“历史”还特指过去发生和存在的事物以及人们对这些事物的意识之统一。雅斯贝斯认为，对人而言，“历史是清晰的过去，是获取过去的空间，是对来源的意识”[①]。因此，历史可以追溯到有文字佐证的传承之初，它至今延续了大约5000年。

人类在史前形成，历史也从漫长的史前中来。“人类在史前的发展是人性基本构造的形成过程”[②]，然而对人而言，史前虽然奠定了基础，却不是清楚明白的过去。史前发生了什么？人类如何在

① 本书第43页。
② 本书第43页。

史前形成？如何一步步走向历史？这些问题的答案已经在人类的记忆里消失了，成了隐藏在史前中的秘密，它们虽然在客观上是存在的，但在经验上却是无法探明的。追问历史从何而来，就是在探讨历史起源的问题。雅斯贝斯认为，历史的起源是统一的。这种统一与人类究竟是单系起源还是多系起源并无根本性的关系，它取决于一种信仰，一种人性在历史上逐渐形成的，对人类共属一体的信仰。而把人类与动物区分开来的鸿沟、人与人之间相互理解的可能性和人类共同具有的意识、思想和精神，就是人类共属一体的基础与前提。①

历史经过我们的当前通向未来。当前通过历史基础得到充实，同时，它的内部孕育着未来的种子。相对于业已过去的历史和尚未到来的未来，我们唯一能把握的就是当前。因此，雅斯贝斯在书的开篇即写道："我的这本书希望能够增强我们对当前的意识。"②对历史的认识有助于我们理解当前的处境。我们当前处于科学与技术的时代，科学与技术是人类历史上的全新事物，它们将深刻影响到我们的未来，正确认识科学和技术具有必要性和迫切性。雅斯贝斯强调，科学绝不万能，它有自己的界限。相信科学可以解释一切、做到一切会变成对科学的迷信。这种科学迷信会导致伪科学，而对不可能的事物抱有期望，最终只会失望。对科学的失望，又会导致对科学的厌弃。现代科学带来了现代技术。不断发展的技术在事实上使整个地球成为一个统一的空间，人类将在这个统一的空间

---

① 参见本书第 61—62 页。
② 本书前言第 1 页。

中走向未来。这既是机遇——它促进整体人类的交流；也意味着危险——对现在的人类已不再有任何“外部”可言，一切地区的重大危机，都将成为全人类的危机，一切地区的重大灾难，也都将成为全人类的灾难。德国依靠外部的力量从纳粹的灾难中解脱出来，但在地球成为封闭的整体后，人类就不再有从外部得到拯救的希望了。这要求我们从历史中获得危机的意识来规避危机。

雅斯贝斯认为，虽然人类的历史具有多样性，但这种多样性都处于一体性的要求之下，人类的历史统一就在于此。历史的目标是统一，但这种统一既不是时间上的统一，也不是地球在空间上的统一——它们都只是表面的统一，是历史统一的基础。历史的目标之统一是无法展现的，它始终是一种理念，而不是经验上的事实。历史是通向未来的无限开放性，“历史之统一永远不会圆满实现”①，因为历史是起源与目标之间的运动，统一只作为一种理念在其中发挥作用。统一的实现意味着历史的终结。

雅斯贝斯的历史观是开放的，他反对任何形式的先验历史观。在他看来，历史的意义首先在于它的开放性。如果未来已经注定，那么人的活动就将失去意义。从根本上说，历史的开放性在于人具有的无限可能性。此外，历史的意义还在于鉴往知来，“以史为镜，我才知晓我将归属何方，我又为何而活。‘不知如何解释三千年历史的人，便只能茫然身处昏暗之中，一日日得过且过’”②。

① 本书第 363 页。
② 本书第 371 页。

四、轴心时代说及其意义

轴心时代是雅斯贝斯在《历史的起源与目标》中首次提出和使用的概念。这个概念在雅斯贝斯的历史哲学中占有极重要的地位。在其后的作品中，雅斯贝斯也多次重申了这一概念。[①]

雅斯贝斯认为，在公元前800年至公元前200年间存在一个轴心时代，这一时代产生了我们今天的宗教和思考的基本范畴，它是人类历史中第一次精神上的突破：

> 这个时代挤满了不寻常的事件。在中国生活着孔子和老子，产生了中国哲学的所有流派，包括墨子、庄子、列子和数不清的其他哲学家。在印度产生了《奥义书》，生活着释迦牟尼，就像在中国一样，哲学的所有可能性不断发展，形成了怀疑主义、唯物主义、诡辩派、虚无主义。在伊朗，琐罗亚斯德传授着一幅具有挑战性的世界图景，它描绘了善与恶的斗争。在巴勒斯坦，以利亚、以赛亚、耶利米、第二以赛亚等先知纷纷出现。在希腊，有荷马，有哲学家巴门尼德、赫拉克利特、柏拉图，许多悲剧作家以及修昔底德、阿基米德。这些名字所代表的一切，都在这短短几个世纪中几乎是同时地在中国、印度和西方形成，且他们并不知道彼此的存在。
>
> 在上述三个地区中，全部出现了这个时代的新特点，人意识到存在整体、自身和自身的界限。他体会到世界的可怖和自

① 参见《哲学导论》，第77—80页。

身的无力。他提出根本性的问题。在深渊之前，他力求解脱和救赎。通过意识到自身的界限，他为自己树立了最崇高的目标。在自我存在的深处和超越的清晰性中，他体会到绝对性。①

从地域上看，轴心时代同时在中国、印度和西方三个地区展开，它的三个分支是各自独立发展起来的，正因如此，轴心时代一旦出现，就提出了广泛交流的要求。开创这一时代的民族是中国人、印度人、伊朗人、犹太人和希腊人，他们后来将轴心时代的影响带给了其他民族。轴心时代虽然发端于有限的空间，却“在历史上变得无所不包”②。雅斯贝斯认为，所有在轴心民族的影响下共享了轴心时代精神成果的民族“都是历史民族”，始终置身其外的民族，都保持在原始民族阶段，“继续着已经延续了几万年或者十几万年的非历史生活”，而“所有生活在轴心时代之后的人，要么停留在原始民族的状态，要么得以参与到新的、唯一的根本性进程之中”③，轴心时代同化了这些原始民族之外的一切。雅斯贝斯认为，世界历史从轴心时代中获得了“唯一的结构和统一，这种统一至少持续到今天”④。

于是，围绕着轴心时代这个世界历史迄今唯一的共同轴心，雅斯贝斯建立起一个世界历史框架：史前、古文明时期、轴心时代、科学和技术时代。在雅斯贝斯看来，轴心时代之前的时期，

---

① 参见本书第 9—10 页。
② 本书第 17 页。
③ 本书第 17 页。
④ 本书第 18 页。

无论是史前时期还是各个古文明，都是在为了取得轴心时代的突破做准备。而轴心时代一旦出现，它就奠定了整个人类的精神基础，人类依靠轴心时代发生、创造和思考的事物生活至今。“每一次人类的新飞跃都回顾轴心时代，从中获取新的火花。”[①]科学和技术时代虽然产生了历史上的全新事物，但它还不是第二个轴心时代，因为它还完全不具有轴心时代那种精神上的飞跃和突破。它可能是第二个发明火和工具的普罗米修斯时代，是第二个轴心时代的准备阶段。

在雅斯贝斯提出轴心时代说之前，也曾有学者注意到这一世界历史上不寻常的时期。拉索尔克斯（Peter Ernst Lasaulx）、冯·施特劳斯（Viktor von Strauß）和阿尔弗雷德·韦伯（Alfred Weber）[②]在他们的著作中都曾提及这样的一种历史共性[③]，但并没有给予足够的重视。雅斯贝斯是第一个提出轴心时代这个概念，并明确给出它的定义的人。

雅斯贝斯将这一时代命名为“轴心时代”，是受到了黑格尔的影响。黑格尔曾写道：“所有的历史皆走向基督，也皆来自基督；圣子的降临是世界历史的轴心。”[④]雅斯贝斯不赞同这种观点，他认为，基督教是人类的一种信仰，但不是唯一的信仰，“如果确实存在世界历史的轴心，那它就应该能作为事实，从经验上得到发现，并且适用于所有人类，包括基督徒。这个轴心应该存在于自有人类

---

① 本书第 17 页。
② 阿尔弗雷德·韦伯（Alfred Weber，1868—1958），德国经济学家、社会学家和文化理论家，著有《工业区位论》等。——译注
③ 参见本书第 19、第 76 页。
④ 本书第 8 页。

起，在塑造人性方面最富成效、硕果累累的地方。并且，这些成果不以某种特定的信仰内容为评判标准，即便它们不是在经验上确凿无疑、显而易见的，也是在经验认识的基础上令西方、亚洲以及全人类信服的。这样，就形成了一个适用于所有民族的共同的历史的自我认知框架”①。

通过轴心时代的理论，雅斯贝斯从根本上突破了长期统治西方历史学界的西方中心论。在此之前，黑格尔在论及世界历史的时候曾写道：“很早以前我们就看到中国发展到了今天的状态，由于那里还没有客观存在和主观运动的对立，因此排除了任何一种变化。始终停滞的、一再重复的东西代替了我们称之为历史的东西。中国和印度可以说还处于世界历史之外。”②19世纪德国历史主义的代表人物兰克也认为，“世界历史就是西方的历史”③。雅斯贝斯的轴心时代说将中国和印度两个东方文明与源于希腊和近东的西方文明置于同等重要的地位，把中国、印度和西方看作“历史的三个独立根源”④，这是一种与前人完全不同的世界历史观。

对于盛行于19世纪欧洲的“中国停滞”观，雅斯贝斯并不认同。他认为，持有这样观点的人只看到18、19世纪的中国，这既非中国的历史全貌，也非中国的未来。停滞的不是中国的历史，而是这些观察者的目光。在这本1949年出版的书中，他写道：“中国和印度现在还不具备决定性的力量，但是它们的重要性会逐渐

---

① 本书第8—9页。
② [德]格奥尔格·威廉·黑格尔：《历史哲学讲演录》，苏尔坎普出版社，1982，第147页。
③ 本书第4页。
④ 本书第22页。

增长。这些巨量的人口，连同其深远的、无可替代的传统，会成为人类的一个基本要素。”①九年之后，雅斯贝斯在他的《原子弹与人类的未来——我们时代的政治意识》（*Die Atombombe und die Zukunft des Menschen. Politisches Bewußtsein in unserer Zeit*）中又写道：“长远看来，随着人类的继续发展，中国必将成为第一等的世界力量。”②

① 本书第 108 页。
② [德]卡尔·雅斯贝斯：《原子弹与人类未来——我们时代的政治意识》，皮佩出版社，1962，第 172 页。

目 录

前 言

人类历史在很大程度上从记忆中消失了。通过后来的调查研究我们才窥得其中的一小部分。

暗淡的光线尚不能清楚地照亮漫长而奠定一切基础的史前深处。从历史时期里——有文字记载的时期——流传下来的东西是偶然的、不完整的，一直到公元 16 世纪，历史文献才真正丰富起来。而未来则是一个不确定的、充满可能性的无限空间。

我们视线可及的五千年历史，处于比历史时期更漫长百倍的史前以及无垠的未来中间，是无法量度的人类此在（Dasein）中极微小的一段。这段历史既向过去敞开，也对未来开放。我们无法从任何一面将它封闭，也无法获得它的圆满形态、获得一幅关于它的完全独立的总体图像。

我们和我们的当前处于历史之中。如果这种当前陷于时下狭隘的视野中，退化成纯粹的当前，那它就变得毫无意义了。我的这本书希望能够增强我们对当前的意识。

当前通过历史基础而得到充实，这种历史基础在我们内部发生作用——本书的第一部分是关于至今为止的世界历史。

另一方面，当前通过暗藏其中的未来得到充实，我们或在抗拒或在接受中使这种未来趋势成为我们自身的趋势——本书第二部分尝试谈谈现在与未来。

充实的当前允许我们立足于永恒的起源。借由历史超越一切历史而进入统摄（Umgreifende），这是我们最终的目的地，虽然我们无法在思考中到达那里，但我们却必须要谈及它——书的第三部分探讨的是历史的意义。

卡尔·雅斯贝斯

第一部分

世界历史

导论　世界历史的结构

人类生活变革的广度和深度使我们的时代拥有最具决定性的意义。只有整个人类历史能够给予我们衡量当前进程意义的标准。

然而，投向人类历史的目光将我们引入人性（Menschsein）的秘密之中。我们拥有历史，我们由历史造就，但这段历史至今只持续了相对很短的时间，这让我们不禁疑惑：它从何而来，它将去往何处，它意味着什么？

自古以来，人们便为自己描绘整体的图像：最先是神话图像（神谱和宇宙起源论，而人在其中拥有自己的位置），然后是描绘上帝在世界政治决策中的行为的图像（先知们的历史想象），接下来是作为整体启示进程的图像——从创世、原罪直到世界末日和末日审判（奥古斯丁[①]）。

当历史的意识依托并且只依托于经验基础时，它便发生了彻底的变化。从中国到西方，那些仍带有传说意味的、关于文化自然起源的故事遍布各处，它们已经具有了这种意图。今天，现实的视野得到了极大的拓宽。时间上的限制——像是在圣经信仰中世界诞生

① 圣·奥勒留·奥古斯丁（Saint Aurelius Augustinus，354—430），古罗马帝国末期基督教思想家，教父哲学的代表人物。——译注

于 6000 年前——被打破了。一种无尽的东西向过去和未来延展开来。在其中，研究与历史遗存、过去的文献和文物结合了起来。

这种经验的历史观或是必定在无法估量的多样性面前，满足于指出个别的规律性或对多样性的无尽描述：同样的事物不断重复；不同的事物当中存在类似性；既有强权政治秩序的典型形态及其演变，也有无序和混乱；精神事物中可见有规律可循的风格顺序；均质化（Nivellierung）过程，它使事物无规律地长期延续。

或者，它尝试获得一种统一的、概括性的人类历史的全面图像（Totalbild）：人们观察事实存在的文化圈及其发展进程；首先对它们进行分别观察，随后考察它们的相互作用；人们从意义问题（Sinnfrage）和它们相互之间的可理解性（Verstehbarkeit）中把握其共性；最终，人们思考唯一的意义统一（Sinneinheit），所有的多样性都在其中有其位置（黑格尔①）。②

无论谁专注于历史，都会不自觉地去完成那些普遍的、将历史整体引向统一的直观（Anschauung）。这些直观可能会一直无人批判，甚至因未被意识到，而不被质疑。在历史的思维方式中，它们常常理所当然地成为前提条件。

因此，19 世纪时，发生于埃及和美索不达米亚的初步阶段之后，开端于希腊和巴勒斯坦并延续至我们今天的历史，被看作是世界历

---

① 格奥尔格·威廉·弗里德里希·黑格尔（Georg Wilhelm Friedrich Hegel，1770—1831），德国哲学家，德国唯心主义哲学的代表人物，著有《精神现象学》《逻辑学》等。——译注

② 对历史哲学来说，维柯、孟德斯鸠、莱辛、康德、赫尔德、费希特、黑格尔、马克思、马克斯·韦伯的有关著作具有永不褪色的重要性。对此，下列著作可以提供概览：约翰内斯·蒂森（Johannes Thyssen），《历史哲学史》（*Geschichte der Geschichtsphilosphie*），柏林（1936）；R. 罗切尔（R.Rocholl），《历史的哲学》（*Philosophie der Geschichte*）第一卷，哥廷根（1878）。——原注

史——余下的属于民族学，处于真正的历史之外。世界历史就是西方的历史（兰克[①]）。

而与之相对，19 世纪的实证主义主张所有人都应该拥有相同的权利。人在哪里生活，哪里就有历史。世界历史在时间和空间上囊括整个地球。人们应该依照它的空间分布，从地理上进行编排（赫尔默特[②]）。它发生在地球上的每一处。苏丹的黑人战役与马拉松战役和萨拉米斯战役处于相同的历史水平，甚至或许因为参战的人数更多而更加重要。

通过对统一的文化进行直观，人们似乎可以再次察觉到历史的层级秩序和结构[③]。依据这种直观，各种文化如同有机物一样，作为独立的、有开端和终结的生命体从纯自然的人类此在的主体中成长起来，它们之间并无关联，但是却可能彼此相遇或者相互干扰。像这样的历史躯干，斯宾格勒[④]认为有八种，汤因比[⑤]认为有二十一种。斯宾格勒认为它们的生命期为一千年，汤因比认为它们的生命期并不确定。斯宾格勒看到每一种文化体都必然经历一个神秘的全面进程，他看到一种变形（Metamorphose），并认为

① 利奥波德·冯·兰克（Leopold von Ranke，1795—1886），德国历史学家，兰克学派创始人，主张以科学态度和科学方法研究历史，被称为“近代历史学之父”，著有《拉丁和日耳曼民族史》《近代史家批判》等。——译注

② 汉斯·费迪南德·赫尔默特（Hans Ferdinand Helmolt，1865—1929），德国历史学家，著有《世界历史》等。——译注

③ 奥斯瓦尔德·斯宾格勒:《西方的没落》(*Der Untergang des Abendlandes*)，1918 年；阿尔弗雷德·韦伯:《作为文化社会学的文化史》(*Kulturgeschichte als Kultursoziologie*)，莱顿，1935 年;《悲剧与历史》(*Das Tragische und die Geschichte*)，汉堡,1943 年;《告别迄今的历史》(*Abschied von der bisherigen Geschichte*)，汉堡，1946 年；汤因比:《历史研究》(*A Study of History*)，伦敦，1935 年。——原注

④ 奥斯瓦尔德·斯宾格勒（Oswald Spengler，1880—1936），德国哲学家、历史学家，著有《西方的没落》等。——译注

⑤ 阿诺德·约瑟夫·汤因比（Arnold Joseph Toynbee，1889—1975），英国历史学家、哲学家，著有《历史研究》等。——译注

他在形态学上，从不同文化体的不同发展阶段之间的类似性中认识到了这种变形的规律，对他而言，所有的一切都是观相学图像（physiognomisches Bild）的象征。汤因比在社会学观点下进行了多种因果分析。此外，他为人的自由决断留出了空间，但他同样是在对必然性进程的直观中观察整体的。两人因此都从各自的总体直观（Gesamtanschauung）中得出了对未来的预言。①

在我们的时代，除了斯宾格勒和汤因比，阿尔弗雷德·韦伯也形成了一种独立的宏大历史观。即使韦伯倾向将文化整体性

① 汤因比对此十分谨慎。他以基督教的直观突破或超越了他自己的图象。根据他的观点，一种文化原则上可以持续存在而不消亡。盲目的生物学式的生老病死并不适用于文化。将会发生什么，这依然取决于人类的自由。并且上帝可能会提供帮助。

斯宾格勒——如他所认为的，他是第一个——在方法论上以天文学家般的自信做出了历史的预测。他预言了西方的没落。许多人从他那里找到了自身猜想的依据，但他们就是带着这些猜想去阅读他的著作的。

斯宾格勒卓有见地的图像形成于介于蛮横专断和貌似有理之间的种种关系游戏中，形成于他独断霸道的肯定性之中。他的图像在原则上受到两种认识的反对。其一，斯宾格勒以象征、比较、类比的方法进行的说明有时候适用于描述某种“精神”、某种情绪的特征，但这种说明在本质上属于观相学的判断，其中没有对实体的方法论认识，而只是在通过可能性进行无限地说明。在此同时，关于进程“必然性”的蛮横思想变得含糊不清。他从因果关系上对形态学上的形态次序加以理解，把意义上的合理性当作了真实的进程必然性。在斯宾格勒不止对各种显象的特征做出描述的地方，他在方法论上就是站不住脚的。如果说在他的类比中有时隐藏着现实的问题，那么只有当他的陈述能够通过研究在因果关系和细节上得到验证，而不是像他那样仅仅以观相术的目光简单加以审视的时候，这些问题才能清晰地显现出来。那些以为在特殊事物中把握到了全体的不严谨的结论，必须要转变为明确性和可证性，而这要求人们必须放弃洞察整体。

之后，要停止对各种文化整体的实体化或拟人化。只存在关于相对的精神整体的理念，和这些理念在理想型构想（idealtypische Konstruktion）中的纲要。这些理念和纲要可以通过各种原则总结出不同显象（Erscheinung）的多样性之间的内在联系。但是，它们始终处于一个统摄的整体之中，而不能像把握某个物体一样完全把握这样的整体。

其二，在反对斯宾格勒的这种观点时——他认为，各种文化是毫无关系地相互并存，并且绝对相分离的——我们必须指出在经验上可以确定的接触、传播和相互吸收（中国的佛教，西方的基督教）。在斯宾格勒看来，这些接触只会导致干扰和虚假的变化，但实际上它们暗示了基础上的共同之处。

然而，这种基础上的统一到底是什么？不论是对认识，还是对实际实现统一而言，弄清这个问题对我们来说都是一项无尽的任务。所有明确把握到的统一——比如生物学上的本性、普遍的理性思考、人性的共同特征——都不是绝对的统一。以下两种相反的前提都是正确的：人就其潜力而言是普遍一致的；人是完全不同的，每个个体都有与众不同的特殊性。

无论如何，理解力属于统一。斯宾格勒拒绝这一点：不同文化国度之间的差异性有如鸿沟，彼此无法理解。例如，我们就无法理解古希腊人。

理解和相互吸收的可能性及其在部分上的实现驳斥了这种文化永远在陌生中并存的观点。人们想什么，做什么，创造什么，都与其他人有关，并且最终都与某种相同的东西有关。——原注

（Ganzheit）作为认识的对象，但他的普遍历史直观、他的文化社会学实际上依然是非常开放的。在敏锐的历史直觉的引导下，加上对精神创造物等级的精确感觉，他在勾画历史发展进程的时候，既没有把无关联的文化有机体的分散性当作原理，也没有把人类历史的统一当作原理。然而事实上，一种历史发展进程的普遍形态还是在他那里产生了。在韦伯看来，这种进程划分为原始文明，中级文化的第一阶段、第二阶段，一直到 1500 年后扩张的西方历史。

我们不应再继续探讨这类直观了。我要试着从我的角度勾勒一幅全面直观（Totalanschauung）的简图。

在草拟这幅简图时，一种信念始终支撑着我，那就是人类拥有唯一的起源（Ursprung）和共同的目标（Ziel）。我们并不了解起源和目标，通过任何一种知识我们都完全无法获知它们。我们只能在多义的象征所散发出的微光中感知它们；我们的存在在两者之间运动；在哲学沉思（philosophische Besinnung）中，我们尝试着去接近它们。

在亚当那里，我们所有人都是同源的，诞生于上帝之手，依照上帝的样子被创造出来。

在起源中，存在（Sein）显明于无意识的在场性（Gegenwärtigkeit）中。原罪将我们带到路上，通过认识，通过时间中有目的的有限实践，我们走向对存在清晰的、有意识的揭示。

伴随着圆满的结局，我们达到灵魂的和谐，在爱的当前（liebende Gegenwart），在没有限制的理解中相互注视，同属于唯一的、永恒的精神王国。

这一切都是象征，不是实在（Realität）。而对于经验可以探明的普遍历史（Universalgeschichte）来说，只有在历史整体的统一理念下，我们才能从它的意义中把握它——不论是它拥有这种意义，还是我们人赋予它这种意义。接下来，我们将观察经验的事实在何种程度上与统一理念相符，或是在何种程度上与之彻底背离。

这样，我们就会形成一种历史观，在这种历史观下，那些在唯一的人类历史总体进程中拥有自身不可混淆的位置的不可重复之物，那些在人性的交流或延续中具有现实性的不可或缺之物，都属于历史。

现在开始，让我们在世界历史的结构中勾勒我们的简图，探求人类历史最辽阔的范围和最关键的统一。

第一章　轴心时代

西方历史哲学的基础根植于基督教信仰之中。从奥古斯丁到黑格尔，在他们的巨著里，这种信仰看到了上帝在历史中的踪迹。上帝的启示是具有决定性的转折。黑格尔仍旧如此说，所有的历史皆走向基督，也皆来自基督；圣子降临是世界历史的轴心。每一日，我们的历法都在见证着这种世界历史的基督教结构。

但是，基督教的信仰只是人类的一种信仰，而不是唯一的信仰。由此产生的缺陷是，这种普遍历史的观点只对虔信的基督徒起作用。然而，即便是在西方，基督徒也没有将他经验的历史观束缚在信仰之中。对他而言，信条不是对现实历史过程的经验的认识定律，《圣经》所载的历史在意义上与世俗的历史不同，它们是分开的。甚至即便是虔诚的基督徒也可以像研究其他经验对象一样研究基督教的传统。

如果确实存在世界历史的轴心，那它就应该能够作为事实，从**经验上**得到发现，并且适用于所有人类，包括基督徒。这个轴心应该存在于自有人类起，在塑造人性方面最富成效、硕果累累的地方，并且，这些成果不以某种特定的信仰内容为评判标准，即便它们不是在经验上确凿无疑、显而易见的，也是在经验认识的基础上令西方、亚洲以及全人类信服的。这样，就形成了一个适用于所有民族的共同的、历史的自我认知框架。现在看来，这个世界历史的轴心位于公元前500年左右，它存在于公元前800年到公元前200年间发生的精神进程之中。那里有最深刻的历史转折。我们今天所了解的人从那时产生。这段时间简称为轴心时代。

1. 轴心时代的特征

这个时代挤满了不寻常的事件。在中国生活着孔子和老子，产生了中国哲学的所有流派，包括墨子、庄子、列子和其他数不清的哲学家。在印度产生了《奥义书》①，生活着释迦牟尼②，就像在中国一样，哲学的所有可能性不断发展，形成了怀疑主义、唯物主义、诡辩派、虚无主义。在伊朗，琐罗亚斯德（Zarathustra）③传播着一幅具有挑战性的世界图景，它描绘了善与恶的斗争。在巴勒斯坦，以利亚（Elias）、以赛亚（Jesaias）、耶利米（Jeremias）、第二以赛亚（Deutero-jesaias）④等先知纷纷出现。在希腊，有荷马⑤，有哲学家巴门尼德⑥、赫拉克利特⑦、柏拉图⑧，许多悲剧作家以及

---

①《奥义书》（*Upanischad*），是印度古代哲学典籍，《吠陀》的最后一部分。——译注

② 即乔答摩·悉达多（Siddhartha Gautama），也称佛陀（Buddha），古代中印度迦毗罗卫国的释迦族人，佛教创始人。生年不详，卒年在公元前420至公元前368年之间。——译注

③ 琐罗亚斯德（Zoroaster），即查拉图斯特拉（Zarathustra），生卒年不详，拜火教创始人。——译注

④ 以利亚、以赛亚、耶利米、第二以赛亚都是《圣经》中的先知。——译注

⑤ 荷马（Homer），古希腊盲诗人，约生活在公元前9世纪至公元前8世纪之间，相传创作了《荷马史诗》。——译注

⑥ 巴门尼德（Parmenides von Elea，公元前540？—前470？），古希腊哲学家。——译注

⑦ 赫拉克利特（Heraklit von Ephesos，公元前544？—前483？），古希腊哲学家。——译注

⑧ 柏拉图（Plato，公元前428？—前348？），古希腊哲学家，著有《理想国》。——译注

修昔底德①、阿基米德②。这些名字所代表的一切，都在这短短几个世纪中几乎是同时地在中国、印度和西方形成，且他们并不知道彼此的存在。

在上述三个地区中，全都出现了这个时代的新特点：人意识到存在整体、自身和自身的界限（Grenze）。他体会到世界的可怕和自身的无力。他提出根本性的问题。在深渊之前，他力求解脱和救赎。通过意识到自身的界限，他为自己树立了最崇高的目标。在自我存在（Selbstsein）的深处和超越（Transzendenz）的清晰性中，他体会到绝对性。

这些均发生在反思（Reflexion）之中。有觉性（Bewusstheit）使人再一次意识到意识的存在。思考开始以思考本身为对象。人们尝试用思想、理由和经验说服他人，思想上的斗争随之形成。人们尝试最为对立的可能性。论争、流派的形成、精神事物的分裂——它们在对立中互相关联，产生了濒临思想混乱边缘的不宁和运动。

在这个时代里，基本的范畴产生了——我们直至今天仍然在这些范畴中思考；各个世界宗教的开端产生了——人们的生活直至今天仍然依赖于它们。无论在何种意义上，人都已迈出了走向普遍性的步伐。

在这个进程中，那些以前在无意识中发挥作用的观点、习俗和形势都受到检验，遭到质疑和瓦解。所有的一切都卷入了漩涡之中。而那些仍有生命力和现实性的传统实体，它们在其显象

① 修昔底德（Thukydides，公元前454—前399？），古希腊历史学家、文学家、雅典十将军之一。——译注
② 阿基米德（Archimedes von Syrakus，公元前287？—前212），古希腊哲学家、数学家、物理学家。——译注

（Erscheinung）[1]中得到了说明，并因此发生了转变。

* * * * * * * * * * * *

神话时代在它的安宁和理所当然中走到了尽头。希腊、印度及中国的哲学家们和释迦牟尼的洞见是非神话的，先知们关于上帝的思想也是非神话的。合理性（Rationalität）及合乎理性地阐明的经验发动了一场反对神话的斗争（逻格斯对神话）；此外，为了唯一上帝之超越而反对不存在的魔鬼的斗争开始了；同时还有反对不真实的诸神形象的斗争，这是由伦理上的不满引起的。通过宗教的伦理化，神性得以增强。而神话则成为一种语言的材料，这种语言用它表达着与其原义完全不同的意思，使它转变为寓言。在这个转变过程中，神话得到了改造，人们从新的深度上对它进行理解。在神话遭到整体摧毁时，这种转变过程又以新的方式创造了神话。旧神话世界慢慢沉没，但是它整体的背景却因广大民众实际相信而得以留存（并且之后可以在广大地区再次赢得胜利）。

我们可以将这一总体的人性变化称作**精神化**（Vergeistigung）。对生命不容置疑的觉察（Innesein）产生了动摇，两极性（Polarität）之间的安宁转变为对立（Gegensatz）和二律背反（Antinomie）之间的不宁。人不再封闭于自身之中。他对自身是不确定的，于是对

---

① 雅斯贝斯在书中使用了Phänomen与Erscheinung两个概念。这两个概念都可以译成中文的“现象”。Phänomen源于古希腊语的 φαινόμενον，意为可见的、可以观察到的东西；Erscheinung源于德语动词erscheinen，有出现、显现的意思，并且雅斯贝斯在使用它时，也指事物显现出来的样子。因此译文中将Erscheinung译为“显象”，将Phänomen译为“现象”。——译注

新的、无限的可能性保持开放。他可以听到和理解那些从未有人探问或是说明过的东西。前所未闻的事物显现出来。人开始凭借他的世界和自身感觉到存在，但这不是最终的：问题始终存在。

哲学家第一次出现了。人们敢于作为个人依靠自身。中国的隐士和漫游的思想家、印度的苦行僧、希腊的哲学家、以色列的先知，他们同属一个行列，即便他们在信仰、思想内涵和内心状态上并不相同。人有能力在内心与整个世界相抗，他在自身之中发现了起源，从那里，他超越了自身和世界。

在**思辨思想**（spekulative Gedanke）中，他将自身提高到存在本身，这种存在是在抛开二元性的同时，在主体和客体的消失中、在对立的崩塌中得到把握的。那些或是作为存在中的自我观照，或是作为神秘的结合（unio mystica），或是作为与神性的一致，或是作为上帝意志的工具，在最高的精神飞跃中所体验到的东西，在客观化的思辨思想中得到了模棱两可或是易被误解的表达。

被捆绑和遮蔽在躯壳中的**真正的人**，他受到本能的束缚，只是模模糊糊地意识到自身，渴望着解脱与救赎，并且已经能够在世界上实现它们——不论是在向理念的飞跃中，还是在无纷扰（Ataraxie）的从容自若中；不论是在沉思的专注中，还是在作为真我（Atman）对世界和自我的认识中；不论是在涅槃的体验中，还是在与道的一致中，抑或是在对上帝意志的献身中。尽管这些方式或许在意向（Gesinnung）和信仰内容上有着明显的差异，但是在一些方面却是相同的：人通过在存在整体中意识到自身而超越自身，并且踏上了必须独自踏上的道路。他可以放弃世上所有的财富，深入荒漠，去往森林，走入深山，作为隐士发现孤独所具有的创造性力量，然后以知者、智者、先知的身份重入世间。在轴心时代，后来被称作理性（Vernunft）和人格（Persönlichkeit）的东西显现了出来。

这些个人达到的境界，显然不可能转移给所有人。当时，人类潜能的顶峰与大众之间的距离是巨大的。但是，个人取得的成就间接地改变了所有人。人性在整体上实现了一次飞跃。

* * * * * * * * * * *

与这个新的精神世界一样，在上述三个区域中还展现出相类似的**社会学状态**。那里有大量的小国家和城邦，有一场所有人对所有人的斗争，这场斗争首先使惊人的繁荣成为可能，然后使力量和财富的增长成为可能。在中国，软弱无力的周朝统治外衣下，小国和城市获得了独立的主权；当时的政治发展进程是小国通过征服其他小国而得到增强。在希腊以及近东，小国和城邦享有独立，甚至一部分被波斯征服的地区也是一样。印度同样有着很多国家和独立的城邦。

相互**交往**分别在这三个地区内部将精神运动带上了轨道。在中国，孔子、孟子和其他哲学家为了去往有名望的、适宜精神生活的地方而周游列国（他们建立了各个学派，汉学家们将之称为学院），希腊的诡辩家和哲学家同样四处游历，而释迦牟尼则终身漫游。

在此之前，有一种相对长期延续的精神状态，它局限于有限的视野和平静的、非常缓慢的精神运动之中，这种运动是无意识的，因此人们也并不理解它。在这种状态下，纵然有灾难发生，一切还是会不断重复。而此时则不同，张力在不断增强，并且为激烈快速的运动奠定了基础。

这一运动获得了意识。人类的此在作为**历史**成了思考的对象。在自身所处的当前，人们感知到，极不寻常的事情开始了。但同时人们也意识到，在这之前还有无限的过去。在真正的人类精神觉醒之初，人们就已经在记忆的支撑下，获得了对晚期以及衰落的意识。

人们看到**灾难**近在眼前，想要通过洞见（Einsicht）、教育和改革来**挽救**。人们想要有计划地掌控事件的进程，想要重新建立或是创立完善的局势。历史整体被设想成一个世界形态的序列，它要么是一个持续崩坏的过程，要么是一个循环的，要么是上升发展的。人们想象，以何种方式可以实现最好的共同生活和管理、统治。改革思想支配了行动。哲学家从这个国家走到那个国家，他们是顾问和老师，他们或遭蔑视，或被渴求，彼此相互辩论、竞争。孔子在卫国王宫和柏拉图在锡拉库萨①遭遇的失败、培养出后世政治家的儒家学派和柏拉图学院，这之间存在一种社会学上的类似性。

在这个时代里，这一切经历了数个世纪的发展。但这个时代**绝非一个简单的上升发展过程**。它是毁灭，同时也是新生。它绝没有达到圆满。那些在个别人身上实现了的思想及实践的最高可能性，并没有成为共同财富，因为大多数人不能跟上他们的脚步。起初是适宜运动的自由环境，最终却变成了无政府状态，当这个时代丧失了它的创造力时，在这三个文化区域便出现了学说固化和均质化。在渐渐变得不堪忍受的无秩序下，重建持久稳定的状态以寻求新关

① 锡拉库萨（Syrakus），位于意大利西西里岛东岸，古希腊人的城邦，约建于公元前734年。——译注

系的渴望产生了。

终结首先是政治上的。通过暴力征服，巨大的、统治一切的帝国几乎同时在中国（秦始皇帝），印度（孔雀王朝），以及西方（希腊帝国和罗马帝国）建立起来。在旧秩序的崩溃过程中，三个区域都首先建立起在技术上和组织上有计划的秩序。

但是，在这三个地方处处保留着**与先前时代精神的联系**。先前的时代成了榜样和倾慕的对象，那时产生的作品和伟人鲜活地留在人们的记忆中，成了学派和教育的内容（汉朝确立了儒家学派，阿育王[①]确立了佛教，奥古斯都时代有意识地确立了希腊—罗马教育）。

轴心时代末期逐渐形成的大帝国认为自己将永远延续。然而，他们的稳定只是错觉。虽然与轴心时代的国家相比，这些帝国延续了很久，但它们还是全部陷入了衰败并最终瓦解。自此以后的上千年里，大帝国不断更迭。在这个角度上，大帝国的崩塌和重建成了轴心时代末期以来的历史，就如同古文明曾经贯穿了先前的数千年一样。但那时的历史具有不同的意义——还没有导致精神的张力。这种精神在轴心时代才逐渐形成，并自那时起一直发挥着作用，它向一切人类活动抛出新的问题，并赋予它们意义。

2. 轴心时代以来的世界历史结构

指出一些事实，如我所做的那样，尚不足以使人最终确信一种

① 阿育王（Asoka，公元前 303—前 232），古代印度摩揭陀国孔雀王朝的第三代国王，在位期间统一了南亚次大陆和今阿富汗的一部分地区，弘扬了佛教。——译注

历史直观的真实性。只有把丰富的历史传承具体地再现出来，才能使论点变得越来越清晰——或是使我们放弃这个论点。这样的再现不是我们这本薄书要做的。我所指出的事实意味着探问，意味着对尝试这一论点的敦促。

我们假设这个论点是正确的，那么似乎透过对轴心时代的直观，一些类似于世界历史结构的东西就可以映现出来，从而使一道光芒落在整个世界历史之上。让我来试着勾勒这个结构。

（1）**延续上千年的古文明**普遍结束于轴心时代，轴心时代融化、吸收了它们，使它们没落，无论承载这一新时代的是同样的民族，还是其他的民族。轴心时代以前的诸文明可能非常灿烂，像是巴比伦、埃及、印度河文明和中国的原始文明，但是所有这一切看起来就像是还在沉睡之中。只有在那些进入了轴心时代，被新开端所吸纳的元素中，古文明才能得以存续。较之轴心时代通透的人性，先前最古老的文明总是覆盖在一块奇怪的面纱之下，好像那时的人还没有真正地醒来。在这方面，我们不能被个别动人的萌芽迷惑，因为它们在整体上没有产生作用，也没有带来什么影响（例如埃及的《一个厌世者与其灵魂的谈话》①、巴比伦的圣歌、《吉尔伽美什史诗》②）。对轴心时代的意识而言，宗教及宗教艺术中的宏伟元素，以及与之相应的，广博的极权国家规模与法律创制是敬畏和赞美的对象，甚至成为典范（比如对孔子和柏拉图来说），但在此

① 也称《一个人与他的巴的辩论》，古埃及诗歌，作者不明，约产生于古埃及第十二王朝，公元前 19 世纪左右。——译注

② 又称《基尔麦什史诗》，是目前已知的最古老的英雄史诗，最早来源于苏美尔时期第三乌尔王朝（公元前 2150—前 2000）。——译注

之前，它们的意义已经在轴心时代的新观点中发生了变化。

因此，帝国思想从古文明中流传了下来，并在轴心时代末期获得新的力量，以政治的方式终结了这个时代。帝国思想在最初是具有文化创造性的原理（Prinzip），然而如今却成了衰落的文化将自己入殓以求稳固的原理。这就好像是当初那个曾经推动人类进步的原理，实际上是专制的；而现在，为了让自己变得像冰霜那样僵冷以便长期储存，它有意识地再次变得专制起来。

（2）人类依靠当时发生的、创造的、思考的事物生活**至今**。每一次人类的新飞跃都回顾轴心时代，从中获取新的火花。自那时起，情况总是：回忆和再次唤醒轴心时代的潜能——复兴——带来精神飞跃。在中国、印度和西方，复归这一开端是不断发生的事件。

（3）虽然轴心时代首先发端于有限的空间，但它却在历史上**变得无所不包**。那些没能参与到轴心时代发展中的民族，则保持在“原始民族（Naturvolk）”阶段，继续着已经延续了几万年或者几十万年的非历史生活。处于轴心时代三区域之外的人们，要么始终处于轴心时代之外，要么与这三个精神辐射中心的其中之一发生接触。而后他们才为历史所接纳。例如西方的日耳曼民族和斯拉夫民族，东方的日本人、马来人和暹罗人。对于许多原始民族来说，这种接触成了他们灭绝的原因。所有生活在轴心时代之后的人，要么停留在原始民族的状态，要么得以参与到新的、唯一的根本性进程之中。在历史已经产生之后，原始民族就成了史前的遗存，留给他们的空间越来越小，直到他们在今天最终走到尽头。

（4）一旦这三个区域彼此相遇，它们之间就有可能产生一种**相**

互间的深层理解。如果它们遇到对方，便会彼此认识到，对方那里发生的，同样也发生在自己身上。尽管距离遥远，但是它们之间却产生了某种关联。虽然这里不存在某种可以客观化的、唯一的真相（Wahre）（这仅仅存在于科学之中，科学有意识地运用方法论，并使人信服，它可以原封不动地传遍整个世界，而对于这种传播来说，所有人都负有使命），但它们可以从彼此身上看到、听到本真的（eigentlich）、不受任何条件限制的真相，这是我们人类从不同的起源中历史地经历的真相。

让我来总结一下：从对轴心时代的直观中，我们引出了衡量一切它之前和之后的发展进程的标准以及关于它们的问题。轴心时代之前的古文明失去了自身的形态，那些承载它们的民族在与轴心时代的运动发生关联后就消失了。史前民族始终停留在史前阶段，直至他们融入由轴心时代发起的历史运动之中，或直至他们消亡。轴心时代同化了其余所有的一切。世界历史从轴心时代中获得了唯一的结构和统一，这种统一至少持续到今天。

3. 对轴心时代命题的检验

3.1 曾有人提出过这一事实吗?

据我所知，关于这一事实的最早阐述见于拉索尔克斯[①]和维克

① 彼得·恩斯特·拉索尔克斯（Peter Ernst Lasaulx，1805—1861），曾任德国维尔茨堡大学经典语文学教授，1845年起任慕尼黑大学语文学和美学教授。——译注

托·冯·施特劳斯[1]的著述中。

拉索尔克斯 [《**历史哲学新探**》(*Neuer Versuch einer Philosophie der Geschichte*)，**慕尼黑，1856 年版，第 115 页**] 写道："这绝非偶然，公元前六百年，在波斯有琐罗亚斯德，在印度有乔答摩·悉达多，在中国有孔子，在犹太人中有先知，在罗马有努马王[2]，在希腊有最早的一批哲学家，爱奥尼亚人、多利亚人[3]、埃利亚学派[4]，他们差不多同时作为民族宗教的改革者出现。"

维克托·冯·施特劳斯在他精彩的《老子注释》(1870 年版，第 114 页) 中写道："在中国的老子和孔子生活的这几个世纪里，一场奇特的精神运动席卷了所有的文化民族。在以色列，耶利米、哈巴谷、但以理、以西结[5]作着预言，新的一代人在耶路撒冷建造了第二座圣殿(公元前 521—公元前 516)。在希腊还生活着泰勒斯[6]、阿那克西曼德[7]、毕达哥拉斯[8]，赫拉克利特和色诺芬[9]已然登场，巴门尼德也已出生。在波斯人那里，琐罗亚斯德的古老学说似乎正在经历着一场重要的改革。在印度则出现了释迦牟尼，佛教的创立者。"

自此开始，人们不时地注意到这一事实，但却没有重视它。在

---

① 维克多·冯·施特劳斯(Viktor von Strauβ，1809—1899)，宗教历史学家、诗人、翻译家，曾将《道德经》翻译成德语(该译本 1870 年于莱比锡出版)。——译注

② 努马·庞皮留斯(Numa Pompilius，公元前 753—前 673)，罗马王政时期第二任国王。——译注

③ 爱奥尼亚人(Ionier)，多利亚人(Dorier)同属古希腊四个主要部族，均为古希腊文化做出了巨大贡献。——译注

④ 埃利亚学派(Eleaten)是早期希腊哲学中的重要学派，产生于公元前 6 世纪意大利南部埃利亚城邦，代表人物有巴门尼德。——译注

⑤ 耶利米(Jeremmias)，哈巴谷(Habakuk)，但以理(Daniel)，以西结(Ezechiel)，古代希伯来先知。——译注

⑥ 泰勒斯(Thales，公元前 624？—前 546？)，古希腊哲学家、科学家、希腊最早的前苏格拉底哲学学派米利都学派(亦称爱奥尼亚学派)的创始人。——译注

⑦ 阿那克西曼德(Anaximander，公元前 610？—前 545？)，古希腊唯物主义哲学家。——译注

⑧ 毕达哥拉斯(Pythagoras，580？—490？)，古希腊数学家、哲学家。——译注

⑨ 色诺芬(Xenophanes，公元前 440？—前 355？)，古希腊历史学家。——译注

整体上论证关于当时人类总体精神存在的普遍平行性——据我所知，这是人们还未着手的事情。让我们试着对自己的论点进行一些反驳。

（1）一种反驳是，**共性只是表象**。语言、种族、大帝国的类型、历史记忆的方式，这之间的差别如此巨大，相比之下，共性就像是一系列巧合。事实会驳倒每一种对整体共性的明确表述。或者正像那句老话说的，在有人的地方，一切从根本上都会作为征兆或是可能性在各处显现出来。在实现共同的人类潜能时，差异才是本质的、特有的、历史的，除非是在人类此在非历史的共同特征之中，否则绝不能把整体理解为一体（das Eine）。

对此，我们的反驳如下：轴心时代恰恰就是历史的共性，是在极限情境（Grenzsituation）下完成的突破，它取得了至今仍然适用的原则。在这里，共性是本质的，它并非在地球上广泛地起源于人性之中，而是历史地仅仅存在于一个狭窄的空间中，发源于这三个源头。问题在于，在认识不断增长的情况下，共性的深刻之处能否突破所有留存的差异性，越来越有说服力地显现出来。然后，时间上的重合就会成为一个事实，我们越是具体地阐述这个事实，就会越发对此感到惊讶。然而，只有在阐述范围十分广泛时，它才会具有说服力。

（2）另一种反驳是，轴心时代根本不是事实，而是**价值判断的结果**。人们从一种先入之见出发，过度高估了那个时期的作品。

对此反驳如下：凡在涉及精神的地方，我们都只有在对意义的理解中才能看到事实。但就理解的本质而言，它始终同时是评判（Werten）。一种历史观虽然经验地建立在一系列单独的或是成堆的材料基础上，但仅仅凭借这些材料，它是无法产生的。不论是哪一种历史的精神，我们都只有从理解中才能获得对它的直观，对于轴心时代也是一样。这种直观是理解与评判的结合，在这种直观中有受到触动的成分，因为我们关切它，因为它与我们有关。作为我们的历史，轴心时代是过去的事物，但它绝不仅仅是我们能够清楚地认识到其影响的过去事物，轴心时代持续的、源头性的、一再重新发端的影响是我们不可预见的。

因此，历史研究的元件是整体的人。“每一个人都可以看到他心中所载之物。”理解的起源是我们的在场性，是此地和此刻，是我们唯一的现实。因此，我们自身精神飞跃所达到的水平越高，我们就越清晰地看到轴心时代。

如果历史内涵的等级次序只能以人类的生存（Existenz）的主观性（Subjektivität）来把握，那么这种主观性不会消失在某种纯具体事物的客观性（Objektivität）中，而是会消失在人们从共同体的角度出发看待问题的客观性中，如果人们还没有处于这种共同体之中，就会寻找它；因为真实的是那些把我们联系在一起的东西。

在共同的理解和与此不可分割的判断中，轴心时代将会通过其意义呈现在我们眼前，并且将关乎今后的总体人类。这就是我的论点，根据问题的性质，我们没有办法找到最终的证据来证明它，但可以通过不断拓展和加深直观来确认它。

（3）另一种反驳是：**这种平行（Parallele）不具有历史特征**。因为那些与精神交往无关的东西，根本不属于共同历史。黑格尔曾将中国、印度和西方放到精神发展的辩证阶梯序列中，他的观点已经遭到过这种反驳的攻击了：从一个阶段到另一个阶段完全没有发生真正的接触，而与此不同的是，在接下来西方历史内部的几个阶段里，这样的接触是存在的。

但是，我们的论点所涉及的是完全不同的东西。我们恰恰不承认从中国到希腊的阶梯次序——不论在时间上，还是在意义上，这样的次序都不存在。不如说，在相同的时间里，在没有接触的情况下，这里发生了一种文化的并存。几个在起源中相互分开的发展道路似乎暂时朝着同样的目标前进。这是同一样东西在三个形态中表现出的多样性。这是历史的三个独立根源，之后，经过断断续续的接触，仅仅自数世纪前，事实上从今天开始，历史才逐渐成为唯一的统一体。

因此，这个问题是探问平行性（Parallelismus）的性质的问题。

3.2 所说的平行性是什么性质的?

事实情况可能是各种不具有历史意义的、同步发生的奇特事物之总和。在世界历史中，人们可以指出大量不可思议的同步性。例如：

在 16 世纪，耶稣会教士在日本发现了一个佛教教派（它自 13 世纪就开始存在了）。他们看起来与新教徒有着惊人的相似之处，并且事实上也是如此。据日本学家弗洛伦茨[①]的描述（在尚特皮·德·拉·苏撒耶[②]的教科书中），他们的教义大概如下：在获得

---

① 卡尔·弗洛伦茨（Karl Florenz，1865—1939），德国日本学研究者，著有《神道教的历史源头》。——译注

② 尚特皮·德·拉·苏撒耶（Pierre Daniel Chantepie de la Saussaye，1848—1920），荷兰新教神学家，编纂《宗教历史教科书》。——译注

拯救方面，人的作用是无效的。一切取决于信，取决于对阿弥陀佛的慈悲和普度的坚信。没有什么值得赞扬的善行功德。诵经不是做功绩，而仅仅是感谢阿弥陀佛所施予的拯救。“善人尚能往生，况乎罪人哉！”这一教派的创始人亲鸾①如是说。与传统佛教相反，这一教派要求：无功德，无咒法，无护身符，无朝圣之旅，无悔过，无斋戒，也无其他禁欲苦行形式。世俗之人与僧侣拥有相同的获得拯救的希望。僧侣只是劝导世俗之人的组织。他们无须在生活方式上与世俗之人相区分，身着与世俗之人同样的服装。色戒被废除了。家庭被看作宗教生活的最佳场所。该教派的成员要“有秩序，守国法，做良民，心系国家安泰”。

这个例子令人惊叹，亲鸾的教派就连基本教义都与路德教相一致。从中国到欧洲，在这数世纪中还有大量其他的平行性。人们尽可以为它们列出一张同步性的表格。

对此反驳如下：

首先，对于历史上出现的大量平行性，无论它们是否具有同步性，人们都可以说，在它们中间存在一条准则，这条准则与单个的显象有关。但只有在轴心时代，我们才能发现这样的平行性：它们不依循任何一般规律，相反，真正历史的、唯一的事实具有无所不包，涵盖所有精神显象的特性。轴心时代是独一无二的，它是世界历史整体上显现的普遍类似性，并且不仅仅是特殊显象间的一种巧合。单个显象和系列显象还不足以产生那种我们称之为轴心时代的平行性。

---

① 亲鸾（1173—1263），日本佛教净土真宗初祖。——译注

其次，这三个平行运动的密切关系只存在于那数个世纪之中。在轴心时代之后继续追踪这种平行性的尝试——比如列出一份覆盖上千年的同步性表格——变得越发具有人为性的特点。这些不是平行的，反而是相离散的发展。如果说轴心时代的三个运动最初看起来像是三条通向同样目的地的道路，那么最终它们彼此间变得陌生了。但是我们越是追溯从前，直至轴心时代，我们之间就越感到近似，就越感到亲切。

在我看来，轴心时代的总体观点越来越不可能是历史偶然事件主导的一场误导人的游戏。相反，在轴心时代的深处似乎显现出一些共同的东西，显现出人性的起源。在随后越发明显的相互分离之中，这种共同的东西仍然带来偶然的类似之处，带来源于亲缘性的共同源头的迹象，但没有再次在整体上带来起源性的、真正的意义共同体（Sinngemeinschaft）。

在世界历史上，唯一可以与轴心时代相较的平行性是埃及、美索不达米亚、印度河流域和中国的古文明的开端时期。

然而，这种时间上的一致还有上千年的差异。这里所说的开端时期处于公元前5000年到公元前3000年（两河流域和埃及、克里特岛和特洛伊所发现的最古老的发掘物属于同一时期）。中国和印度河文明的开端出现在公元前第三千纪。

与这些古文明类似的是墨西哥和秘鲁文明，它们应产生于公元后第一千纪。

共同的地方在于完善的组织和技术上的成就。在埃及，在两河流域，在印度河流域以及在中国黄河流域，都于河谷地带产生了相似的文明，它们对高度发展的生活供给进行集中管理。

此外，它们的共同之处还在于一种神秘的宗教，它不具备哲学思考，没有对救赎的渴望，也未在极限情境下向自由突破；在艺术成就方面，它们独特的风格下有一种特有的蒙昧，对于其中一些文明来说，这种蒙昧尤其显露在建筑和雕塑方面。

然而，与轴心时代不同，这种平行性并不具有精确的同步性。此外，这只是一种存在类型上的相似性，而不是精神运动的相似性。它奇异地遇到一些稳定的条件，这些条件可以从灾难造成的破坏中以旧形式重建自身。这个世界处于我们看不透的史前和不再容许精神静止的历史之间。它成了轴心时代的基础，但轴心时代却使它消亡在轴心时代之中。

3.3 什么原因造成了这一事实？

倘若轴心时代平行性的事实是毋庸置疑的，那么问题就是，它从何而来？为什么同样的事物互不依赖地发生在这三个地区？这三个地区在起源上彼此互不相识——这一开始看上去只是些表面的东西，但它其实是一个历史的秘密，我们对这个事实的研究越深入，这个秘密就越大。轴心时代极为丰富的精神创造决定了迄今为止所有的人类历史。但这道谜题始终伴随着它：在这三个地区里彼此互不依赖地产生了类似的、相一致的事物。

如我们所指明的那样，除了轴心时代，这个同时性的秘密或许还出现过一次（并且只有这两次），即古文明的产生。问题是：为什么大约同时地——即便有两千年的时间间隔——在三或四个地点，由史前民族的普遍状态发展出了古文明——在尼罗河、美索不达米亚、印度河和黄河河谷地带？

人们回答：类似的任务带来了相似的结果，即河流整治（解决灌溉、与洪水斗争）。但为什么是同时的？为什么仅仅在那几条河边？为什么类似的文明很久之后在不一样的条件下又出现在美洲？

交往可能具有促发作用。具有手工业特性的文明成果时刻在地球上，或至少是在整个欧亚大陆上缓慢地流传。文字的发明也许先出现在一个地方，接着从那里传播开来；没有文字，管理工作，特别是河流治理工作就无法完成。然而这只是可能性。可以证实的是，在公元前三千纪，两河流域的苏美尔文明和印度河文明间存在着相互往来。埃及和巴比伦之间的联系在早期就已经存在了，这种联系在公元前两千纪时已非常活跃。

但是，我们不能把公元前数千年间导致古文明的多种发展，解释成从同一地点开始的传播过程。E. 迈尔[①]（《古代史》第一卷第二册，第 935 页）因此说："我们必须相信，公元前 5000 年时，人类达到了一个发展的阶段，这个阶段使所有根据其天性（也就是说根据他们内在的精神力量）能够达到这一阶段的人类群体或民族有可能迈入通向文明进一步发展的轨道。"平行显象（Parallelerscheinung）的同时出现可能源于人——同作为人类——的生物学发展。人由于共同的生物学起源而内在具有的东西，它同时地、独立地显现出来，就像是两个分开成长的同卵双胞胎的生活经历一样。

但是，这种思想只是一种套话，它什么也没有解释。这种思想

① 即爱德华·迈尔（Eduard Meyer，1855—1930），德国历史学家、东方学家、埃及学家。——译注

是空洞的，因为通过它无法进行任何进一步研究。"人类的发展"不是可以把握的实在（Realität），我们不能用它去说明一些东西。并且最重要的是，这些生物学的发展似乎主要只存在于分散的一小部分人类之中，而不是由整体人类实现的。

* * * * * * * * * * *

在我看来，轴心时代同时开端的秘密与古文明产生的问题具有完全不同的深度。第一，轴心时代的同时性要更加精确得多；第二，它涉及有意识的、有思考的整体人性的精神、历史发展。自古文明的开端起，这三个区域就是绝无仅有的。它们在公元前最后一个千纪里完成的创造，成为其后全部人类精神的历史基础。

这些发展有独立的起源。真正的交流和彼此的推动是不可能存在的。自佛教在轴心时代末传入中国起，印度和中国在精神上的深层次交流才开始建立起来。印度和西方之间虽然一直存在往来，然而大规模的交往在罗马时代经由亚历山大港才得以实现。但是，印度和西方的发展之起源完全不是，其进一步的发展进程也并不是明显地通过它们之间的来往促成的。

让我们回忆一下，人们是如何解释这个秘密的——

拉索尔克斯写道："这种奇特的同时性的基础只可能在于人类生活和民族生活内在的、实质上的统一性，只可能在于人类总体生活中一次促动了所有民族的共同震荡，而不在于某种民族精神的独特绽放。"但这不是解释，而只是对这个秘密的又一种表述。

V. 冯・施特劳斯谈到一个神秘的规律：

“历史上并不缺少类似显象，并且由它们可以推断出一个非常神秘的规律。一方面，由于统一的起源，这种显象虽然可以在人类的总体有机发展进程中找到它的根据；但另一方面，它也以更高的精神潜力的作用为前提，就像自然中的花朵，只有当使它生机勃勃的阳光反复照耀它时，它才能灿烂绽放。”但是这些措辞就像拉索尔克斯一样，只是改写了这个秘密。此外，它们还犯了这种错误，即为了得出总体历史中所谓与轴心时代相似的共同性，它将轴心时代的平行性这一绝无仅有的历史事实一般化了。

盖沙令[①]说（《起源之书》，第 151 页）：“一代又一代，人们显露出同样的特性，并且朝着同样的方向发生变化。在历史的转折点上，在巨大的空间中，在相互间完全陌生的民族中，上演着同样的转变。”但是，这仍然只是一种对谜题的改写，并且是一个不怎么样的改写，因为它完全沉浸到生物学领域里，但却没有一丁点生物学的出发点。

所有这些解释都忽略了一个明显的事实：不是人类，不是当时已经遍布整个地球的所有人，而仅仅是少数人，相对来说是极少数人，在这三个地点迈出了这一步。就像那些古文明一样，在这里涉及的根本不是整体人类，而只是人类中的一小部分。

因此，人们尝试不以人类生物学为根据，也不以某些虚假的一般性、人类在整体上的相关性为依凭，而是将少数几个民族完成这场革命的原因追溯到人类内部的**历史共同起源**上。虽然我们并不了

① 赫尔曼·亚历山大·盖沙令伯爵（Hermann Alexander Graf Keyserling，1880—1946），德国哲学家，旅行家。——译注

解这个起源。我们假定，它是史前时期在亚洲中心地区逐渐形成的。从这样一个共同的起源出发，或许可以将平行的发展理解成是同源的。但是这样的思想至今无法得到证实。它不大可能成立，因为这要将如此不同的民族群，如中国人、印欧人和闪族人置于一个共同的起源之中，但这个起源实际上或许只比我们所能看到的这些民族的历史开端早上几千年——这在生物学上是一个非常短的时间段，基本不足以产生根本的种族差异。

对于这个问题：因何而有同时性？至今为止只有一种假说在方法论上是值得讨论的，它由**阿尔弗雷德·韦伯**提出。战车民族以及之后的游牧民族自中亚入侵——他们事实上到达了中国、印度和西方，入侵给古文明带来了马匹，并且如韦伯所言，这种入侵给这三个区域带来了下列相似后果：这些游牧民族的人借助马匹体验到了世界的广阔。他们征服、强占了古文明。伴随着冒险和灾难，他们体会到此在的不确定性，作为具有优越感的人，他们发展出一种英雄的、悲剧的意识，并在史诗中将其表达出来。

这一历史转折是通过印欧人中的游牧民族完成的。在公元前三千纪末他们来到欧洲和地中海。公元前 12 世纪，他们带着一种新的强大的冲击力登场，到达伊朗和印度。同样的，这些游牧民族在公元前两千纪末时去往中国。

在此之前，从欧洲到中国存在一些可以追溯到久远过去的古老文明，人们将其中一部分定性为母系文明，或者是定性为定居型畜牧业文明，又或者是简单地描述成居住在欧洲直至中国这一文明带上肥沃区域的繁荣的居民群，这些居民群各自处于一种自成一体的封闭状态。

历史演变为这两股力量的冲突：古老稳定的、受到束缚的、尚未觉醒的母权制度与游牧民族的崭新运动的、解放的、开始具有意识的趋势。

阿尔弗雷德·韦伯的论点指出欧亚块上一个实际的统一性。但游牧民族的出现在何种程度上具有决定性意义，这是很难估量的。地理位置和历史局势虽然创造了条件，但那之后创造性活动又是为什么开始的，仍旧是一个巨大的秘密。韦伯从游牧此在的人的特点中得出了简单的、因果性的解释，他的论点具有其独有的启发性。但是它最多只是指出了一个条件。轴心时代的内涵是如此特殊和包罗万象，人们不由得犹豫，是否要把它归结到这样的原因上，即便只是将这个原因作为一个必不可少的条件。比如中国就是反例，中国虽然为轴心时代创造了丰富的内涵，但却没有悲剧意识和史诗（在中国，公元后数世纪中才有与史诗相类似的东西，它出现在同新民族的长期纷乱的时期中，这相当于我们的民族大迁徙）；此外，反例还有巴勒斯坦，那里的居民没有与游牧民族混居过，但却借由先知形成了轴心时代精神创造中重要的一环。

考虑到以下事实，这一假设同样丧失了其说服力：运动，迁徙，征服，在数千年间早已席卷过各个古文明。此外，还有这一事实，即从印欧人——他们分散超过一千年——入侵到轴心时代精神发展的开端，中间经历了十分漫长的潜伏期，但在那之后，轴心时代的开端却实现了不可思议的精准同步性。

基于以下事实，人们必定对轴心时代的历史基础产生疑问：即轴心时代关涉到人类内部的一次觉醒，它发生在狭小的区域中，绝不是所有人的觉醒。事实是，这不是一次普遍的人类发展，而是一个特属于某些地区的、有分支的历史过程。

阿尔弗雷德·韦伯富有创造性地用一个明确的、可以检验的、能通过可能的讨论得出丰富成果的答案切入这个问题。相比之下，人们常常不加论证地就断言印欧人之间存在相互联系，以此来遮掩这三个独立起源互相之间并未有过接触这一秘密。人们毫无意义地说，或许，那里曾经存在过我们再也无法追溯的影响。人们指出整体欧亚板块的历史统一性，这种统一是由发端于中亚的不断的进攻、迁徙和征服所决定的。此外，人们还指出在技术上和在出土物花纹鉴定中得出的可以证明的平行性，而它们可以追溯到史前早期，并且可以引出如下结论：在整个广阔的大陆上存在着持续的交换（Austausch）。但我们必须对此作出反驳——轴心时代的精神运动所具有的那种同步性和在内涵上实现的升华，是无法通过迁徙和交换来理解的。

要对轴心时代的显象做出最简单的解释，似乎最终要追溯到有利于精神创造力的共同社会条件上：大量小国和小城邦；一个政治上四分五裂，烽烟四起的时代；在繁荣的同时，也存在因战争和革命而导致的贫困，但都没有发生普遍的、彻底的毁灭；质疑目前为止的状况。这些是社会学上的考量，它们对形成方法论上的研究是有意义的，但是它们最终只能揭示事实，而不是从因果关系上解释它。因为这些状况同属于轴心时代的精神总体现象（Gesamtphänomen）。它们是促使创造性成果产生的条件，但并非必然条件，并且它们自身也有疑问尚待解开：它们之间的共性又从何而来？

无人可以充分领会，这里究竟发生了什么，成了世界历史的轴心！我们必须围绕着轴心时代这一突破的事实，从多种多样的角度中把握它，阐明它的重要性，这样，它才能暂时地作为一个不断增长的秘密呈现在我们眼前。

我说的这一切，可能看起来就好像是我想要证明这之中有神性的参与，只不过没有明说罢了。绝不是这样。因为这不仅仅是一次认识向伪认识的危险跳跃，而且也是对神性的无端侵扰。相反，我只想防范空洞、不费力的历史见解——把一切解释为可以理解的、必然的人类发展过程；我想使人意识到我们的认识与各自的立场、方法和事实之间的关系，并借此使人意识到所有认识都有其偏颇；想要保持问题的开放性，并且为可能的、新的、我们还完全不能够提前想象的认识萌芽留出空间。

作为进一步研究的出发点，对这个秘密的惊叹本身就是富有成果的认识行为，甚至也许正是我们所有认识的目标，即通过最大限度的知识进入真正的无知，而不是让存在消失在绝对化之中，变成封闭的认识对象。

3.4 轴心时代的意义问题

与轴心时代的成因完全不同的另一个问题，是轴心时代的意义问题。

轴心时代，这个以三元形式出现的事实，就像是一个奇迹。即便确实存在一个真正充分的解释，就我们目前看来，它也处于我们的解释水平之外。然而，想要经验地找到隐藏在这一事实中的意义，就像想要找到某人随便意指（gemeint）的意义一样，是完全不可行的。对轴心时代的意义提出问题，确切地说，仅仅意味着探问我们从这个事实中得到了什么，收获了什么样的成长。如果在这个过程中出现一些措辞，使我们看起来像是在考虑大命的计划，那么它们只是譬喻。

（1）现实地对轴心时代的事实进行观察，使它成为我们普遍历史观的基础，也就是说：获得那些超越所有信仰差异，**全人类共同的**东西。仅仅从自身基础出发，以信仰的目光寻找历史的统一；和让自身意识与陌生的意识相联系，与其他每个人的基础相交流，并在其中思考历史的统一，这是两件不同的事。在这个意义上，可以这么说：公元前800年到公元前200年之间的几个世纪是世界历史的轴心，这在经验上对所有人来说都是显而易见的。

基督教启示信仰下的超验历史熟悉创世、背信、诸启示阶段、预言、圣子降临、救赎和末日审判。这一历史作为历史上一个群体的信仰内容而不受质疑。但是，能将所有人联结起来的，一定是经验，而不是启示。启示是历史上部分信仰的形态，而经验是每个人都可以理解的。我们——所有人——可以共同认识到人类在轴心时代所发生的普遍变化的真实性。轴心时代虽然局限在中国、印度和西方，但是它将所有人从精神上席卷进来，即便这三个地区最初还未发生奠定普遍历史的相互接触。

（2）由于轴心时代存在三元式的历史转变，这就像是**一个对无限交流提出的要求**。观察他者，理解他者，就是帮助自身看清自我，克服在任何封闭的历史性中都可能出现的狭隘，跃入广阔的空间。无限交流的冒险是人类形成的又一秘密，它并不发生在我们无法探知的史前，而是发生在我们自身之中。

起源三元性的历史事实对交流提出的要求，是避免一种信仰真理（Glaubenswahrheit）错误的排他性的最好手段。因为信仰永远只在历史的生存（Existenz）中是绝对的，它可以得到表达的内容不像科学的真理一样，对所有人都普遍适用。排他的要求，是狂热的法宝，是人类自大的方式，是权力意志自我欺骗的手段，这一西方的灾祸在一切世俗化进程中格外明显，如教条哲学和所谓科学的世界直观。上帝在历史上以许多方式现身，打开了多条通向自己的道路，由此，正可以克服排他的要求。这就好像是神性以普遍历史作为语言，向排他的要求发出警告。

（3）假如随着我们探究轴心时代的程度不断加深，它的重要性也会随之增长，那么问题就是：**这个时代及其创造**是否是今后一切的**尺度**？如果我们不从量的方面看轴心时代的影响，不看那时的政治进程在空间上的规模，也不看它的精神显象在这么多世纪间享有的优势地位，轴心时代还能否成为今后的尺度？轴心时代显象中蕴含着的肃穆的伟大，创造的清晰，意义的深度，向新的精神世界飞跃的高度，能否意味着至今为止历史精神的顶峰？即便后来者同样达到了高峰，取得了无可替代性，他们也会在先行者面前苍白无力吗？比如维吉尔①在荷马面前，奥古斯都②在梭伦③面前，耶稣在耶利米面前？

对这个问题机械性地给出肯定答复无疑是错误的。无论如何，

① 普布留斯·维吉留斯·马罗（Publius Vergilius Maro，公元前 70 —前 19），通称维吉尔（Vergil），古罗马诗人。——译注

② 盖乌斯·屋大维·奥古斯都（Gaius Octavius Augustus，公元前 63—公元 14），罗马皇帝，恺撒的继任者。——译注

③ 梭伦（Solon，公元前 638—前 559），诗人、政治家，古希腊时期雅典城邦的改革者、立法者。——译注

后来者拥有其独有的、先行者尚不具备的价值，拥有其特有的成熟、珍贵和灵魂的深度，尤其是在“特例”当中。我们决不能简单地通过一种会带来想当然结论的普遍观念（Universalvorstellung）而把历史带入等级序列中。然而，对轴心时代的把握引出了这样的问题，这或许是一种对后来者不利的先入之见——但也正是通过这个问题，真正的新事物和不属于轴心时代的其他伟大事物也得以凸显出来。例如：搞哲学的人大概有这样的经验，如果他数月间都在钻研希腊哲学家，那么对他来说，奥古斯丁就仿佛是将他从冷静和非个人性（Unpersönlichkeit）中解救出来，带到良心问题（Gewissensfragen）中去。自奥古斯丁以来，良心问题就是我们无法抛开的，然而希腊人对它却是陌生的。但同样的，在研究一段时间奥古斯丁后，对希腊人的渴求又会变得强烈起来——为了净化在完成上述那种思考时滋长的杂物，通过沐浴在希腊哲学思想中恢复健康。在世上，无处有终极的真相，真正的解脱。

即便轴心时代也失败了，历史的车轮仍会继续向前。

只有这一点我是确定的：不论人们是否接受这一论点，对轴心时代的理解都决定了我们当前的形势意识和历史意识，甚至是我只能做部分暗示的这种意识的后果。这关系到人类的统一如何具体化。

第二章 世界历史简图

我们取来地球仪，来弄明白我们此在的基础。只靠着观察这个在手中旋转的地球仪，我们并不总能了解，地理学家们和历史学家们从陆地和海洋分布的基本特征、各大洲和各国家的形状、原始文明所处的位置之中获知了什么：

（1）一个由**陆地群**组成的独一无二的巨大弧线从欧洲和非洲西部的海岸一直延伸到美洲大陆的最东端，也就是从大西洋东岸到大西洋西岸。与太平洋不同，直到哥伦布[①]之前，大西洋一直是人类一个巨大的分隔面。在史前，除了这里以外，其他地方到处都有向东、西两方的迁移（诺曼人与北美的接触是一个没有结果的例外）。

（2）**人种**：直到近代，白种人、黑种人、蒙古人种、印第安人都以相当封闭的区域分布在地球上，但其中也存在人种过渡。

（3）哪里有生存可能性，人就**定居**在哪里。我们看到，在北亚、非洲、美洲等巨大的区域里虽然有人类居住，但是在精神和历史方面并无建树。我们看到，在北部和南部最边缘的区域，被迫迁居到此的人们以他们的生存方式展示了人类具备的潜能。

---

① 克里斯托弗·哥伦布（Christoph Columbus，1451—1506），意大利探险家、航海家，地理大发现的先驱。——译注

几大**地形类型**对文明的重要性是显然的：河谷、地中海沿岸、大洋沿岸、群岛、平原、草原、沙漠。

（4）**美洲大陆**自北到南都居住着同一人种——印第安人。在这片大陆上并没有发现史前的、具有猿人或早期人类特征的遗骨。因此，印第安人必定是在较晚时期从亚洲来到这块大陆上，由北向南定居在这里。

（5）相对于整个地球表面，**产生文明的地区**是一个从大西洋延伸到太平洋的狭长地带，它从欧洲经过北非、西亚延伸到印度和中国。这个地带——它的长度差不多是地球圆周的四分之一，宽度则少于地球圆周的十二分之一——覆盖了散布在沙漠、草原和山脉间的富饶土地。较高级文明的发源地全都位于这个地带之中。它们最初是相互独立的，然后它们的创造传播开来，彼此间有了联系，又再次失去了联系。对这个条状地带来说，持续的交往在较晚时期才产生，并且一再中断，整个地带整体上的交往直到最近几个世纪才由欧洲人建立起来。

在有人类定居的辽阔范围内，产生文明的区域是很小的。相同的情况也发生在产生文明的时间上。

* * * * * * * * * * *

狭义上说，历史以如下方式在简图中呈现在我们眼前。

自公元前数千年起，古文明逐渐从长达数十万年的史前以及持续数万年的类人生活的昏暗世界中发展出来，出现在美索不达米亚、埃及、印度河流域和黄河岸边。

从地球整体上看，这些古文明就像是光明之岛，它们处在其余所有广大的人类群体中间，处在仍囊括一切的原始民族空间之中——这个空间一直延续到我们时代的前夕。

在公元前 800 年到公元前 200 年之间的轴心时代里，从这些古文明本身或它们的周边区域中，逐渐形成了人类的精神基础，并且是在三个互相独立的区域里：在具有东—西两极性的西方、在印度、在中国。

自欧洲中世纪结束以来，西方带来了现代科学，并从 18 世纪末开始借由现代科学拉开了技术时代的大幕——这是自轴心时代以来，在精神和物质上第一次出现确确实实的全新的大事件。

欧洲将大量移民输送到美洲，奠定了那里的精神基础，并且在理性和技术方面决定性地塑造了根源在东正教的俄罗斯，而与此同时，俄罗斯也向整个北亚直至太平洋岸边移民。

今天的世界连同它庞大的美国和俄罗斯阵营，连同欧洲、印度和中国，连同西亚、南美和地球上的其他区域，已经在始于 16 世纪的缓慢发展进程中成为事实上的交通统一体（Verkehrseinheit），这是通过技术得以成为可能的。即便在斗争和分裂中，交通统一体对政治联合的迫切要求依然日益增强，而联合要么通过暴力在专制的世界帝国中实现，要么在法制的世界秩序中通过相互取得一致而达成。

人们可以说：至此之前尚没有世界历史，而只有地方史的集合。

我们称之为历史的东西，那种在迄今为止的意义上业已结束了的东西，是处于贯穿史前数十万年的人类地球拓居过程和当今真正的世界历史开端之间的五千年一瞬。在历史之前，处在隔绝之中的人类群体意识不到他们之间相互的关联，仅仅是一直重复着基本的生存，还十分接近自然进程。但是随后，我们迄今为止的短暂历史仿佛就是人们为了世界历史而彼此相遇、相聚的过程，是为了应对远行的考验而获得精神和技术装备。我们现在刚刚启程。

* * * * * * * * * * *

如果我们把历史按照一定结构划分成几个阶段，这一定是对历史的粗暴简化，但是这样的简化可以指出一些本质的东西。让我们再一次起草一幅世界历史简图，以使它不在错误的单一性中僵化。

人类看起来好像**四次**从**新的基础**出发：

最开始是从史前出发，从我们几乎无法触及的普罗米修斯时代（语言和工具的产生、火的使用）出发。通过史前，人才成为人。

第二次是从古文明的建立出发。

第三次是从轴心时代出发。通过轴心时代，人在精神上完全开放，在精神上成为真正的人。

第四次是从科学—技术时代出发，我们正亲身经历它所带来的变革。

与此相应，我们的历史洞见面临四组独特的问题，它们如今是世界历史的基本问题。

（1）史前迈出的哪些步伐对人性来说是具有决定性的？

（2）自公元前 5000 年起，最初的古文明是如何产生的？

（3）轴心时代的本质是什么，它是如何产生的？

（4）如何理解科学和技术的产生？“技术时代”是如何产生的？

这个简图有个缺陷，它描述的虽然是四个有极大作用的世界历史阶段，但是就意义上来说，四者却不相同：普罗米修斯时代、古文明时代、为我们迄今的人性奠定精神基础的时代、技术时代。

用以下方式起草简图也许会更合乎意义，但是要对未来做出一些预测。

我们可见的人类历史仿佛进行了**两次呼吸**。第一次呼吸从普罗米修斯时代开始，经过古文明时代，直到轴心时代和轴心时代产生影响的时期。

第二次呼吸始于科学—技术时代，也就是新的普罗米修斯时代，经过与古文明时代在组织和计划上相类似的形态，或许会进入新的、第二个形成真正人类的轴心时代，它距离我们还很遥远，我们现在还看不到。

但是这两次呼吸之间有着本质上的差别。我们可以从刚刚开始的第二次呼吸中认识第一次呼吸，这即是说我们拥有历史的经验。另一个本质上的差别是，相对于第一次似乎分裂成几个同时进行的呼吸而言，第二次呼吸是全人类整体进行的。

在第一次呼吸时，每一个事件都是局部性的，即便这些事件以最大的帝国形态出现，它们对整体也不具有决定性。正因此，当轴心时代的其他运动看起来越来越衰落，暂时没有展示出自身可以预见的新的广阔前景时，西方以及始于西方的新基础才有可能成为例外。

然而，将会发生在当前的事件都是普遍的、覆盖一切的，它们不会再局限于中国、欧洲或是美洲。这些事件之所以会具有决定性，是因为它们具有整体性特点，具有与轴心时代完全不同的致命性特点。

对我们而言，如果不是从西方发展出了新事物，那么从整体上看起来，源于第一次呼吸的不同形态的发展就是失败的。现在的问题是，未来的发展是否仍然开放，是否要通过可怕的痛苦和扭曲，通过恐怖的深渊才能通向真正的人——这一切会是怎样的，我们仍然完全无法想象。

* * * * * * * * * * *

人类在史前之初的唯一起源是如此的昏暗模糊，就像支配地球的人类的未来世界一样。在未来世界，人类或许将达到法律有序、在精神和物质上走向无限的此在之统一。

我们事实上的历史发生在起源（我们全然无法想象或设想）和目标（我们无法在任何一个具体图像中把它适当地勾勒出来）之间。

但起源和目标是相互关联的：我想到其中一个，就会思考另一个。那些作为实在的但无法获得令人信服的直观形象的东西，就会在象征中出现在人们眼前："创造人类"——起源，"永恒的精神王国"——目标。

* * * * * * * * * * *

接下来的章节将在基本问题和事实中探讨历史——这一起源与目标之间的进程，这里只在过去的意义上谈论历史。为了提供一个世界历史的概览，我绘制了如下简图（从下至上阅览）：

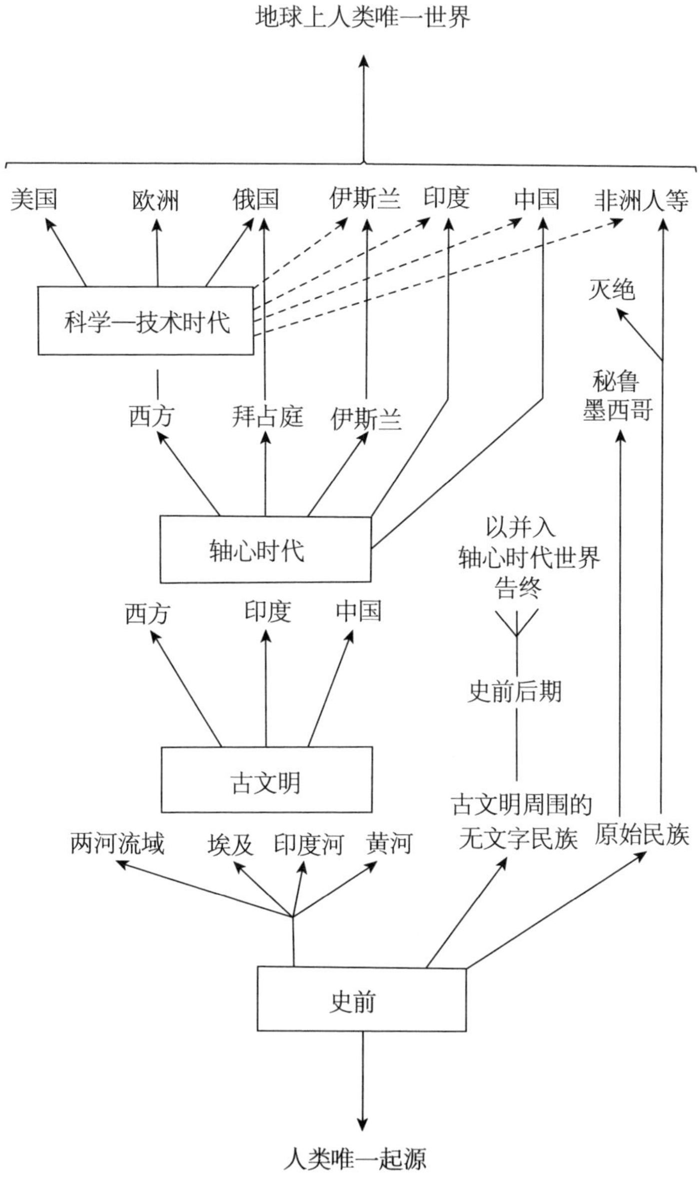
地球上人类唯一世界
美国
欧洲
俄国
伊斯兰
印度
中国
非洲人等
灭绝
科学—技术时代
西方
拜占庭
伊斯兰
秘鲁
墨西哥
以并入
轴心时代世界
告终
轴心时代
西方
印度
中国
史前后期
古文明
古文明周围的
无文字民族
两河流域
埃及
印度河
黄河
原始民族
史前
人类唯一起源

第三章　史前

1. 历史和史前

历史可以追溯到有文字佐证的传承之初。哪里有言语传递给我们，我们就好像有了立足之点。史前发掘物中不带有语言的人工制品，都是寂寂无声的无生命物。带有语言的制品才可能使人真实地感受到它的内涵，它表达的情绪，它的动机。没有任何一种有文字佐证的传承可以追溯到公元前 3000 年之前。然而历史持续了大约 5000 年。

客观上看，史前或许是一条充满变化的河流，但从精神上讲，它却还不是历史。因为哪里有对历史的认识，哪里有传承、文献，有对来源（Herkunft）和当前进程的意识，哪里才有历史。这是一种成见：即使在没有传承的地方，事情本身——历史——一样可能曾经存在，或说甚至是必然曾经存在的。

对人来说，历史是清晰的过去，是获取过去事物的空间，是对来源的意识。史前虽然是事实上奠定了基础的过去，但它却不是我们所知道的过去。

人类在史前的发展是人性基本构造的形成过程。而人在历史中的发展，则是把所获得的精神和技术内涵施展开来。人性的基本构造是在无法量度的时间中逐渐形成的，与之相比，历史的发展则像是人类事业、观念、思想和形态中出现的一种暂时显象，它建立在人性宽广而深刻的基础上。而人性在史前的形成，在当下依然具有现实性。

如此，史前和历史相继建立了我们人性的两个基础。史前逐渐形成的人的基本性质，连同人的原始冲动和特质，连同所有潜意识，共同构成了我们本质的基石。而历史上有意识的传承和人类在此基础上的上升发展，则向我们展示了人类所具有的可能性。这种发展连同其内涵构成了我们教育、信仰、认识和能力的源头。这第二个基础就像是覆盖在火山底部的一层薄薄的皮肤，而这座火山就是人类。这层表皮似乎是可以揭掉的，而人类从史前时期树立起的本性基石却是无法抛开的。这也许会让我们感到些许威胁，好像我们可能会再次成为石器时代的人，因为我们在本性上任何时候都是一样的。我们情愿乘飞机四处周游而不是擎着石斧到处打转，但是曾经的一切可能会再现，就好像历史的这几千年完全被磨灭和遗忘了一样。在历史崩塌之际，人类可能会重新回到他在数千年前的状态：人仍然是人，但对人类的传承却没有丁点认识和意识。

我们对 20000 年前的人类灵魂一无所知。但是我们知道，至少在我们熟悉的历史过程中，在这短暂的时间段里，人类整体在生物学和心理物理学上，在原始的、无意识的冲动方面并未产生可以证实的变化（这里涉及的毕竟只有大概 100 代人）。

人在史前演变的成果是一些生物学上可以遗传的东西，它们历经一切历史灾难依然可以保留下来。而与此相对，历史的获得物则与传承相关，是可以失去的。那些从精神上进入创造性跨越和人类世界之中，并通过传承深刻影响和改变了人类显象的东西，它们与传承的结合是如此紧密，以至于一旦失去传承，它们就可能完全消失，因为在生物学上，它们并不具有遗传性：人性的基本构造或许会再次直接显现出来。

现在，历史意识面临一个巨大的问题，即源于史前时期的人类基石的问题，它是人性的载体和普遍性。在人类形成时期，各种在其中发挥作用的力量构成了一个内在于人的基础。史前是人的自然性（Natur）形成的时期。假使我们可以认识史前，那么通过了解这种自然性的形成过程，弄清将它塑造成现在这样的条件和环境，我们就可以洞察人性的基本实体。

如果我们可以经验地认识史前，就可以从史前中找到下列问题的答案。

人的自然动机是什么？人的原始冲动是什么？哪些是历久不变的？变化的又是什么？它们还能变化吗？它们会完全隐藏起来吗？这些冲动是在历史之中才得到约束的吗？抑或是史前的秩序早已经将它们驯服？它们会不时地爆发出来吗？还是在特定情形下才会撕碎遮蔽它们的面纱？这种情况什么时候会发生，会如何发生？如果所有的信仰和传承都崩塌了，它们会比以往任何时候都更加强烈地爆发出来吗？如果对它们进行塑造，它们会变成什么样子？它们如何才能是可塑的？如果剥夺了它们的表达能力，阻塞了一切它们直接发挥作用的途径，比如用观念成规、世界观、价值规定、暴力压制来使它们瘫痪，使它们处于遮蔽之中，它们又会变成什么样子？

关于史前，我们只知道些微不足道的知识；借助人种学、民俗学和历史，我们得到一些图像，并用来在心理学上具体设想人类的原始冲动。这些知识和图像共同构成了一面映照出我们本质的镜子。它向我们展示了我们常喜欢掩藏起来的东西、在一定情形下忘记的东西。而它们可能会像一场灾难一般，作为现实，突然地出现在我们面前。

但是所有这些关于人类及其基本构造和原始冲动的图像，都不是对某个如是存在物（Soseiende）的绝对规定。不如说，这些图像本身就是促动我们，启发我们，将我们推向前进的自我意识的要素。我们的自我意识中有一些在经验上必然的东西，这些东西在事实性上尚待承认。它们与自由不可分割地联系在一起，自由使我们所见的图像或具吸引力，或让我们感到排斥。

2. 对史前的看法

我们重复一遍：较之地球历史（约在20亿年的数量级上），较之相对短暂很多的地球生命史（约在5亿年的数量级上），较之地球上有人类活动的数十万年——这通过遗骨发掘可以得到证实，我们所了解的历史，人们意识到身处其中的自身就是历史的历史，短暂得微不可察。在时间上，这段历史就像是一个新进程的第一分钟，它才刚刚开始。这一基本事实怎么强调都不过分。在这样的视野中，整个历史成了一个小小的、在人类生命中还处于萌芽状态的世界，在无尽的时间和无垠的空间中几近微不可察。我们问：

这个开端意味着什么？

自有传承起，也即自历史开端起，人们为什么总感到身处终点——或是感到已经达到了圆满，或是感到处于覆灭之中？

它是注定会完全消逝，被彻底遗忘的一段插曲吗？如果是，那么这一段插曲又意味着什么？

在历史之前，人类是如何形成的？在得到传承的历史开始之前，人类经历了什么磨炼，发展了什么，做了什么，发明了什么？

史前对我们的认识所提出的要求，是这些几乎无法回答的问题：我们从哪里来？当我们拉开历史大幕的时候，我们是什么？在历史之前，可能存在什么？当时发生了什么关键性的进程，使人成为能够拥有历史的人？那里有什么被遗忘的奥秘，“原始的启示”，我们不可见的光亮？在历史之初已经完备的语言和神话是如何产生的？

对于这些问题来说，以浪漫主义的幻想将所有历史都看作是堕落，和以冷静的目光，在史前中只看到平淡无奇的事物，并把它们与自然历史相类比，无疑都是错误的。然而，几乎所有的答案都是假设。

* * * * * * * * * * *

史前沉入了深不可测的时间之渊中。由于缺少对它的知识，它对我们来说有宁静的一面，有遥远的一面，还有不可领会的深刻意义。一旦我们的目光落向它，它就展现出一种吸引力，好似要向我们承诺极不寻常的东西。史前散发着一种魔力，即便我们总遭失望，也永远不能摆脱。

（1）我们看到，自历史伊始，人们对史前抱有何种看法：人们如何在神话和想象中认为自己了解了史前；如何在他们的生活中与史前联系起来；如何在史前中发现失落的伊甸园、巨大的冲突（如巴比伦的语言混乱[①]）、金色时代和灾难；如何将自然事物和超自然事物交织起来，如何让众神在大地上漫游，如何让更高的存在吐露感召和教诲。我们不能从这些神话中剖析出任何关于遥远过去的可

① 指《圣经》中巴别塔的故事。——译注

靠知识，也无法从中获取真实的传承。但是它们在整体上给出了关于一种关乎必然性的卓越想象，即人一直以来都与他深植于史前深处的基础相联系。

（2）今天，我们尝试研究那些可知的东西。我们可以在已知的范围内确定，人们在历史之初已经拥有了什么。这也就是说，什么东西必然是在史前形成和获得的：语言、工具、神话、社会秩序。我们仅能够从外部获得关于史前本身的直接知识，这取决于我们所发掘到的史前人类（遗骨）和他们的制品。这些考古发掘至今在数量上已十分可观，但在内容上却仍十分贫乏：通过它们我们完全不能获知史前人类的灵魂、内在态度、信仰、精神运动，或是只能获取关于他们的模糊想象。就连墓穴、建筑、装饰品和著名的洞穴壁画也都只能各自将我们带入到一个生动的细节中，但我们在整体上无法想象他们的世界，也不能在他们的世界里理解这个细节。除了工具的用途，我们无法明确断定任何事。因此，我们听到史前史学家的大量假设。他们在解释。但这些解释里几乎没有什么有说服力的东西，它们从未使某种消失了的内涵像是历史文献所记载的那样鲜活。因此，对于想要抓住明确性、可理解性、有形式的东西的历史学家来说，这会是一个明智的原则：不要过度钻研开端。我们对史前绝非一无所知，但这种知识是空洞的时间和空间里多样的事实，它们始终缺乏意义。

对史前的具象化没有为我们带来令人满意的、积极的认识。清晰的事实向我们展示了史前的存在。但就人性的问题而言，也即就我们自身的问题而言，对史前的认识却没有给出充分的答复。

（3）从历史开端起，人类的精神就一直贯穿其后所有时期，直至延续到我们现在，这是通向史前的另一条完全不同的道路，我们可以把它理解为在无意识的传承中保存下来的史前遗产。这里，人们在创造性的幻想中，尝试对人性的基本特征进行初步的认识。然后把这些认识当作假设来运用，看看历史中实际的传承和进程可以通过它们理解到何种程度？这种认识的本质，在于它所揭示的是不可能失去的内涵。因而即便是在经验无法证实的情况下，一些东西也存留了下来。巴霍芬①的想象就是一个最好的例子。我们通过他来学习观察。这种揭示绝不空洞。但对于现在实际上已有所显露的史前而言，它也不是得到证实的认识。它只是为生命形式和内涵的直观而重要的可能性打开了一个广阔空间，并且不是通过考古发掘，也不是通过实证主义构想，而是通过对历史上已有的人类行为、风俗习惯、象征和思维方式进行感知理解（schauendes verstehen）。

尝试所有这些看待史前的方式，增强了我们对史前巨大可能性的意识：在这里发生了一些事情，它们塑造了人类，并且似乎通过这样已经提前决定了之后的全部历史。

3. 史前的时间简图

在人类遗骨方面，有两个事实看起来具有本质意义。

（1）我们无法在任何真实的人类形态形成的谱系学次序（Genealogische Folge）中，把我们在爪哇、中国、非洲和欧洲发现的遗骨——至今在美洲还未有发现——排列起来：所有这些次序都是杜

① 约翰·雅各布·巴霍芬（Johann Jakob Bachofen，1815—1887），瑞士法律史学家，著有《母权论》。这里巴霍芬的想象指他关于史前时期人类母权文化的观点。——译注

撰出来的，是对本没有关联的事物进行的理想排列（依据以下原则：只有从祖源（Abstammung）和发展中可以思考和理解这种多样性）。

（2）所有这些发现物——包括那些可以根据其所在地质层断定为最古老的此类发现物，都呈现出具有接近今天平均脑容量的头盖骨——这比最高等的所谓类人猿还要高出两倍有余。因此，在生物学上他们已经是人类了。一些个别特征：下颏缺失，眼眶上部隆起，前额扁平——这些都不是普遍的。人们无从得知，这些遗骨是什么人种，是什么旁系，祖先又是谁。人们不了解它们与今人之间真实的谱系学关联。

这些发掘物不允许我们确立一种人类发展顺序。只有这些发掘物所在的地质层，才容许我们确立一种时间顺序。我们根据发掘物的性质所推断出的先后次序，在部分上与这种时间顺序相吻合。在粗略的简图中：

在地球史上一系列冰期和间冰期中，最后一个阶段称作洪积世（Diluvium）①。最后一个冰期以后的年代称作冲积世（Alluvium）②，它的持续时间还没有达到一个间冰期的持续时间，也许在15000年左右。洪积世必定囊括了100万年。

通过发掘物可以证实，人类在洪积世最后的几个冰期和间冰期中就存在了。在最后一个冰期时——也就是大约20000年前——才出现了克罗马农人③，其在人类学上与我们并无不同。差不多在最

① 即更新世，约开始于距今2588000年前，结束于距今11700年前。——译注
② 即全新世，开始于距今11700年前。——译注
③ 克罗马农人（Cro-Magnon man），是智人中的一支，生存于旧石器时代晚期，1868年由地质学家路易·拉尔泰在法国多尔多涅省埃齐耶的克罗马农石窟内发现。他们曾在西班牙、法国留下大量史前岩画。——译注

后一个冰期尾声，克罗马农人在西班牙和法国的洞穴中完成了令人惊叹的岩画。根据对石器的原始加工方式，人们将其称为旧石器时代。

新石器时代（磨制石器时代）则开始于公元前 8000 年到公元前 5000 年。[①]埃及、两河流域、印度河流域和中国文明最早的阶段也属于新石器时代。

但是，这绝不是整体上不断进步的直线式发展，而是并存或相继出现的多样的文明圈。与此同时，某些技术进步的线条贯穿了这些文明圈，如石器加工——它通过传递、复制而慢慢流传开来。

史前的两个部分可以从时间上进行区分：

伟大的古文明产生（自公元前 4000 年起）之前的**绝对**史前以及**相对**史前，它与留下文献记录的文明进程同步进行。在相对史前，部分地区处于这些文明的附近及影响之下；部分则远离它们并且同它们几乎没有接触。一些较晚的文明民族的绝对史前时期也是相对史前的一部分，如日耳曼——罗曼和斯拉夫世界。在一些原始民族那里，相对史前一直持续到当代——这是遗留的史前。

4. 史前发生了什么？

这个已有人类存在的漫长时期对我们来说还是一个彻底的秘密。对于这个时期，历史是沉默的，但在其中却必定存在一些本质的东西。最初的人类形成更是隐藏最深的秘密。直到今天我们也完全不能解开这个秘密，无论以何种方式，我们都无法把握它。而这

① 鉴于当时的语境，作者提及的时间段或与现今的史学观点有不同。——编者注

些套话——“逐渐”“过渡”——也只是把秘密遮掩起来。我们可以描绘出一些关于人类产生的想象。但是这些想象本身已经失败了：当人让人类在想象中形成的时候，人类总是已经存在于想象之中了。

此外，我们甚至找不出一个最终的、充分的答案来回答这个问题——人类是什么？对此，我们无法给出任何完备的答案。我们不知道人类究竟是什么——这也属于我们人性的本质。将人如何在史前和历史中形成的问题具象化，等同于将人性的本质问题具象化。

史前包含两个方面，其一是人类的生物学发展，其二是人类在史前的历史发展，这种发展即便没有文字也实现了传承。我们似乎有必要首先根据这两方面的实在性及其研究方法来对它们进行区分。

生物学上的发展带来了可以遗传的特征，而历史的发展则只带来了传承。可以遗传的特征是稳定的；传承则可能在最短时间内遭到破坏和遗忘。生物学现实（Wirklichkeit）可以从人体的形态、功能和心理物理学特征上加以把握；而传承的现实则可以从语言、行为方式和作品中进行理解。

在漫长的数十万年间，随着人类的形成，人性的基本特征必定作为可以遗传的生物学特性固定了下来，这些特性今天依然存在。与此相反，在历史时期，人类在生物学上没有发生有据可查的转变。我们“没有丝毫迹象能够表明，在科学可以掌控的历史阶段内，新生儿的遗传特征发生过改变”（波特曼[①]）。

这两种思路及与之相应的现实——即生物学的和历史的——在

① 阿道夫·波特曼（Adolf Portmann，1897—1982），瑞士生物学家、自然哲学家。书中所引波特曼的观点，均出自他所著的《论人类的起源》。——译注

时间上并不重合。从表面上看，在生物学发展形成了人类后，人类的历史发展似乎是对其的延续。我们称之为历史的东西看起来与生物学的发展毫无关系。

但事实上，在人性之中，生物学因素和历史因素早已经密不可分地结合在一起了。在进行概念区分后，我们随即要面对以下问题：历史因素引起了什么生物学后果？哪些生物学的实在可能是形成历史潜力的原因？

如果我们能成功破解人类生物学，那么或许就会发现，它本身就以某种方式区别于其他所有生物学。

生物学上的发展和历史上的转变是如何在相互交织中相互作用的，对我们来说这又是一道完全不能解开的谜题。

在历史、我们自身的在场（Gegenwärtigkeit）、史前以及自然民族之中，我们拥有种种奇特的事实。从这些事实中，我们提出一些关于通向它们的途径的假设。这是一些尝试，他们提出的问题有充分的根据，而这些问题的答案很有可能直到今天始终都是错误的。

让我们来看看，根据史前的双重意义，哪些人类的特征会凸显出来。

4.1 人的生物学特征

人和动物的区别是什么？人们如此回答：直立行走，脑容量大，与脑容量相应的头盖骨形式和隆额，手的发展，无被毛，只有人能够笑和哭，等等。即使人类形态在形态学上属于动物的生命形式，但就其躯体而言，人或许已经是独一无二的了。人的躯体是灵魂的表达，它具有一种特别的美。但人躯体的这种独特性至今在客观上不具有说服力，在概念上也不能得到清楚的证明。它不能作为原则确立下来，只能作为个别现象（Einzelphänomen），而无权作为整体评判。

这种一般性最为可能：动物会毫无例外地为了某些任务，根据某些限制其生存的环境的特点，长出适宜的器官。这样的器官特殊化使它们都在某些方面通过特殊的能力而超越人类。但是这些优越性同时也意味着局限性。人类避免了器官上的所有此类特殊化。因此人类虽然在每一个单个器官上具有劣势，但似乎却通过保有的潜力和非特殊化而获得了优越性。在劣势的逼迫下，在优势的推动下，在意识的作用下，人以一种与所有动物都完全不同的方式实现了自身的此在。通过这样的方式而不是通过躯体，人能够适应所有的气候和地域、所有的情形和环境。

如果人早在其起源中就已必然是这样一种生物——他回避了所有不可更改的固化，那么，人就在相对于动物的弱势中，通过思考和精神而获得了优势。由于器官没有特殊化，人具有适应环境的无限潜力。在适应过程中，工具代替了器官。正因人（与动物相比）是脆弱的，他才能通过自由进入精神上的自我转变过程，通向不可预见的发展。动物只能始终不变地重复无尽的自然生命循环，但人类跳出了这种循环，变得有能力进入历史。以人类的尺度看，自然的历史只是一个无意识的、无限缓慢的、不可逆转的变化过程。人类通过其精神的自由行动和创造完成历史，这是一种有意识的、快速的变化。它的基础是人不断重复的自然性（在有历史可查的各时期中保持不变），这一点与所有生命一样。

在生物学上我们可以确定一些事实，这些事实虽然看起来可以将人类与动物区分开来，但是却停留在非典型的人类特征的层面上，例如：

一些生物学上的病理倾向，比如那些只有人类罹患，但却在所有人种中都可见的精神疾病。

一些性格特征，比如那种独特的幸灾乐祸，它绝不是所有动物的共性，但是或许一些猿类也同样具备。黑猩猩身上似乎具有敦厚、虐待欲、聪明、愚蠢等属于人性特点的生物学特性。或许也有一种在此意义上的、生物学上的人性。我们的本能和趋向的根基深入生物学层面之中。有时，它会作为我们自身中陌生的东西出现在我们面前，使我们感到惊恐。

这一切或许都不是人类特有的。波特曼[①]首次从原则上以生物学途径尝试深入钻研人性的特有因素！

例如，他指出下列情况：刚出生的人类与哺乳动物通常是不同的——他的感觉器官是发达的，脑容量和体重远高于猿类——即便如此，人类相比之下就像一个早产儿，十分孤立无助。新生人类无法站立和跑动。在人类生命的第一年，一些身体机能必须成熟起来，而在其他哺乳动物那里，这些机能在它们还未出生前就已经完全成熟了。人在其生命的第一年就已经生活在这个世界上了，虽然他——较之其他新生动物而言——理应继续在子宫内生长。例如，人类的脊柱通过直立和站立才形成了 S 形。这是怎样发生的呢？通

① 阿道夫·波特曼：《一种人类学说的生物学断片》（*Biologische Fragmente zu einer Lehre vom Menschen*），巴塞尔，1944 年。《论人类起源》，巴塞尔，1944 年版。参考我的《哲学信仰》（*Der philosophische Glaube*）第三讲《人》，慕尼黑，1948 年；苏黎世，1948 年。——原注

过本能的渴望，通过对成年人的模仿，在成年人关注和推动的促进下，且无论如何，最初的人体成熟同样取决于历史上确定了的环境。甚至在生物学层面上，精神也已经参与其中发挥作用了。动物在胚胎状态中，其机体基本功能在生物学上就已经成熟了，而人则需要在生命的第一年里才能实现这种成熟。但人在这一年中所获得的经历和经验，很可能对生命具有一种巨大的、烙印性的意义。

总之，“与所有高等动物不同的是，人类是在‘自由’之中，是在与各类颜色和形式之间、在与各种生物之间，并且最重要的是在与人类自身之间的开放、丰富的关系之中，获取他自身的此在形式的”——而动物完备的此在形式则是与生俱来的。

因此，在波特曼看来，人类的特殊之处不在于人类躯体在形态学和生理学上的具体特点。从猿类颌骨的轮廓线到早期人类以及尼安德特人的颌骨轮廓，最终到当今人类突出的下巴，类似这样的变化顺序不足以确定人类的特征。

相反，人整体的此在方式才是本质的东西。“我们在人类中看到一种生命形式，它是一种完完全全特殊的东西。尽管在人类身上有许多地方与动物躯体和动物行为相符，但人在整体上是完全不同的。我们身体的每个部分，我们的每一种情感冲动，都是这种特殊性的表达，我们没有为这种特殊性命名，但我们试着在人类生命的所有显象中仔细地指明这种特殊性的独特此在。”

当人们想要把握人类的生物学因素时，就会发现它们不再只是生物学因素。可以确定的是，人类在整体上无法以生物学手段去理解——但就一切人类事实来说，人类同时是生物学上的实在，是生物学意义上的，这即是说，人类可以通过类别来把握。所有动植物生命都可以在这些类别中进行研究。

但同时，“生物学意义上”在人类这里具有更加广泛的意义，它显现于人与其他所有生命的差别之中；在人这里，它与数不清的生物学一致性和相似性形成了鲜明的对照。

因此，如果人类的生物学现实性和精神现实性不能分开，那也就是说，我们不能首先将人理解为一种可以不断成长的动物种类，而精神则是某一天作为某种新东西附加到人身上的。在生物学领域内，人类必定从一开始就已经在生物学意义上与其他所有生命都不相同了。

人们想要从人类的生物学特性上对他加以把握，把他理解为驯化的产物。与动物相类似，动物由于人类强加的驯化而改变了自身的本质特性。有观点认为，不是人类创造了文明，而是文明创造了人类。如果是这样，文明又从何而来？即使不考虑这个问题，纯粹从生物学上看，整体的驯化后果在事实上也不存在。波特曼指出以下关键几点：

（1）人类的脑容量在发展过程中得到增长——这与驯化规律是相反的，被驯化动物的脑容量总是会下降。

（2）人类的性成熟过程在很大程度上放缓了——在被驯服动物中，性早熟是一个规律。

（3）人类不像动物那样具有一年一回的常规发情期，这被看作是人类被驯化的标志。但是，这种现象在野生的灵长目动物中同样存在。“因此，我们这里注意到的可能是灵长目动物的特征，这种特征更可能是文明生活的前提，而不是后果。”

（4）人类没有被毛。但这不仅是被毛的消极缺失，而还是皮肤感觉功能的积极增长。

在人类中虽然也存在驯化后果（龋齿等），但它们并不决定人的特性。

人的基本构造将人类分为几大人种：白种人、黑种人和黄种人，关于这种区别的问题要追溯到史前。在历史中，三大人种是一个相对保持不变的元素，而这一元素必然是在非常漫长的史前形成的。

所有人种内部都是混合的，它们是人性在选择（Auslese）和变化中的灵活形态。而几大人种之间的混合同样历来就存在。在印度，黄种人和白种人间的混合非常普遍，曾迁居至此的白种人几乎没有纯种后裔。古代时，白种人和黑种人的混血儿十分罕见，但在最近三百年中变得常见起来。白种人和印第安人间的通婚则产生了大量人口。

纯人种永远只是理想类型（Idealtyp）。任何时候，我们都不能证明完全自成一体、不会变化、没有混血的人种是现实存在的，不如说它的存在是一个极端想象。这种想象是隔绝的、纯粹的人种的前提条件。此外，史前看起来还证实了一些今天已不复存在的人种。史前并未展示给我们一个发展出所有人种的原始人种；也没有展示出这样的几个基本原始人种——它们之间的差异性构成了总体人类进化发展的明确起点。我们将目光投向各类形态涌动的海洋。在这片海洋里，锋利的界线只是表面上的、看似存在的、一时的，而非永远的、绝对的。在深不可测的史前，人类的来源和活动到底是怎么样的，没有人知道，或许永远不可能知道。

4.2 历史的获得物

我们完全不清楚历史产生的那一瞬间，不清楚精神一步步形成的过程，而只了解其成果。我们必须从这些成果去推断。我们探问本质的东西：在史前，它使人在他自己所创造的世界中成为人。我们探问，在危险的情境中，人们在或出于恐惧，或出于勇气的抗争中完成了什么发明；两性间的关系是如何形成的；对出生和死亡的态度，以及对母亲和父亲的态度又是如何形成的。以下几项或许属于本质的东西：

（1）**火和工具的使用**。在我们看来，不具备这两点的生物很难算作人类。

（2）**语言的形成**。动物间的沟通是通过无意图的表达完成的，而与此截然不同的是，只有人在语言中意识到并且有意传达具体事物的意义，并做出相关的思考和表达。

（3）**人将一些事物强加于自身**的方式，比如通过禁忌（Tabu）。人的性质不可能仅仅是自然性，而是通过人为产生的。人的性质是他的人为性（Künstlichkeit）。

（4）**群体和集体的形成**。相比出于本能自发形成的昆虫王国，人类集体从根本上是不同的。相比在较高等的动物中间形成的群体以及从属关系，人类集体是在有意识的思考中建立起来的。

此外，一个人类所独有的现象（Phänomen）似乎为人类社会生活乃至国家的建立奠定了基础：通过男性的团结来克服性嫉妒。动物要么只是结成暂时性的群体，这种群体在每个发情期都要破裂；要么则是通过大多数成员的无性（Asexualität）来实现长时间的结群，如蚂蚁。与之相比，只有人类可以在不放弃性的同时建立起一种男性间的伙伴机制。这种机制自诞生起便充满了张力，使历史生活成为可能。

（5）**由神话引导的生活**。神话的图像具有无尽的解释空间和上升空间，同时，它们承载了存在意识和自我意识，提供了安全感和确信。这些图像给生活打下了烙印，引导人们完成此在、家庭、社会、劳动以及斗争，但是，这种完成在源头上是不可知的。在历史的开端及以后，人就在这个世界里生活。在证据方面，巴霍芬的想象或许在历史学上是存疑的，或许无法作为纪实的传说。然而，他的想象在基本特征方面，很可能在许多内涵方面，都触及了一些关键性的东西。

5. 史前的全貌

在无法确定的时期和时间段里，人类遍布了全球，在各自的有限区域内开始了分散进行的进程。虽然这一切是在无限的支离破碎中发生的，但其中广泛存在着一些统一的东西：难以察觉的人种繁育、语言和神话的形成、技术发明的悄然扩散、人的迁移。这些巨大且缓慢的进程都是在无意识中进行的，它们虽已经具有人类的特点，但仍是与自然密切相关的事件。

人类的联合发生在对其他人类联合的观察之中。人们相互认识、相互观察。分散的人类在冲突中聚集起来，通向新的、更广泛的统一。这是向历史的过渡，历史最终伴随着文字而展开。

史前是一个巨大的实在，因为人类在史前出现了。然而，它是一个我们根本不了解的实在。但是，如果我们要问，我们人类到底是什么，并且想要通过理清我们从何而来以回答这个问题，那么，我们可能就会深深地沉浸在史前的秘密中。这片昏暗有一种吸引力，它将我们牢牢吸住——并总是准备好让我们因一无所知而感到失望。

6. 所有人是共属一体的吗？

对于这个问题：作为人类而言，我们是否共属一体（zusammengehören），我们又如何共属一体？通过判断人类是**单系起源**（monophyletischer Ursprung）还是**多系起源**（polyphyletischer Ursprung），史前可能会帮助我们解答这个问题。

人类中存在多样的人种。这些人种是一个主干上的分支，还是分别独立地从人的前一个阶段发展而来？后者意味着人类或许经历过数次产生。所有的一切都指向了单系的人类起源，而驳斥了人类的多系起源。

首先，在美洲未发现有较早时期人类遗骸的事实给了我们提示。人类必定是在史前晚期从亚洲出发，经白令海峡由北进入美洲定居的。无论如何，即便印第安人种清楚、强烈地显示出其自身的特点，这块大陆本身看起来也并没有人类起源的迹象。

其次，所有不同人种之间都可以繁育后代，且其后代也具有繁育能力，这在生物学上为单系起源说提供了支持；当我们将不同人种与最高等的动物相比时，会发现不同人种在其本质（Wesen）的基本特征上是相一致的，这从精神上为单系起源说提供了支持。与最不相同的人种之间的差距比起来，人类和动物之间的差距要巨大得多。相比人与动物间的差距，所有人之间存在最近的亲缘关系。我们之间巨大的差异性，性格上的不同，我们因相隔遥远乃至互不理解，我们在不共戴天的敌对中断绝关系，我们在精神疾病的折磨下，或是在纳粹集中营的现实中恐怖地、悄然地瓦解——所有这一切都是被遗忘，或是找不到实现途径的真正亲缘关系所造成的痛苦折磨。但是，为了躲避人而逃向某些动物或某种动物，这事实上是逃向自我欺骗。

对人类是单系还是多系起源做出基于经验的判断是不可能的，因为我们对人类的生物学起源一无所知。因此，人类的统一起源是一个理念，而不是可以经验的现实。

然而，面对所有这些论据依然成立的是：人与人之间的相互关联本质上并不在于其动物学形态，而在于人与人之间可以相互理解，在于人全都具有意识、思想和精神。人与人之间存在着一种最内在的亲缘关系，而即便是在最接近人类的动物和人类之间都存在着一道鸿沟。

因此，即便基于经验的研究为我们提供了一些提示，我们也依然不能从中推断出人类共属一体，休戚相关；同样，我们也不能通过经验研究来对此加以驳斥。人类究竟是单系起源还是多系起源，最终对此并不具有决定性。人类的共属一体取决于一种信仰，一种人性在历史上逐渐形成的，对共属性（Zusammengehörigkeit）的信仰。而把人类与动物区分开来的鸿沟则是这种共属性的前提。

从这种信仰中，逐渐发展出一种意愿（Wollen）。当人意识到自身时，那么对他来说，他人就绝不只是自然，绝不只是手段。人感受到自身的本质，并把它作为一种应为（Sollen）。这种应为深深地渗入到人的实在性之中，好似成了人的第二自然。但是，它却决不像自然规律那样可靠。人吃人已经结束了，但它在任何一个时刻都可能卷土重来。灭绝性屠杀曾经存在，并且在人们认为它已经不可能再次出现的时候，它以最大的规模又一次发生。人类的团结一致是我们人性的条件，它通过自然法（Naturrecht）和人权（Menschenrecht）得到了说明。它总是遭到背弃，又不断作为要求而重新出现。

因此，当人们与相隔最遥远的人们相互理解时，会有一种满足感，这种满足感是人类所独有的；同样，有将人当作人的要求，如伦勃朗[①]画一名黑人，或者像是康德[②]所表述的那样：决不能将一个人当作手段，而是始终要将他当作目的本身（Selbstzweck）来看待和对待。

① 伦勃朗·哈尔曼松·凡·莱因（Rembrandt Harmenszoon van Rijn，1606—1669），荷兰大画家。——译注

② 伊曼努尔·康德（Immanuel Kant，1724—1804），德国哲学家，开创了德国古典哲学，著有《纯粹理性批判》《实践理性批判》《判断力批判》等。——译注

第四章　古代历史文明

1. 概览

差不多同时地，在地球表面的三个区域中逐渐形成了最古老的文明，首先是自公元前 4000 年开始的苏美尔—巴比伦、埃及、爱琴海文明；其次是在初步考古发掘中逐渐变得清晰起来的，产生于公元前三千纪中的前雅利安印度河文明（它与苏美尔人有所联系）；第三是产生于公元前两千纪（很可能更早）的古中国文明，它只能在追忆中显出并不分明的轮廓，我们只能从微量的遗迹中把握它。

气氛一下子变得与史前不同了，它不再沉默，相反，人们在文献书函中相互交谈，并借此向我们诉说，只要我们能够理解他们的文字和语言。人们在建筑物中诉说，它以组织工作和国家为先决条件；在艺术作品中诉说，它将一种我们所陌生的含义隐藏在吸引我们的形式之中。

但是这些古文明尚还缺乏精神革命。我们在前文中将这种精神革命具象化为轴心时代，它奠定了一种新的人性——我们今天的人性。我们可以将墨西哥和秘鲁的美洲文明与这些古文明作类比——它们的繁荣期可比这些古文明要晚上数千年。虽然美洲文明在时间上处于轴心时代之后，但它们同样缺乏轴心时代所带来的一切。在面对可以追溯到轴心时代的西方文明时，它们消失了。

在西起大西洋，横跨非洲，经阿拉伯延伸到亚洲深处的沙漠带上，除了许多小型绿洲外，还有两个大的河流谷地，尼罗河流域和两河流域。在这两个地区，人类历史能够在文献或石碑中连贯地追溯到比地球上其他任何地方都更久远的时期。我们可以看到，公元前三千纪时那里存在着什么，并且从遗迹中推断出更早时的情况。在中国，我们几乎无法回顾公元前两千纪，我们所拥有的清楚全面的记录源于公元前一千纪。在印度，考古发掘展示了公元前三千纪中文明高度发展的城市——但是它们相互之间仍是孤立的，且目前看来与公元前两千纪末开始的印度文明几乎没有什么关联。美洲的一切都要晚上很多，从头到尾都发生在公元之后。考古发掘再现了欧洲的史前此在，直至公元前三千纪，欧洲都有独立的文明，但其本身的形态对我们已不具有起本质作用的重要性。我们对此感到触动、产生兴趣，仅仅因为这是我们自己的史前。

希腊人和犹太人尚能了解埃及和巴比伦文明的晚期状况——他们生活在其周边。这些文明自此留在了西方记忆中，但是直到今天，通过考古发掘以及对他们语言文字的破译，他们在数千年间的进程才真正清晰起来。我们只能通过最近几十年间的考古发掘来了解印度河文明，它已经完全消失在印度人的记忆之中了（它的文字符号尚未得到破译）。中国的传说将自身的根基理想化了，包括它是如何在公元前两千纪及之前被奠定的。通过考古发掘，我们只能在少量的遗迹中发现它。

2. 哪些事件拉开了历史序幕?

我们要问：历史是以哪些具体事件开始的？或许下列几点具有本质性。

（1）尼罗河、幼发拉底河—底格里斯河、黄河的治理及灌溉管理的**组织**工作迫使权力集中、公务人员出现以及国家形成。

（2）**文字**的发明是这种组织工作的一个条件，它大概发生在（据赫罗兹尼[①]）公元前 3300 年左右的苏美尔人中、公元前 3000 年左右的埃及以及公元前 2000 年左右的中国（字母文字在公元前最后一个千纪才由腓尼基人发明出来）。问题是，文字的发明是源于同一源头（苏美尔人），还是在几个地方独立发生的？对于管理而言，文字不可或缺，这使得书写员阶层具有了领导意义，成为精神贵族。

（3）各**民族**的产生。一个民族感觉到自己是一个统一体，拥有相同的语言、相同的文化和相同的神话。

（4）之后是**世界帝国**（Weltreich），它最初在美索不达米亚建立起来。世界帝国的起源是为了阻止游牧民族对文明国家的不断侵略。这一任务是通过统治所有周边国家乃至游牧民族本身来完成的（起先是亚述人和埃及人的世界帝国，最后是波斯人新形态下的世界帝国。或许是以其为榜样，后来才产生了印度人的世界帝国。在此之后，出现了中国人的世界帝国）。

---

① 弗里德里希·赫罗兹尼（Friedrich Hrozny，1879—1952），捷克语言学家、古东方学家。——译注

（5）**马匹**被用来牵引战车以及骑乘，并开始流行起来，但这是在古文明已经发展起来的时候才有的变化契机。马匹的流行将人从土地的束缚中解脱出来，使人获得了广阔的空间和自由，它带来了新的、优越的战斗技术，带来了一种贵族身份，它与对马匹的驯服和控制、骑手和征服者的勇气以及对动物美的感受力紧密相连。

这些开创历史的事件引出了一个更深层次的问题：在人身上发生了什么，使其从非历史走入了历史？人类本质中的什么导致了历史？相比史前，历史进程的基本特征是什么？我们想要从人类本质的内部找到一个答案。我们想要认识的不是外部事件，而是人类的内在转变。

历史在此前经历了形成和转变的过程，这个过程对人类来说在很大程度上与自然进程是一致的。人从单纯发生的事件向历史的跳跃或许具有下列特征：

（1）通过意识和记忆，通过传承精神成果——人以此摆脱了纯粹的当前（Gegenwart）。

（2）通过将某种意义和范围合理化（Rationalisierung），通过技术——人以此摆脱了只有在突发状况和危险迫在眉睫时，才能采取预防措施及安全措施的致命限制。

（3）通过把以统治者与智者形象出现的人作为榜样，通过目睹他们的行为、功绩和命运——人以此开始摆脱自我意识的蒙昧状态以及对恶魔的恐惧。

历史带来的结果是状况、知识、内涵在显象上的持续变化，因此所有人与所有事物之间的关系、传承的内在关联、普遍的交流有了实现的可能，并且成为一种要求。

人类跃向历史的原因是什么？当人跃向历史时，他既不期望也不知道，他会发生什么变化。这就是一些在他身上发生的事情。人以外的其他所有生物都具有自身的特性，它们在特性中达到圆满的同时，也受到特性的束缚。但人与它们都不相同，人具有无限开放的可能性，他的本质没有圆满，并且不会圆满。那些自其起源起就内在于人的东西，那些作为历史的种子，在史前就必已发生作用的东西，在历史开始时，强有力地爆发了。

人性的这一跃进带来了历史。我们可以将这次跃进理解为发生在人身上的灾祸；一些不可把握的事情发生了——一种原罪，一种陌生力量的侵入；引起历史的一切，最终会摧毁人类；历史是一个毁灭的进程，它看起来或许就像一场壮观的烟火；开始时发生的事情还会倒回来再次发生；人类最终会回返他史前存在（vorgeschichtliches Sein）的极乐状态。

或者，这一跃进是人性的大礼，人类实现这一飞跃，是他崇高的天命，是他通向闻所未闻的体验和上升发展的道路。这种上升发展是由他的不圆满推动的。通过历史，人类成为超越自身的生物。在历史中，人类才开始他的崇高使命。无人知道，它会将人类引向何方？就连灾祸和困境都可以帮助人类飞跃。在历史中，人才逐渐成为真正的人。

（1）从一开始，人类**与生俱来的实质上的潜能**就在不断涌动。但就这些潜能本身而言，直到它们进入了历史的运动，并在其中显现、经受考验、得到增强、被遗失、又被忆起、重新发展，它们才变得丰富、完整、清晰。它们需要合理化，合理化本身绝不具有首要意义，而是起源和最终目标显现的媒介。

（2）随着向历史跃进，人**意识到了倏忽性**（Vergänglichkeit）。世间万物皆有其时，且必会消亡。只有人类懂得自己的死亡。在对这一极限情境的畏避中，人感受到时间中的永恒性，感受到作为存在显象（Erscheinung des Seins）的历史性，他在时间中消除了时间。人的历史意识逐渐与他对永恒性的意识一致起来。

（3）历史是**个别人**的不断推进。他们号召其他人跟随他们的脚步。那些听到和理解他们的人，随同他们一并进入运动之中。但同时，历史依然是**各种事件单纯的发生过程**，在其中，个别人的推进总像是一个徒然的号召，像是一个无人追随的下沉过程。巨大的重量似乎一再拖拽着所有上升的发展，使它们陷入瘫痪。群众强大的力量连同其平庸的品质扼杀了那些与他们不相符的东西。那些在他们中间无法赢得空间和意义以大规模实现的东西，那些无法使他们信奉的东西，就必定消亡。历史是一个仍然悬而未定的巨大问题，它不能通过任何思想，而只能通过现实本身来决定。这一问题是：历史的飞跃是否仅是两个非历史状态间的一个插曲，还是向深层次的突破？——这个深层次可能以无穷灾祸的形态，在危险和不断的失败下，从整体上使存在通过人显现出来，而人本身则在不可预见的飞跃中把握他不可预知的可能性。

3. 古文明之间的共性与不同

共同的基本特征——大规模的组织、文字、书写员阶层的领导意义——使一类人得以产生。他们虽已处于开化的文明之中，但仍然具有一些尚未觉醒的东西。与这种缺乏真正反思的未觉醒状态相符的，是一种独特的技术上的合理化。

在大集体中，一切都局限于存在的直观形象，被约束在不受质疑的秩序当中。人们所表达的、所追随的，是一种毫无疑问的如是存在（Sosein）。除了在少数动人的萌芽之中（这类觉醒的迹象停留在未发展的状态），人类的基本问题镶嵌在带有神秘特征的宗教知识里，而没有进入无休止的探求之中。在埃及，特别是在巴比伦，关于公正性的思考形成了一个强有力的萌芽。但是意义问题却没有得到明确提出。这就好像是答案已经先于问题出现了。

各古文明在状况和发展上的相似性使我们追寻一个共同的基础。在所有时期，工具和理念慢慢地传遍世界各地。我们寻找每一个新事物开始扩散的中心、传播的起点。在这个意义上，人们做出这样的假设：即幼发拉底河流域的苏美尔人具有奠基性及普遍性意义，决定性的影响从这里一直扩散到埃及和中国。但这样的影响规模是没有得到证实的。人们还提出一种值得怀疑的假设，即文明的中心位于亚洲——差不多在西库尔德斯坦及里海岸边。人们假定在更湿润的地球周期，这里曾经建立起一个兴旺的文明帝国。在气候变得干燥时，这里的居民则从这个中心向四方迁移。在这个过程中，从中国到埃及，各种文明在亚欧大陆上陆续建立起来。然而，当我们将目光投向史前的深渊时，我们无法找到任何有经验证明的坚实基础来支撑这一假设。

假使古文明之间的共性有一个共同的基础，那么我们也只剩下这个完全不确定的、对史前的亚洲深处的想象了。这是一个漫长的整个亚洲的共同史前，欧洲是其延伸出来的一个半岛。

但是，不同的古文明之间的差别也是显著的。我们能感受到，每一个整体的精神都是完全独特的。中国只有一些神话的萌芽，这里从一开始就有一些关于宇宙秩序的想象、生动的自然直观及自然的人道（Menschlichkeit）。在两河流域则有一种刚硬和力量，一些戏剧性的东西，早期的《吉尔伽美什史诗》就有一些悲剧性的感人之处。在埃及，在均质化的劳役生活的掩盖下，有一种内在的生活愉悦感，一种对庄严雄伟的风格的高度感受力。

语言上的差别可以一直追溯到精神的根基之中。中文与西方语言不仅在词根上，也在结构上具有根本差异性，人们很难想象中文与西方语言起源于一种共同的原始语言。假使真的存在这样一种共同的原始语言，那么导致这种差异性的进程必然持续了相当长的时间。于是，一种位于史前边缘的中亚文明会是共同源头的可能性就变得微乎其微。

在与后继者的关系方面，这些古文明同样完全不同。在希腊人和犹太人看来，埃及和两河流域的古文明是另外的文明，是他者的文明。他们认识它们，将它们保存在记忆中；他们观望着它们，起初带着羞怯与钦佩，之后带着轻蔑。后来的印度人对古文明一无所知，他们已经将它们全然忘记。而后来轴心时代的中国人则在古文明中看到他们自己的过去，他们代代延续，没有中断，没有感到自己身处一个新的文明之中（除非是将新文明看作是过去的衰落）。他们在一种理想化了的、变得带有神话色彩的形态中观察古文明，在创造性的想象力中，古文明逐渐成为一种典范。

然而，古文明内部还没有形成真正的历史运动。在开端时期的杰出创造之后，这数千年在精神上是一个相对不活跃的时期；但它同时是一个不断发生迁移的时期，人们从中亚向外迁移，也因征服和变革而迁移；它是一个民族消失和融合的时期，也是一个不断重建古老的、因灾难而中断的文明的时期。

因此，这数千年的历史叙述中虽然充满了各种事件，但是对人性来说，这些事件还完全不具有历史决定性。

第五章　轴心时代及其影响

我们在本书一开始就已经提前对轴心时代的特征做出了描述。因为对我们来说，理解轴心时代似乎对普遍历史的观念具有核心意义。

如果我们研究哲学史，那么最富成果、对自身思考最有益的研究领域在轴心时代。

人们可以将这一时代称作两个大帝国时代的中间阶段，一个为自由留出的停顿，一次进入最清醒的意识的深呼吸。

1. 以轴心时代判分世界历史结构

轴心时代成了一种酵素，它将人类带入世界历史唯一的内在关联之中。对我们而言，它成为一种尺度，借助这个尺度，各民族相对于整体的历史意义变得清晰起来。

根据各民族对待这一次巨大突破的不同方式，他们中间出现了最深刻的分界线。我们将之划分为——

（1）**轴心民族：**中国人、印度人、伊朗人、犹太人和希腊人。这些民族在延续自身过去的同时，完成了这一跃进。他们犹如在这次跃进中第二次诞生，并通过它奠定了人类的精神本质以及人类的真正历史。

（2）**没有突破的民族**。这一突破是对普遍历史具有决定性的事件，但它却不是普遍的事件。一些属于古文明的伟大民族，他们活跃在这一突破发生之前，并且在突破发生时仍保持活跃，但是他们没有参与其中。虽然他们与突破具有时间上的同步性，但在内部却没有与它产生关联。

在轴心时代，尽管埃及和巴比伦文明已经明显进入晚期形态，但它们依然很繁荣。两者都缺乏改变人类的反思；它们没有在轴心民族的影响下经历质变；它们对所在地区之外发生的突破不再做出反应。它们起初还停留在先前的状态，作为建立在轴心时代前的文明，它们在国家和社会生活的秩序方面，在建筑艺术、雕塑和绘画方面，在形成它们的神秘宗教方面，都取得了卓越的成果。但现在，它们慢慢走到尽头。它们对外服从新兴力量，在其内部也失去了它们的古老文明。它们逐渐汇入、消逝在波斯文明、之后的萨珊文明以及伊斯兰教中（在美索不达米亚），或是消逝在罗马世界和基督教中（这部分后来在埃及汇入伊斯兰教中）。

这两者都具有普遍历史的意义。因为犹太人和希腊人按照它们的样子，通过向它们学习，然后脱离它们，再超越它们而逐渐发展起来，创立了西方的基础。之后，这些古文明几乎被遗忘，直到它们在我们的年代里重新得到发现。

我们感叹它们的壮丽，但由于它们没有经历过突破，使得它们与我们之间产生了一条鸿沟。这条鸿沟使我们在面对它们时始终有一种陌生的感觉。相比古埃及人和巴比伦人，中国人和印度人使我们感到无比亲近。埃及和巴比伦的庄严是无与伦比的。但是，伴随着实现突破的新时代，我们所熟悉的事物才开始出现。在那些消失的萌芽中，特别是在埃及，我们看到一种使我们不禁惊叹的超前性，就好像突破就要开始，然而之后它却没有到来。

现在，对于理解人类历史而言，这是一个具有决定性的**基本问题**：中国和印度应该与埃及和巴比伦相并列吗？它们之间的差别仅仅在于中国和印度一直延续到了今天吗？还是中国和印度通过参与创造轴心时代而本身迈出了一大步，从根本上超越了那些古文明？我重申一遍：人们或许可以将埃及、巴比伦与早期的中国和公元前三千纪中的印度河文明相并列，但却不能将它们同整体上的中国和印度相并列。中国、印度与西方是比肩的，不仅因为它们直到今天依然延续，而且因为它们实现了突破。对此还可进行一些简短而有批判性的探讨。

这是一个古老的命题：相比西方，中国和印度没有真正的历史。因为历史意味着运动、本质的变化、新的开端。在西方，完全不同的文化接踵出现，先是古老的西亚和埃及文化，接下来是希腊—罗马文化，然后是日耳曼—罗曼文化。地理中心、区域和民族不断变更。相比之下，在亚洲始终存在着相同的东西，它只是在显象上做出了调整；如果它在灾难中没落，则接着便又会重新从同样的基础中建立起相同的东西。在这样的看法下产生了一种观念，即印度河与兴都库什山脉以东展示了非历史的稳定性，以西则展示了历史的运动。于是，这两大文化区最深刻的分界在于波斯和印度之间。直至印度河河畔，欧洲人都还能相信他尚在欧洲——埃尔芬斯通勋爵[①]如是说（黑格尔引用了他的话）[②]。

在我看来，这一观点似乎源于中国和印度在18世纪时的历史处境。勋爵看到的是他所处时代的情形，而绝非中国和印度的

① 芒斯图尔特·埃尔芬斯通（Mountstuart Elphinstone,1779—1859），英国驻印官员，著有《印度史》。——译注

② 阿尔弗雷德·韦伯阐述了相似观点。他认为古埃及和古巴比伦文明，与延续到今天的中国文化和印度文化属于相同的类型，它们是原始的、非历史的、静止的、神秘的。与之相对的是只在西方形成的中级文化。

这种区分初级和中级文化的基本思想虽然明显指向了一种现实，但在我们看来它仍是不准确的。相对于苏美尔文明来说，巴比伦文明已经是中级文化了；相对于前雅利安文明，印度—雅利安文化也是中级文化；在中国，通过新迁入的民族，很有可能曾发生过相似的文化吸收，这些吸收同时意味着变化。

对我们来说，一方面，这种区分特别不适用于中国与印度的差别，另一方面也特别不适用于它们与西方之间的差别。如果人们意识到轴心时代的精神范围和深度，那么人们就不会继续这种比较：埃及、巴比伦、印度、中国——相对于所有这些文化，只有建立在希腊—犹太文化基础上的西方文化是新文化。相反，轴心时代也同样属于印度和中国文化。我们所认识的中国和印度是从轴心时代中诞生的，它们并不原始，相反，它们已经是中级文化，并在精神上达到了与西方同样的深度。而不论是在埃及和巴比伦，还是在印度和中国的原始文明中，这都是极少发生的（对于印度和中国的原始文明，我们虽然能够从极少的发掘物中确定它们的存在，但却不能像在埃及和巴比伦那样的广度上认识它们）。因此，中国和印度在整体上不能被当作与埃及和巴比伦并列的原始文明。中国和印度既是原始文明，也是中级文化。我们可以拿它们的早期阶段与原始文明相比较，但随后，它们在经历了轴心时代的突破后，就与西方的中级文化相类似了。埃及和美索不达米亚与印度和中国的相似之处只在于它们实际上的同时性。从轴心时代起，中国和印度就不能再与古文明相类比了，不如说，它们只有与西方的轴心时代作类比才是合理的。埃及和巴比伦没有产生轴心时代。

这一准则支撑着阿尔弗雷德·韦伯的历史结构："在思考整体进程时，必须描述封闭的总体文化的发展和解体。"因此，他明确拒绝了以世界时代入手进行研究，他认为这是"被挖空了的视角"。不过，他非教条主义的态度和清晰的历史目光同样看到了我们所看到的事物。在他的著作中，有一处就像是其他历史结构掉落的碎片，我们可以把它引用过来，作为我们观点的重要证据。在韦伯那里，这一点只是顺带提出的，并没有产生结论：

"从公元前9世纪到公元前6世纪，世界上这三个在此期间建立起来的文化区域——西亚—希腊文化区、印度文化区和中国文化区——奇异地在相同的时间中，似乎彼此独立地开始了面向普遍的宗教和哲学追求、探问以及决断。从这个出发点开始，自琐罗亚斯德、犹太先知、希腊哲学家，自释迦牟尼，自老子和孔子起，它们在一个同步的世界时代中，发展出那些宗教和哲学上的世界解释和态度。这些解释和态度随后又经历了延续、改造、总结和新生，或是在相互影响下经历了变形和改革。它们构成了人类世界宗教的信仰准则和哲学解释的准则。就其中的宗教部分而言，自从这一时期结束后，即自16世纪以后，再也没有出现过根本上的新东西。"

阿尔弗雷德·韦伯关于游牧民族作用的说明指出了一个西方中级文化（我们称之为轴心时代）产生的原因，但同时，这也是中国和印度发生精神变革的原因，然而，韦伯却使它们停留在原始文明的范畴内。

阿尔弗雷德·韦伯实际上描绘了发生在印度和中国的深刻转折，就像在西方一样，这些转折首先意味着本质上的变化。在印度，这些本质上的变化是原始的佛教，是神秘的形而上学内容通过耆那教和释迦牟尼向伦理主义的转变；在中国则是由佛教带来的剧变。但是，韦伯认为，神秘的东西卷土重来了，这才是关键的，这些转变不是根本性的，而只是表面的。新的内容被那些永恒的、不变的东西吸收了。而无论是中国，还是印度，都包裹在这些永恒不变的东西之中。这种掌控着亚洲的不可改变的、至高的东西将其与西方区别开来。

这里真的存在彻底的不同吗？难道这里不是也恰恰存在着一种共性吗？这是我们所有人都能谈到的、始终存在的危险：我们向着非神秘的、人性的、理性的事物飞跃，越过恶魔跃向上帝，但最终可能又会陷回神秘的、魔鬼论的事物（Dämonologische）之中。——原注

全部内涵。当时，中国和印度都走在各自的下坡路上，陷入了一个低谷。

中国和印度于 17 世纪起开始的倒退，难道不像是对可能降临在所有人类头上的命运的一个巨大象征？这难道不也是关乎我们命运的问题：不要陷回亚洲基础之中？中国和印度曾经也是从这里出发，经历了它们的繁荣。

（3）**后来民族**。所有民族可以划分为两类，一类以突破的世界为基础，另一类则始终置身其外。前者是历史民族，后者是原始民族。

在突破的世界本身中，马其顿人和罗马人是在政治上构建新大帝国的因素。他们精神上的贫乏在于，突破的经验没有进入他们的灵魂核心。因此，在历史的世界中，他们或许能够在政治上完成征服、治理和组织，能够获取并保管学识，拯救传承的连续性，但是却不能继续推进或深化突破的经验。

欧洲北方则不同。虽然就像在巴比伦和埃及一样，在欧洲北方同样很少发生伟大的精神革命。北方的民族在一种原始性中打着盹，但当他们遇到轴心时代的精神世界时，他们以一种我们很难在客观上把握的灵魂态度的本质（黑格尔称其为北方气质）获取了独立自主的本体（Substanz）。

2. 突破后的世界历史

自轴心时代以来，时间已经过去了两千年。各世界帝国内部的巩固强化并没有最终固定下来，它们瓦解了。在三个地区中，相继出现各国相互征伐的时代，分裂的时代，民族迁徙和短暂征服的时代以及其间新的、但很快再次消失的创造最高文化的时刻。新的民族进入了这三大文化圈，在西方是日耳曼人和斯拉夫人，在东亚是日本人、马来人、暹罗人，这些民族自身也创造出新的文化形态。但他们是通过钻研传播到他们那里的高等文化，对其进行吸收和改造完成这些的。

当日耳曼人参与到1000年前就已经开始的人性革命中时，他们才开始完成他们的精神世界使命。从他们与这个突破的世界发生关联的一瞬间起，他们开始了新的运动，并且直至今日依然作为欧洲日耳曼—罗曼世界处于这一运动中。历史上又一个独一无二的现象开始了。古典时代无法再做到的，在这时发生了。人性张力的极限、极限情境下的光亮，那些始于突破时期，但在古典时代晚期几乎没落的一切，此时以同样的深度，或许还在更广的范围中又一次完成了。它们不是第一次出现，也并不源自日耳曼人自身，而是源于与轴心时代传统的相遇。此时，他们将这些传统作为自身传统来体会。一场新的人类潜能的试验开始了。

与中国和印度相比，在西方，戏剧性的新开端似乎要多得多。在精神上保持连续性（它在一些时期很弱）的同时，西方出现了一连串完全不同的精神世界。金字塔、帕特农神庙、哥特式大教堂——这些在历史上相继出现的差异性在印度和中国并不存在。

不过，亚洲可谈不上稳定。就像我们民族大迁徙时期的上百年一样，中国和印度也曾有陷入沉寂的数世纪。在这期间，所有的一切似乎都消失在混乱之中，以便在之后能够产生出一种新的文化。在亚洲——在中国和印度——也有文化顶峰和政治中心的地理转移，承载历史运动的民族同样发生更替。亚洲与欧洲之间的差别并不彻底。甚为类似之处仍然存在：轴心时代的创造性时期，以及其后的种种变革和复兴，一直到欧洲自公元 1500 年起迈开前所未有的步伐，而中国和印度则恰恰在那时踏上了文化的下坡路。

轴心时代的突破发生之后，在其中逐渐形成的精神就通过思想、作品和形象传播给每一个能够倾听和理解的人，使他们感受到无尽的可能性，所有后来民族都通过他们把握突破的力度以及受其影响的深度而成为**历史的**民族。

这一伟大的突破就如同一场人性的落成仪式。后来每一次与它发生的接触都像是一场新的落成仪式。自此开始，只有那些经历过这一仪式的人和民族才真正处在历史进程之中。但是，这个落成仪式并非隐蔽的、被小心保护的秘密。相反，它走进明亮的日光中，在不受限制的传播意愿下，经受一次次检验和证实，将自己展示给每一个人。它是一个"公开的秘密"，那些准备好接受它的人只要发现它，就会通过它实现自我升华。

新的落成仪式发生在阐释和吸收之中。有意识的传承、权威性的著作、研究成为不可或缺的生活元素。

3. 印欧语系民族的重要性

从人类无法忆及的时期起，一些民族就开始从亚洲涌向南方。苏美尔人就是从北方迁徙来的。自公元前两千纪起，说印欧语言的民族迁往印度和伊朗，之后又迁往希腊和意大利。自公元前一千纪中期起，其中的凯尔特人和日耳曼人再次使南方的文化世界感到不安，并在一段时间内被罗马帝国击退，就像游牧的蒙古人曾在一段时间内被中国击退一样。之后是民族大迁徙时期的日耳曼和斯拉夫民族，接着是突厥各民族，然后是蒙古人。直到数世纪前，不断迁移的各民族针对文化区域的不间断活动才停止。为其画上最终句点的是游牧生活方式的终结。自 18 世纪一直到今天，中国农民不断以和平的途径从南方迁居蒙古。而最后的游牧民族则在苏联的强制下自北而南定居。

数千年间，这些不断迁移的民族对各种事件起到了决定性作用，而在他们当中，我们习惯给予印欧语系民族一种历史上的优先权，这么做是公道，但却是有限的公道。

在古文明中间，没有一个民族使用印欧语系的语言。赫梯人的语言类型具有明显的印欧语系特点，但这种语言类型并未伴随着可以把握的精神特性。

在古文明时期，印欧人虽然没有展示出一个可以与这些文明相媲美的、拥有文字、国家和传承的、有组织的世界，但是，印欧人的世界必不仅仅只是一个语言上的共同体。我们可以从中发现深刻的精神内涵，比如上帝——父亲的思想和那种特有的天然性（Naturnähe）。

一种周期性贯穿了历史，衰退、遗忘和没落的时期与再次认识、重新回忆、重建和重复的时期交替出现。自此，复兴（Renaissance）成为贯穿历史的普遍事件（奥古斯都时期、加洛林文艺复兴、奥托复兴、狭义上的文艺复兴、公元 1770—1830 年间的德国人道主义运动、12 世纪的梵语复兴、汉代的儒学、宋代的新儒学）。

印欧语系民族建立起来的各种文化对轴心时代以及之后数千年的西方具有突出意义。这些印欧语系民族——印度人、希腊人、日耳曼人，也包括凯尔特人、斯拉夫人以及后期的波斯人——具有一个共同之处：他们创作英雄传说和史诗，发现、塑造、设想出悲剧元素。在其他民族那里，可以与之进行比较的是：巴比伦人的《吉尔伽美什史诗》，埃及人关于卡迭石战役①的记载，中国人的《三国志》，然而它们之中却蕴含着一种完全不同的情绪。印欧语系民族参与决定了轴心时代在印度、波斯和希腊的发生方式。但是，像犹太人和中国人这样对轴心时代来说至关重要的民族却完全不属于印欧语系。而且印欧语系民族所建立的一切，都是在之前的古文明基础上、在与旧有居民的混合中，通过吸收外来文化传承而逐渐形成的。

在欧洲，自公元后一千纪，北方民族接触轴心时代之后，一个直到此时都没有反思（unreflektiert）的本体觉醒了。这一本体与轴心时代显现出来的部分力量是同源的（这类想法尚不能肯定）。直到有了这一姗姗来迟的接触，北方民族中的一些东西才得到了升华，然而在此之前，它们或许就已经存在于那些连自身都无法理解的冲动之中了。一些东西在新的精神创造中逐渐发展起来，它们或是从桀骜不驯的叛逆逐渐发展成精神的抗争运动，然后成为探询和探索的运动；或是从不可动摇的自我（Ich）逐渐发展成以自我存在的生存（selbstseiende Existenz）为基础的自由人格。所有的张力都被决绝地推到极限，而就在这种张力之中，北方民族才真正体验

① 卡迭石战役（Die Schlacht bei Kadesch），公元前1274年发生在奥伦特河畔的卡迭石（位于今叙利亚霍姆斯附近），是古埃及与赫梯争夺叙利亚地区统治权的战役，双方均未取得决定性胜利。卡迭石战役是古代军事史上有文字记载的最早的会战之一，战后缔结的《埃及赫梯和约》是流传至今的最早的国际军事条约文书。——译注

到，人、世界中的此在和存在本身意味着什么，才确信超越。

4. 西方的历史

4.1 总貌

中国和印度的历史不能像西方历史那样清晰明确地划分出段落，它们内部没有旗帜鲜明的对立，也没有不同力量和教派相互冲突时明明白白的精神斗争。东西两极性（die Polarität von Orient und Okzident）不仅仅体现在西方将自身同外部的他者区分开来的时候，这种两极性在西方内部同样存在。

西方的历史可以划分出下列段落：

到约公元前一千纪中期为止，是巴比伦和埃及的 3000 年。

从公元前一千纪中期到公元后一千纪中期，这 1000 年建立在轴心时代的突破之上，是犹太人、波斯人、希腊人和罗马人的历史，在此期间，西方在意识上形成了。

自公元后一千纪中期罗马帝国分裂为东西两部分，在经历了大约 500 年的间隔后，差不多在公元 10 世纪，日耳曼—罗曼各民族的新西方历史在欧洲西部逐渐形成，到现在持续了大概 1000 年。在东部，君士坦丁堡（Konstantinopel）[①]的帝国和文化一直延续到 15 世纪。在与欧洲和印度的不断接触中，通过伊斯兰教，那里形成了今天的近东。

① 今伊斯坦布尔，拜占庭帝国曾在此建立都城。

在这数千年的进程中，西方坚决地迈出它的步伐，不畏断裂和跳跃，为世界带去彻底性，在中国和印度都没有发生这种规模的进程。在印度和中国，语言及民族多样性之间的区分或许并不比西方更小。但在那里，这种区分没有在斗争中成为立体凸显自身以实现自身的基础，没有成为一个世界的历史架构，在这个世界中，特殊的形态发展出一种势将整体冲破的能量和坚定性。

4.2 基督教轴心的重要性

对西方的意识来说，基督是历史的轴心。

以基督教教会为形式的基督教或许是至今为止最大、也是最高的人类精神组织形式。

基督教的宗教动力和前提源自犹太教（以历史的目光看，耶稣是一系列犹太先知中的最后一位，处于同他们的有意识的连续性中）；它在哲学上的广度和思想上的启迪力量来自希腊文化；它的组织活力和现实的智慧来自罗马文化。这一切形成了一个整体，而这样的整体不是由人规划出来的。一方面，它是罗马帝国的综摄世界（synkretistische Welt）中复杂而值得赞叹的最终成果；另一方面，它通过新的宗教和哲学构想（其最重要的代表是奥古斯丁）而得到推动。这个教会证实了自己能够将甚至是矛盾着的因素融合到一起；能够将那时为止最高的理想吸纳到自身之中；能够将成果用可靠的传统保护起来。

但在历史上，就基督教的内容和它的现实来说，它是一个晚期的成果。这个晚期成果被视作之后时代的基础和起源，这使得西方历史直观发生了有利于古典时代晚期显象的视角推延——相似的推延也发生在印度和中国。在整个中世纪，恺撒[①]与奥古斯都比起梭伦和伯里克利[②]、维吉尔比起荷马、亚略巴古的迪奥尼修斯[③]和奥古斯丁比起赫拉克利特和柏拉图都要更受重视。较晚时期中，对真正的起源性轴心的复归从未在整体上实现，而都只是在部分上重新发现了它。比如，中世纪时已经有对亚里士多德[④]和柏拉图思想的吸纳；新教对先知宗教深刻性的重温；18 世纪末，德国人文主义对希腊文化的重新体会。

西方基督教的存在方式不仅在精神上，也在政治上对欧洲具有决定性。我们可以通过比较观察将这一点展现出来。自公元 3 世纪起，几大教条宗教成为促成统一的政治因素：自 224 年起，伊朗宗教成为萨珊王朝的支柱；自君士坦丁大帝起，基督教成为罗马帝国的支柱；自 7 世纪起，伊斯兰教成为阿拉伯帝国的支柱。与文化交往相对自由的古代世界相比，现在，一道鸿沟出现在这个人道的世界中。战争同时成为宗教战争：拜占庭和萨珊王朝之间的战争，拜占庭和阿拉伯人之间的战争，后来西方国家和阿拉伯人之间的战争，以及之后的十字军东征。在这个变了样的世界里，拜占庭的基督教与其他教条宗教相去并不远。拜占庭或多或少是一个神权政治

① 盖乌斯·尤里乌斯·恺撒（Gaius Julius Caesar，公元前 100—前 44），罗马共和国末期的军事统帅、政治家，罗马帝国的奠基者。——译注

② 伯里克利（Perikles，公元前 490—前 429），古希腊雅典政治家，被视为雅典式民主的创始人之一。——译注

③ 亚略巴古的狄奥尼修斯（Dionysios Areopagita），据信生活在 1 世纪，是雅典的第一位主教。16 世纪时，一位不具名的基督教作家和神父曾假托其名（Dionysius Areopagita）进行写作。——译注

④ 亚里士多德（Aristotele，公元前 384—前 322），古希腊哲学家、科学家、政治学家，著有《工具论》《形而上学》等。——译注

国家，西方则不同。在西方，教会或许有同样的要求，但由于这种要求没有得到满足，教会因此而斗争，它不仅在西方发展了精神生活，还成了反对世俗强权的自由因素。于是在西方，特别是在教会的对手那里，基督教促进了自由。大政治家们是虔信宗教的。他们的意愿不仅仅在于迅速实现强权政治，也在于用伦理（Ethos）和宗教来充实生活方式和国家形式。自中世纪以来，这种意愿的力量是西方自由的主要源泉。

4.3 西方的教养连续性

尽管有极大的断裂、毁灭和看似彻底的败落，但西方并没有失去它的教养连续性（Bildungskontinuität）。至少，立义形式（Auffassungsform）和图形（Schema）、词语和惯用语，一直贯穿了数千年。

凡是与过去的、有意识的联系中止之处，总存留着某种事实上的连续性，并且会再次有意识地与过去建立起联系。中国和印度始终在连续性中延续着他们自身的过去；与之相比，希腊除了在连续性中延续自身过去之外，还延续着陌生的、东方的过去；欧洲北方的民族则在连续性中延续着一开始对他们来说十分陌生的地中海世界的文化。西方延续了先前存在的外来文化，它占有、加工、改变了这种外来文化，在延续它的同时具有自身开创性，这种开创性是西方的特点。

西方的基础是基督教和古典时代。它首先将自己建立在这二者于古典时代晚期传播到日耳曼民族那里的形态上，然后一步步追溯，进入圣经宗教和希腊文化本质的起源之中。

自西庇阿[①]时代起，人道主义就是教养意识（Bildungsbewuβtsein）的一种形式。从那开始，教养意识在不断变化中贯穿了直到今天的整个西方历史。

西方为自己创造出两种具有普遍性的结晶，教养的连续性就在这两种结晶中存续：罗马帝国和天主教教会。这二者成为欧洲意识的基石，虽然欧洲意识不断面临瓦解的危机，但在抵御外来威胁的重大行动中，它总是会得到重新构建，尽管构建得并不十分牢靠（如在十字军东征时期、蒙古人危机、突厥人危机中）。

但是，这种教养和传承形成普遍统一形式的趋势并没有导致精神生活走进僵止的棺椁——这在中国儒学中曾大规模发生——而是始终不断地在突破。在这些突破中，欧洲各民族轮流地享有他们的创造期，整个欧洲都因这些创造期而富有生机。

意大利文艺复兴以后的时期将自己看作是对古典时代的重振，德国宗教改革以后的时期则将自己看作是对基督教的重建。事实上，二者后来都成为对世界历史轴心最深入的再认识。

但二者同时并首先是新西方具有开创性的创造。早在再认识之前，这种创造就已经以不断壮大的力量开始了。在西方，1500 年至 1830 年之间的世界历史阶段因大量杰出的伟人、文学和艺术上的不朽名作、最深层的宗教动力，并最终因科学和技术创造而出类拔萃，它是我们今天精神生活的直接前提。

---

① 指小西庇阿（Publius Cornelius Scipio Aemilianus Africanus minor Numantinus，公元前 185—前 129），古罗马统帅、政治家，喜爱希腊文化。在他身边聚集了一批文人学士，共同研讨艺术、哲学及科学问题。——译注

第六章　西方的独特之处

如果说在过去的几个世纪里，欧洲的历史意识将希腊人和犹太人之前的一切都当作是异于自己的事物，将其贬低为历史的引子，并且将地球上生活在欧洲精神世界之外的所有民族都笼统地划归到民族学这个大范围中，把他们的创造物收集在民族学博物馆里，那么，在这个早已得到纠正的盲目做法里倒确实存在一个真理。

轴心时代时，从中国到西方处处存在着极大的相似性，而后来却从这些相似性中产生出了不一样的发展道路。事实上，差异在轴心时代就已经存在了。不过尽管如此，与我们的现代世界相比，直到约公元后 1500 年，我们都还能在各大文化区之间察觉到一种相似性。

但是，在最近几个世纪中，一个独一无二的全新事物出现了：科学以及科学带来的技术。自有记载以来，历史上从未有任何一个事件像科学那样，使世界内外都发生了根本性的变革。它带来了前所未有的机遇和风险。我们约在一个半世纪[1]前进入技术时代，而技术在最近几十年中才获得了完全的掌控力。现在，这种掌控力增

① 《历史的起源与目标》首次出版时间是 1949 年。作者所指的时间点约是 19 世纪初。——编者注

强到了无法预见的程度。对于技术可能产生的巨大后果，我们现在也不过才意识到其中的一部分。从现在起，总体此在的新基础无法避免地由技术创造了出来。

科学和技术起源于日耳曼—罗曼各民族。这些民族以此实现了一次历史的突破。他们开启了真正意义上普遍的、全球的人类历史。只有获取了西方的科学和技术，并同时承担了其风险的民族——这些风险与西方对人性的认识和能力相联系——才能够积极地参与到人类历史的新阶段，并在其中发挥作用。

如果说科学和技术是由西方创造的，那么就有以下问题：为什么科学与技术产生于西方而不是其他两大文化区域？是否在轴心时代，西方就已有其特有之处，而它们在最近几个世纪中才产生了这样的作用？那些在科学中展现出来的东西，是否从一开始就已经存在于轴心时代了？西方是否具有独特之处？在西方所发生的独一无二的、全新的、具有颠覆性的发展，或许源于一个更加包罗万象的原理。我们无法理解这个原理。但我们也许可以通过一些提示，来意识到西方的独特性。

（1）**巨大的不同在地理上**就已经存在了。相比中国和印度封闭的大陆领土，西方的特点是地理上超乎寻常的多样性。这里有半岛、岛屿、沙漠地区、绿洲地区、地中海气候区和阿尔卑斯北部山区，还有比中国和印度长得多的海岸线。与地理上的多样性相类似的是民族和语言的多样性。这些民族交替担任行动和创造的先驱角色，并以此创造了这里的历史。西方各国和民族展示出一幅自己特有的景象。

现在，我们可以进一步通过一系列特点勾勒出西方的精神特性。

（2）西方熟悉**政治自由**理念。希腊曾形成一种自由，尽管只是昙花一现，但它没有在世界上其他任何地方出现过。相对于惠及各民族的全面组织（Totalorganisation）下的普遍专制，自由人结成的誓约同盟得到广泛认同。城邦因此奠定了一切西方自由意识的基础——既包括自由的现实，也包括自由思想。

从那里闪耀出一道光芒，一种要求贯穿了我们西方的历史。自公元 6 世纪起，希腊思想、希腊人以及希腊城邦的自由逐渐发展起来，并在之后的波斯战争中经受了考验，达到了它尽管短暂但最为全盛的时期。这是一个伟大的转折点。构建起希腊精神的，不是普遍的祭司文化，也不是俄耳甫斯教（Orphik）或毕达哥拉斯精神（Pythagoräertum），而是自由国家的建立，在此同时，它也构建了人类的巨大机遇和风险。自那时起，世界上有了自由的可能性。

（3）不会在任何地方停下脚步的**合理性**，它对前后一致的逻辑思想以及无法反驳的经验的事实性保持开放，而这种逻辑思想和经验事实必须在任何时代、对任何人而言都是可以理解的。相对于东方来说，希腊的合理性已经具有了一种一致性（Konsequenz）的特点，它奠定了数学的基础并完成了形式逻辑学（formale Logik）。随着中世纪结束，现代的合理性变得与东方彻底不同。在这里，科学研究对那些最终结论格外具有批判性，由于整体上始终存在缺陷，科学研究踏上一条无尽的道路。在社会交往中，通过对法律判决的预测，法制国家尝试在最大程度上实现生活的一般可预见性。在经济活动中，精确计算对每一步都具有决定性影响。

但与此同时，西方在冲击中清晰地体验到合理性的界限，而这在世界上任何其他地方都没有出现。

（4）在犹太先知、希腊哲学家和罗马政治家那里，**个人自我存在**（persönliches Selbstsein）**有意识的内向性**（Innerlichkeit）获得了一种无条件性，这种无条件性永远具有典范意义。

但也因此，自诡辩家开始，脱离自然基础及人类集体基础变得可能，这种脱离相当于走入空洞（Leere）。在最高的自由中，西方人于虚无（Nichts）之中体验到自由的界限。在最明确的自我存在中，他恰恰体验到得赠自身（Sichgeschenktwerden）[①]——而他将得赠的东西作为纯粹的自我错误地固定下来，以为这可以完全取决于他自己，就好像人即开端和造物主一样。

（5）对于西方人来说，**世界的实在性始终是无法回避的**。

虽然，西方如其他伟大的文化一样深知人性的分裂：一方面是野蛮的生活，另一方面是出尘的神秘主义；一面是恶魔，另一面是圣人。但是，西方尝试摆脱这种分裂性，它在塑造世界本身之中寻找上升的途径；不仅仅是在一个理想王国中去观察真相，而是去实现真相，通过理念使现实本身获得提高。

西方以独一无二的迫切性认识到这个要求，即要去塑造世界。西方感受到世界现实的意义——它意味着无尽的任务，即认识、观察、在世界内部实现对它的塑造。我们无法跳出世界。西方人是在世界之中，而不是在世界之外查证它。

与此同时，一种对世界现实的体验成为可能；在任何阐释都无法最终说明的深刻意义中，这种体验懂得了失败。悲剧性既成为现

① 雅斯贝斯认为，人不是自为的，他总是要依赖于其他事物。人无法在自我存在中创造出他自身，而必定是从某处获赠他自身的，然而他不知是从何处。——译注

实，同时也进入了意识。只有西方懂得悲剧。

（6）像所有文化一样，西方实现了一般性（das Allgemeine）的各种形态。但对西方来说，**这种一般性并没有凝固成**不可更改的制度及观念的**教条定式**。它既没有凝固成种姓制度（Kastensystem）下的生活，也没有凝固成天道（kosmische Ordnung）下的生活。在任何一种意义上，西方都未变得稳定。

在西方，**例外**打破了一般性，这些例外逐渐发展成推动西方的不可预见的力量。西方予例外以空间。西方能够容许对当时来说绝对新颖的生活和创造——这种生活和创造同样可以彻底毁灭西方。西方达到了一种人性的高度，这种高度绝不可能赢得所有人的参与，或许很难有人能够效仿。但这些高度就像发光的灯塔一样，给予西方一种多维的指引。西方之所以持续不宁静，始终不满足，不在任何圆满中止步，其根源就在其中。

于是，在看似偶然的处境下，逐渐形成了最不可能的可能性。比如，当**犹太人**处于互相征伐的帝国中间无能为力时，当他们面对无法反抗的强国束手无策时，当他们在政治上遭受覆灭时，先知的宗教逐渐形成了。比如，在政治强国世界的边缘地带，**冰岛人**反对国家监管的北方文化和意向繁荣发展。

（7）圣经宗教与伊斯兰教**要求信仰真理的唯一性**。通过这种要求，西方发展出另一个与它的自由和无限多变性相反的极端。这一要求的全面性只在西方以一种原则的形式出现，并持续地贯穿了整个历史。

但随后，至为重要的是，虽然这种要求唯一性的劲头提高了人的境界，但同时，不论是众多圣经宗教和教派的分裂，还是国家和教会之间的分歧，都给这种要求施加了限制。对唯一统治权的要求撞上了其他形态的相同要求，这不仅带来了宗教狂热，也带来了不断更进一步的质疑运动。

由于没有形成唯一的统治权，国家和教会不断竞争。只有在必须妥协时，二者才会放弃对全部统治权的要求。或许，正是持续的精神和政治张力带给了西方高度精神活力、自由、不知疲倦的探寻和发现以及经验的广度。而从拜占庭到中国，所有这些东方帝国都与西方不相同，它们形成了统一，缺少类似的张力。

（8）这是一个任何一般性都无法将之封闭，但却始终以一般性为目标的世界，是例外取得突破并获得真理地位的世界，是历史信仰的唯一性要求将一般性与例外都纳入自身的世界，在这里，张力必然被推向最极限的边缘。

因此，西方拥有一种**坚决性**，它将事物推到顶点，力求最完全地阐明它们，将它们放在非此即彼的判断之前。因此，这种坚决性使西方人意识到了原则，树立起最内在的斗争前线。

这种坚决性显现在具体的历史张力中。在西方，几乎一切产生影响的东西都被推入到这些张力之中，如基督教和文化间的张力，国家和教会间的张力，帝国和各民族间的张力，罗曼民族和日耳曼民族间的张力，天主教和新教间的张力，神学和哲学间的张力。没有一处是绝对的、稳固的。任何人一旦要求绝对性、稳固性，就会看到自己身处质疑之中。

（9）这个充满张力的世界或许同时是以下事实的条件和后果：只有西方存在这么多不同特征的**独立人格**（eigenständige Persönlichkeit）——从犹太先知和希腊哲学家到伟大的基督徒，再到 16—18 世纪间的伟人。

最终且最重要的是，西方的要素是个人的爱（persönliche Liebe）和无限的自我启发力，它们处于一种永不圆满的运动之中。在这里，开放性、无限的反思以及内向性逐渐以适度的方式相结合，为此，人与人之间的交流和真正理性视野的完整意义才迸发出光芒。

西方意识到了自身的现实。这里没有产生出一种占主导地位的人的类型（Menschentypus），而是有许多相对立的人的类型。无人相当于一切，每个人都在一切当中，相互联合是必要的，相互分离也是必要的。因此，没有人可以要求整体。

第七章　东方与西方

当我们把中国、印度和西方的三种历史运动平行放置时，我们忽视了欧洲人惯于给予自己的那种优先地位。在前面的章节里，我们通过刻画欧洲的特性，对欧洲的自我意识进行了说明，没有一个欧洲人可以摆脱这种自我意识。

只有欧洲的发展引出了技术时代，今天，技术时代给予整个地球一副欧洲面孔；此外，合理性的思维方式变得无处不在，这似乎都证明了这种优先地位。虽然中国人与印度人同欧洲人一样感到自己是本真的人，并理所当然地宣称自己的优先地位。不过，当所有文化都将自己看作世界中心时，实际情况看上去却并不相同，因为似乎只有欧洲通过实现自身而证明了它的优先地位。

西方从一开始——自希腊人起——就是在一种内部的东西两极性中建立起来的。自希罗多德[①]开始，西方和东方的对立作为一种永恒的对立进入了西方人的意识，并不断以新的形态出现。与此同时，这种对立才真正成为现实，因为某种事物只有在人认识它之后，它在精神上才是现实的。希腊人建立了西方，但西方只有通过这样才存在：即西方将目光持续投向东方，与东方争鸣，领悟东

① 希罗多德（Herodotus，公元前484—前425），古希腊历史学家，著有《历史》。——译注

方并脱离东方，吸收东方事物，并将之改造为自有之物，同东方斗争，在此同时，双方力量此消彼长。

这不是简单的希腊人与野蛮人之间的对立。就其本质而言，这种对立与中国人、埃及人、印度人在面对其他民族时所认为的对立是类似的。当西方把自己同东方区分开来时，东方在政治和精神上仍然是一支势均力敌的、令人欣赏的力量，是值得学习和充满诱惑的地方。

我们可以将这种对立理解为一切精神事物都具有的一种自我分裂的形态。只有当精神在对立中意识到自身，只有当它处于斗争中时，它才具有生命，才开始运动，才能产生丰富的成果，才能取得飞跃。但是，这里的对立是一种历史的对立，就其内涵而言，我们无法以一般的形式将它展现出来，也无法通过任何有限的规定完全阐明它的内容。它就像一个贯穿世世代代的深刻历史秘密。在形形色色的变型中，最初的两极性经过许多世纪依然保持着生命力。

希腊人和波斯人，东、西罗马帝国，西方基督教和东正教，西方世界和伊斯兰世界，欧洲和又可分为近东、中东及远东的亚洲，这些都是接连出现的对立的各种形态。在对立中，各文化和民族在相互吸引的同时也相互排斥。欧洲时刻都在对立中构建着自身，而东方则是从欧洲那里才将这种对立吸纳过来，并从它的角度出发，以欧洲的方式理解这种对立。

* * * * * * * * * * *

现在，客观的历史分析虽然展现出西方在塑造世界的作用方面所具有的优先地位，但同时也展现出它的**不完善**和**缺陷**。从这点来说，探询东方的问题永远是新颖的，并且能够带来丰富的成果——我们会在那里找到什么可以补充我们的东西？什么是我们所错失的，但却在那里成为现实，成为真理？我们取得优先地位的代价是什么？

西方虽然拥有最古老的可靠历史传承，它一直追溯到时间深处。地球上没有任何一个地方存在比两河流域和埃及更早的历史。

在近几个世纪中，西方给地球烙上了印记。西方拥有最丰富、最清晰的历史结构和艺术作品的风格划分，拥有最精深的精神斗争，拥有最多有目共睹的伟大人物。从这点出发，我们在各个领域提出以下问题：哪些西方所取得的成就也在东方显现出苗头，如科学、合理的方法论、个人自我存在、国家政权形式、带有资本主义印记的经济秩序等等？然后，我们寻找那些与西方相一致的东西，并且探询它为什么没有在东方得到充分发展。

我们陷入这样的心理暗示：即其实我们在亚洲根本不能发现任何新的事物。我们遇到的都是我们早已熟知的东西，只不过是侧重点不同罢了。欧洲的自满或许导致我们仅仅将这一他者当作一个稀罕物——我们思考的东西，他们也会思考，但是没有我们思考得这么清晰明白；或者，这会导致人们心灰意冷地认为，我们只能理解那些我们自己也有的事物，而不能理解起源于那里的事物。

然而，只有当我们问出这个问题时，亚洲对于我们才会变得至关重要：在欧洲赢得这一切优先地位的同时，西方失去了什么？亚洲有我们没有的东西，有对我们至关重要的东西！我们在亚洲所面对的问题，根植于我们自身的深处。我们为我们创造的东西、得到的能力、实现的发展付出了代价。我们绝非走在一条人性自我完善的道路上。亚洲是我们不可或缺的补充。倘若我们从自身出发，通过重新认识我们自己来理解亚洲，那么我们或许就能够重新认识那些深深埋藏在我们之中的东西，它们是如此隐蔽，以致如果没有起初陌生的世界作为镜子，我们或许永远不会对此有所意识。通过在这面镜子中拓展我们自身，我们会理解亚洲，因为那些沉睡在我们之中的东西会再次苏醒。如此一来，中国和印度的哲学史就不是这样的一个对象——它多余地重复着我们所思考的东西；也不仅仅是这样一种现实——我们可以在其中研究有趣的社会学影响。它是关涉到我们自身的东西，因为它使我们了解我们没有实现的人类潜能，并让我们接触到另一种人性的真实起源，这种人性不是我们的，但就可能性而言，它也是我们的。就历史的生存而言，它是独特的无可替代之物。

⋆ ⋆ ⋆ ⋆ ⋆ ⋆ ⋆ ⋆ ⋆ ⋆ ⋆

理所当然地认为西方文化圈自成一体，并将其看作世界历史的观念被打破了。我们不能再把庞大的亚洲世界摆在一旁，把那里的人当成永远处于停滞状态的非历史民族。世界历史的范围具有普遍意义。如果我们压缩这个范围，人的形象就会变得不完整、不真实。不过，如果我们考虑到亚洲的大小和影响力，便很容易产生一种错觉，将它夸大成不清楚不明确的事物：

相对于极小的欧洲来说，亚洲在空间上看起来是巨大的。在时间上，它似乎是一个涵盖一切的基础，所有人类都来自其中。它是不可估量的、持久的、缓慢运动的，辽阔的面积和庞大的人口使它获得强大的影响力。

这样看来，希腊文化就像是一个亚洲的边缘现象，欧洲通过一次早年间的突变同亚洲母亲相分离。问题是：这一突变是在何地、何时，经过哪些步骤发生的？欧洲有可能再次陷入亚洲吗？陷入它的深处和它无意识的均质化之中？

假使西方是从亚洲基础上浮显出来的，那么这种浮显就像是人类自由潜力的一次巨大冒险。它起先要面对灵魂上失去基础的危险；在获得意识之后，就要一直处于重新没入亚洲的危险之中。

但今天，在改变亚洲、摧毁亚洲的新技术条件下，这种重新没入亚洲的危险似乎会成为现实，在此过程中，西方的自由、人格的理念、西方范畴的广度和清晰的意识似将宣告结束。取代它们留存下来的，似乎会是永恒的亚洲特性：此在的专制形式、无历史、无决断、精神在宿命论中固化。亚洲似是普遍的、持存的、经久的，它包含着欧洲。那些形成于亚洲，又必然重新没入亚洲的东西，都是暂时的。

这些带有覆灭幻想的对照图像或许在极短的时间内是有点依据的。但事实上，它们是不真实、不公道的。

3000年来，中国和印度的现实同样是为了从不明确的亚洲基础上浮显出来而做出的大量尝试。这种浮显是一个普遍的历史进程，并不是欧洲所特有的。它发生在亚洲本身之中。它是人类和真正历史的道路。

人们把亚洲变成一种神话式的原则，而当我们把这个原则作为历史现实来实事求是地分析时，它便瓦解了。我们不能形而上地将欧洲—亚洲的对立实体化。否则它会变成可怕的幽灵。作为神话式的语言，这种对立在我们做出决断的瞬间就像是暗码（Chiffre）一般。只有当我们把这种暗码当作某些历史上的具体事物、精神上的清晰事物的省略号，而不把它认作是对整体的认识，它才包含一种真理。诚然，亚洲—欧洲是一个伴随着整个西方历史的暗码。

第八章　再一次：世界历史简图

在我们转向当代之前，让我们再一次将目光投向历史整体，看看它呈现给我们的结构是怎样的。总体历史划分为三个彼此相继的阶段：史前、历史、世界历史。

（1）漫长的**史前**涵盖了人类的形成过程，它包括语言和人种的形成，一直到历史文明的开端。史前将我们引入人性的秘密之中，它使我们意识到人类在地球上的独一无二性，使我们面对我们的自由问题。这个问题必然与所有事物的起源相关，我们在世界其他任何地方都碰不到这个问题。

（2）历史包括近5000年间发生在中国、印度、近东连同欧洲的事件。中国和印度——而不是整个地理意义上的亚洲——是与欧洲比肩的。

这里首先形成了古文明：苏美尔文明、埃及文明、爱琴海文明、前雅利安人的印度河文明、黄河流域文明。

之后，征服进一步推动了文明的发展。

胜利者和失利者之间的相互影响，以及胜利者对既有源文明的吸收决定了这些发展。这样的相互影响发生在中国、在雅利安人的印度；这样的吸收可见于巴比伦人、波斯人、希腊人和罗马人。

上述全部区域在地理上是相对较小的，与之形成对照的是发生在墨西哥和秘鲁的孤立的文明进程，以及直至欧洲的地理大发现为止，散布在地球各处的原始民族和他们各式各样的原始文明。

（3）今天，全球范围内的世界及人类统一开始成为现实。这一现实开启了事实上的全球普遍历史——**世界历史**。自地理大发现时代起，世界历史就进入了预备阶段，并在我们的世纪里揭开了序幕。

这三个阶段的内部结构具有本质上的不同。倘使我们不把**第一阶段**当作一个假设的领域，我们就只能在并存的人类无穷多样性中理解它，那么这种多样性就像是自然显象的多样性。这个阶段中一定曾存在一种占有物和思维方式上的共性。这种共性源于人类天性中的共同本质，它在本质上并不是从历史中产生的。那些了不起的图景：描绘人类起源，描绘各民族分散以及遍布全球的过程，描绘遗忘，以及在遗忘中由于自我迷惑的意识而分裂为多重起源，它们要么是巧妙的象征，要么是假设。

第二阶段的内部划分以突破为中心，这一突破意味着历史的轴心时代。各种运动通向那里，也从那里出发。

第三阶段本质上仍是未来。想要看到它，就要追溯那些过去的特性，这些特性就像是对未来的预期或是准备：追溯历史上的大一统（各帝国）；追溯古典时期和近代的伟大通才，这些极富思想内涵的人不是把握了某种空洞的一般人性，而是从自身民族根源中逐渐形成了人性本身的形态。因此，他们能够通过其此在和言语对全人类诉说。

以下是这三个阶段内部的进一步划分：

（1）**第一阶段**中所发生的一切都近似无意识的自然进程。史前民族和非历史民族（他们直至灭绝或成为技术文明的材料之前，都是原始民族）在语言和文化圈上拥有事实上的共性，他们在悄然发生的运动中逐渐扩散开来。而只有通过这些运动的结果，人们才能确定它们曾经发生。在绝对分散的状态下，人们之间直接而有意识的联系大多存在于极狭窄的空间中。但通过文明果实的传播，事实上的联系跨越了十分广阔的空间，其中部分甚至遍及全球，但是人们对此却并不知情。

史前中存在着文明的进程，它们是一些地方所特有的，可以为人所察觉。这些萌芽中的进程似乎已经预演着，在历史的文明中将会发生什么。但它们与历史文明的差别依然存在。它们没有进入历史，并且在与历史的民族发生接触时迅速地崩溃了；它们局限于自身，虽然实现了惊人的成就，但却像是被束缚在人类自然此在的基底中一样，总是要重新滑落回那里。

原始民族的文明散布在整个地球上。每一个民族都会显露出独特的精神，即使是十分原始的俾格米人①和布须曼人②，或是北部的民族如爱斯基摩人③，在这方面波利尼西亚人④尤其出众。

我们可以将墨西哥和秘鲁的美洲各民族与巴比伦和埃及相比较。

（2）在**第二阶段**，少数伟大的文化发展在这时展开，即便它们之间偶有接触，但相互间仍是并行的。它们是相互分隔的历史。

这些历史进程的统一只是一种理念。无论如何，绝非所有事物都处处为人熟知，处处产生影响。相反，最精深和最有价值的事物

---

① 俾格米人（Zwergvölker/Pygmäen），泛指所有全族成年男子平均高度低于150厘米的种族，绝大多数分布在非洲中部。——译注
② 布须曼人（Buschmänner），生活在非洲南部和东部的古老土著居民。——译注
③ 爱斯基摩人（Eskimo），即因纽特人（Inuit），生活在北极圈附近。——译注
④ 波利尼西亚人（Polynesier），指大洋洲东部波利尼西亚群岛的一个民族集团，包括毛利人、萨摩亚人、汤加人、图瓦卢人等十余个支系。——译注

总是限于狭小的区域和短暂的时间中。它繁荣，消失，并且似乎长久地，或许是永远地陷入遗忘之中。传承在这里并不可靠。虽然，一切似乎都在它们所在的文化区域内进入了一种传递的连续性中，它们传播并得到保存，但却很快就遇到了衰退和终止的边界。

然而，就精神意义而言，在地球上特定的，相对较小的几个区域里，一个总体历史的广袤空间产生了。人们所思考的以及与我们相关的一切都出现在其中。

各种发展划分出不同的阶段。人们看到，数个世纪间的不同进程构成了一个整体，它从繁荣上升直至走向晚期终结。人们看到典型的更新换代的顺序，每一次更替大约各构成一个世纪（传播、顶峰、瓦解）。人们甚或还看到了一种斯宾格勒式的千年进程。

但始终有更进一步的运动。不断延续的晚期状态是不存在的，无尽的“法拉欣①此在”是不存在的，不可更改的僵化也是不存在的。新事物一再爆发，新源头一再出现，在中国和印度也是一样。

人们尝试把握历史的整体进程，然而这是徒劳的。当人们看到那条从巴比伦经希腊和罗马通向北方的道路时，人们说，历史的进程从东方通往西方，还做出了预测——在这个意义上，这条路还会继续通往美洲。但是，在印度，这条路从印度河流域（早期吠陀时代）经中心地区（《奥义书》时代）到达恒河（释迦牟尼和他的时代），也就是从西方通往东方。此外，相反的运动同样可见于西方。这样的模板永远只在特定观察角度下适用于有限的区域，并且即使

① 法拉欣（Fellache），指在古埃及文明被基督教文明和阿拉伯文明取代以后，仍继续在尼罗河冲击河谷及中东其他地方耕耘的埃及佃农。——译注

是在这些有限的区域内也要有所保留。

较之印度和中国这两者而言，近东和欧洲构成的世界相对来说是一个整体。从巴比伦、埃及时代直到今天，西方是一个在内部相关联的世界。但自希腊人起，西方文化大陆的内部便分为了东方和西方（Orient und Okzident）。因此，在区别于印度和中国的意义上，《旧约》、伊朗—波斯教派和基督教的本质属于西方（Abendland），然而它们事实上是东方（Orient）。虽然，印度和埃及之间的地区始终存在来自印度的影响，但这里是一片具有独特历史魔力的中间区域，简单、明了、正确的普遍史划分无法在这里实现。

（3）在**第三阶段**中会形成整体的统一。在空间最终封闭成一个整体的情况下，这种统一无法再被超越。整体统一的前提是从现在开始实现的普遍交流的可能性。这一阶段尚不是已经存在的历史实在，而是未来的可能性，因此它不是经验研究的对象，而是我们通过认识当前以及我们的处境来进行设想的对象。

* * * * * * * * * * *

我们当前的处境是欧洲创造的。它是如何发生的?

西方历史上的重大转折和飞跃给予西方历史一种分裂的、在各种根本性巨变中不断更新的形态，与之相比，印度和中国虽然也发生了运动，但它们看上去始终是统一的。

西方有时会深深地退回它的根基之中，甚至看起来近乎消亡。假若有天外来客在公元 700 年前后周游地球，他或许会在中国当时的首都长安发现地球上精神生活的最高所在，在君士坦丁堡发现引人注目的遗迹；而欧洲的北方地区在他看来只会是蛮荒之地。公元1400年前后，欧洲、印度、中国的整体生活在文明程度上大概处于相似水平。然而，自15世纪起，地理大发现以及欧洲对世界产生的深刻影响引出了以下问题：帮助欧洲实现这一发展的新事物和独特性是如何产生的？它们经历了哪些步骤而达到这样的程度？这些问题成为普遍历史的基本问题。因为这是在西方发生的一次无与伦比的突变，就其影响而言，它同样是全世界的一次突变。这一突变的结果形成了我们如今的处境，而它的最终意义在今天依然是悬而未定的。

通向这一突变的主要步伐是：犹太人的先知宗教以一种彻底性摆脱了巫术和具象的超越（dinghafte Transzendenz），这在地球上其他任何地方都没有发生。即使它只在历史上有限的时间、对少数人施加了影响，但是在书中，它对所有能够聆听的后来者倾诉。——希腊人创造了区分的清晰性，雕塑艺术，以及此前在世界上其他任何地方都未达到的合理的一致性。——基督教实现了对最极度的超越的领悟，这一点印度和中国也做到了，但不同的是，基督教将这一实现束缚在内在性（Immanenz）的世界里，这样就在塑造基督教世界的任务中导致了持续的纷乱。

然而，巨大的突变自中世纪晚期才发生。上述那些步伐和关于它们的记忆或许是突变的前提条件。突变本身是一个巨大的新谜题。它绝不是显而易见的直线发展。就在现代科学的前身在中世纪晚期的唯名论中逐渐形成时，紧接着同时进行的是巫术的狂欢。就在人类获取了科学和技术，赢得了胜过自然的力量，征服了地球的同时，人类现实随之所发生的改变与这些明显的成就形成了可怕的对照。

在 19 世纪，我们才最终迈出把全部的历史过去同尚有面纱遮盖的未来分隔开的步伐。以下问题一再出现：是什么形成了作为地球塑造者的欧洲的特性？或许我们从一开始就能感觉到这样东西，它一再显露，有时看似衰弱。从唯名论者起，作为科学不断发展、自 15 世纪起在地球上传播、自 17 世纪起广泛起作用、在 19 世纪时最终形成的是什么？

* * * * * * * * * * *

在 1500 年到 1800 年之间，欧洲那些极为出众的，光芒盖过科学和技术的精神成就——米开朗琪罗[①]、拉斐尔[②]、达・芬奇[③]、莎士比亚[④]、伦勃朗、歌德[⑤]、斯宾诺莎[⑥]、康德、巴赫[⑦]、莫扎特[⑧]——向 2500 多年前的轴心时代发起挑战。在这些较近的世纪里，我们会看到第二个轴心吗？

差别是显著的。第一次轴心的纯净清晰和质朴清新没有再一次

① 米开朗琪罗・博那罗蒂（Michelangelo Buonarroti，1475—1564），意大利文艺复兴时期雕塑家、画家，文艺复兴三杰之一。——译注
② 拉斐尔・桑西・达・乌尔比诺（Raffaello Sanzio da Urbino，1483—1520），意大利文艺复兴时期画家，文艺复兴三杰之一。——译注
③ 列奥纳多・迪・皮耶罗・达・芬奇（Leonardo di ser Piero da Vinci，1452—1519），意大利文艺复兴时期画家、发明家、科学家，文艺复兴三杰之一。——译注
④ 威廉・莎士比亚（William Shakespeare，1564—1616），英国戏剧家，著有《奥赛罗》《哈姆雷特》等。——译注
⑤ 约翰・沃尔夫冈・冯・歌德（Johann Wolfgang von Goethe，1749—1832），德国文学家、思想家、科学家，著有《浮士德》《少年维特的烦恼》等。——译注
⑥ 巴鲁赫・德・斯宾诺莎（Baruch de Spinoza，1632—1677），荷兰哲学家，著有《伦理学》《神学政治论》等。——译注
⑦ 约翰・塞巴斯蒂安・巴赫（Johann Sebastian Bach，1685—1750），德国作曲家。——译注
⑧ 沃尔夫冈・阿玛多伊斯・莫扎特（Wolfgang Amadeus Mozart，1756—1791），奥地利作曲家。——译注

出现。一切都处于严格的传统阴影里，动辄就落到偏斜的道路中，但就在这些道路上，伟大、孤独的人物仍然找到了通向最精妙的成功的方向。但就这方面而言，第二次轴心拥有第一次轴心所不具有的可能性。由于它能够吸收过往经验，接纳先人思想，因此它从一开始就比第一次轴心更加丰富，含义也更多。恰恰因为它内在的分裂，才使此前从不可见的人性深处变得明了。为此，人们似乎可以将优先地位予以第二次轴心，因为它在教养连续性上又是另一个源头，它在前人的肩上眺向更远的地方，达到了更广的广度和更深的深度。但我们必须将它推到第二线，因为它的发展并不仅仅依赖于它自身，它遭受也容忍非比寻常的曲解和颠倒。它是我们的直接历史基础。我们同它的关系在激烈斗争和亲密无间中轮替，我们不能像观察第一次轴心那样在安静的远方观察它。无论如何，它首先是一个纯欧洲的显象，为此它就已经不能被当作第二个轴心。

那些世纪对我们欧洲人来说或许是思想最为丰富的时期，是我们不可或缺的教养基础，是我们的观点和认识最丰富的源泉，但是它们并不是人类意义上的、全世界范围内的轴心，也不大可能在之后还能成为那样的轴心。欧洲人的作为连同科学与技术的后果形成了一个完全不同的轴心，当西方在精神—灵魂上已开始倒退，并且遇上在精神和灵魂上落到最低点的中国和印度时，这些后果才开始出现。

* * * * * * * * * * *

19 世纪末，欧洲似乎掌控了世界。人们将此看作定局。黑格尔的话似乎得到了证实："环球航行完成了，对欧洲人来说，世界是一个圆。那些还没有被欧洲人掌控的，要么不值得费心，要么注定将被掌控。"

自那之后，发生了怎样的巨变啊！通过接纳欧洲的技术和欧洲的民族主义要求，世界成了欧洲式的，接着，世界又成功地将这两者的矛头转向欧洲。作为旧欧洲的欧洲不再是掌控世界的因素。美国和俄罗斯使欧洲相形见绌，如果一场新的世界大战将整个星球卷入毁灭的风暴之中，如果欧洲不在最后一刻联合起来，变得足够强大以保持中立，那么它的命运就会牵系在美俄的政策上。

欧洲的精神虽然也渗透到美国和俄罗斯之中，但它们不是欧洲。美国人（尽管他们来自欧洲）拥有一种新的自我意识，他们从自身土壤中寻找新的起源，即便他们没有找到，至少他们也有如此要求。在历史上，俄罗斯人自身的基础在东方，这源于他们由欧洲和亚洲民族构成的人口类型；在精神上，他们则源于拜占庭。

中国和印度现在还不具备决定性的力量，但是他们的重要性会逐渐增长。这些巨量的人口连同其深远的、无可替代的传统，会成为人类的一个基本要素。他们将与其他所有处于当前人性巨变中的民族一起，寻找他们的道路。这场巨变将所有人都卷入其中。

第二部分

现在与未来

第一章 全新的事物：科学与技术

导论

我们尝试建立一种历史哲学的全面直观，它应该在历史的整体中照亮我们自身的处境。历史直观有助于阐明当前时代的意识，指明我们所处的位置。

只有以世界历史来衡量，我们才能看到，经过两个世纪的准备，在我们的时代里发生了多么深刻的转折。论结果之丰富，我们从过去 5000 年中所了解到的所有转折都无法与之相比。

只有现代欧洲的科学和技术是真正全新的事物，它们与亚洲事物有原则上的不同，任何亚洲事物都无法与之相较，它们完全是欧洲独立形成的，甚至对古希腊人来说也是陌生的事物。回望迄今为止的历史全貌，它展示出一种连续性，甚至是统一性。在黑格尔的历史观中，这种统一性最后一次获得了卓越的形态。现代技术使它发生了改变。因此，亚洲和欧洲之间的相似性直至约公元 1500 年都还是十分显著的。只在最近几个世纪中，它们间的差别才变得如此巨大。

清晰地看到现代科学与技术在原则上的全新之处并非易事。由于这种清晰性对于理解我们的当前、理解当前精神和物质的机遇与危险是至关重要的，于是我们必须试着比较它们与先前的事物，简明扼要地将这种全新之处凸显出来。这需要一些烦琐的细节。

1. 现代科学

纵观世界历史，我们看到认识的三个步骤：第一步是一般的合理化，人类通过一些形式普遍地经历了这一步骤，它与人性本身一同出现，作为“科学前的科学”使神话和巫术合理化；第二步是在逻辑和方法上有所意识的科学，是希腊的科学，在中国和印度也存在与之类似的萌芽；第三步是现代科学，它自中世纪晚期起逐渐形成，自 17 世纪起明确起来，自 19 世纪起得到全面发展。无论如何，自 17 世纪起，现代科学将欧洲与其他所有文化区别开来。让我们来具体阐明世界历史范围内现代科学的独特性。

在认识的广度、丰富性和多样性上，之前的全部历史事物均无法与现代科学相较。现代科学的历史展示了一幅观之不尽的图像。自开普勒①和伽利略②以来，通过数学理论获得的自然科学知识或许是最为引人注目的新事物，它通过在技术上带来的成果产生了空前的影响。但是，它只是更全面的认识进程中的一环。地理发现之旅引发了第一次环球航行，它确定了以下事实，即在向西航行时会

---

① 约翰尼斯·开普勒（Johannes Kepler，1571—1630），德国天文学家、物理学家、数学家。——译注
② 伽利略·伽利雷（Galileo Galilei，1564—1642），意大利数学家、物理学家、天文学家。——译注

失去一天。这仅仅发生在400年前。在此之前，人类从未在这种事实意义上（不仅仅是猜想）认识到地球是个球体。第一个地球仪产生了。经验在向远处延伸时，也在走向近处之物。伴随着前所未有的研究热情，人体结构（维萨里[①]）通过尸体解剖变得明明白白。透过显微镜，一滴水中的熙来攘往展现在列文虎克[②]眼前。透过望远镜，伽利略看到了行星和月亮上从未有人看到的东西。自18世纪起，考古发掘使过去的、被遗忘的历史事实重见天光（庞贝城），使整个文化得以再现（埃及、巴比伦），使施里曼[③]对荷马时代的渴望得到满足。对文字和语言的破译让我们能够听到生活在数千年前的人们的声音。通过出土物，史前成为不容置疑的现实。我们今天对希腊开端、近东和埃及历史的了解，比希腊人自己还要多。我们视线所及的历史向过去延伸了数千年，地球史已在我们眼前，星空的深处无限敞开。现代世界似乎处处都可以产生科学，它们互不依赖，但是都源自一种共同的精神。在画家和建筑师的工作室里，自然科学逐渐形成；海上航行孕育了地理学；国家利益促使经济学产生：它们的动力最初源于服务实际目的考虑，但很快就变成对事物的独立兴趣。在神学中，逐渐形成了《圣经》的历史批判。

现在，这幅无限展开的图卷使我们不禁疑问：我们可否指出规模空前的现代科学在原则上的全新之处和独特之处？

---

① 安德烈·维萨里（Andreas Vesalius，1514—1564），比利时医生、解剖学家，近代人体解剖学的创始人。——译注

② 安东尼·列文虎克（Antony van Leeuwenhoek，1632—1723），荷兰显微镜学家、微生物学的开拓者。——译注

③ 海因里希·施里曼（Heinrich Schliemann，1822—1890），德国商人、业余考古学者，发掘了特洛伊、迈锡尼和梯林斯。——译注

1.1 现代科学的特征

科学有三个不可缺少的特征：它是根据一定方法得到的认识；是确凿可靠的；是普遍适用的。

只有当我意识到**方法**，通过方法获得认识，并同时可以说明其理由、展示其界限，我才有科学的认识。

只有当我所知的是**确凿可靠**的，我才有科学的认识。通过这样，我同样认识不确定性、或然性或是低概率性。

只有当我所知的是**普遍适用**的，我才有科学的认识。因为这样的认识对每一个人的知性（Verstand）来说都有信服力，所以科学认识能传播开来，并在意义上保持相同。意见一致是普遍适用性的一个标志。如果在某样事物上，所有思考者经过许多时期都未达成一致，那么它的普遍适用就是成问题的。

但是，依照这些标准，在希腊诸科学内部已经存在科学了，尽管将它纯粹地提炼出来是一个至今仍未完成的任务。那么，在这三个要素以外，现代科学是什么呢？

（1）根据现代科学的精神，它是**普遍的**。没有任何事物能够长期回避它。出现在世界上的一切，无论是自然的事实，还是人类的行为和见解、艺术作品和命运，它都要观察、疑问、研究。宗教和一切权威同样要被它审视。不仅是每一种实在，一切思想可能性都会成为它的对象。疑问和研究没有边界。

（2）现代科学在原则上是**未竟的**。希腊人不懂得无限发展的科学，即便是当他们某个阶段在数学、天文学、医学上取得了实际进步的时候。希腊人的研究甚至具有一种特征，即在已臻圆满的事物中进行。这种圆满的特征使他们既没有普遍的求知欲，也不了解真理意志的爆发力。一方面，自诡辩术时代起，希腊人只将科学发展到对原则性怀疑的反思上；另一方面，希腊人将它发展成认识特殊事物的冷静游戏，尽管这些认识十分了不起，如修昔底德、欧几里得①、阿基米德所取得的那样。而现代科学是由探求极限、突破所有知识的固定形态、不断从基础上修正一切的热情推向前进的。因此，在取得突破的过程中发生的每一次突变，和在此同时保留下来的实际成果都成了新构想的一环。这里有一种假设的意识，也就是前提，它是人们每一次认识的出发点。这些前提都是为了被克服而存在的（因为前提会通过更广泛的前提得到解释、受到限制）；或者，当这个前提是事实的时候，就可以借助它在不断增长和深化的认识连续性中更进一步。

就其意义而言，这种永不圆满的认识着眼于存在的，且被认识所发现的事物。但是，即使认识无限地向前推进，它仍然不能在整体上理解存在的永恒持续。换言之：它通过此在者的无限性趋向存在，但却永远无法企及存在——认识通过自我批判来了解这点。

由于认识内容在原则上是不封闭的且是不可封闭的（与希腊的宇宙相反），因而这种科学的意义包含无限的继续发展，它的自我意识中有进步思想。科学的意义由此插上了翅膀，但接着，它又受到无意义的侵袭：如果目标永远不可能实现，所有的工作都是后继者的阶梯，那么付出辛劳又是为了什么？

---

① 欧几里得（Euklid von Alexandria，公元前330—前275），古希腊数学家，著有《几何原本》。——译注

（3）对现代科学而言，**任何事物都不是无关紧要的**，都有认识的价值。现代科学深入个别现象和最细微之处，钻研每一个事实。我们一再惊讶地看到，现代欧洲人如何埋头于研究那些一向被轻视的事物，仅仅因为它们在经验上是实在的。相比之下，希腊科学看上去仿佛对实在并不关心。实在偶然地进入他们的视野，被理想、类型、形态和一种预见所引导，这种预见使他们忽略大多数实在。这在对经验对象细致入微的态度中，如在希波克拉底①的著述中，也是一样。

全心投入每一个对象、偶然事件之中，对美好的和畸形的事物同等重视，这样的态度根植于一种具有统摄性（umgreifend）的自我意识中，这种自我意识永不平静，又坚定不移。一切存在之事物都必须得到认识，一切存在之事物也应该得到认识，任何事物都不能遗漏。

因此，现代性就是对一切可经验事物的关注之广度，对世间万物不受拘束的情感之多维度。

（4）现代科学研究最个别的现象，寻求它们之间的**普遍联系**。它虽然不能把握存在的宇宙（Kosmos des Seins），但可以把握科学的宇宙（Kosmos der Wissenschaften）。所有科学共属一个整体的思想使每一种孤立的认识都变得不够充分。现代科学不仅是普遍的，并且以各科学的统一为目标，然而这种统一从不存在。

每一门科学都是由方法和对象决定的。每一门科学都是观察世

① 希波克拉底（Hippokrates，公元前460—前370），古希腊医师，被西方尊为“医学之父”。——译注

界的一个视角，没有一门科学能领悟整个世界，每一门科学对应现实的一部分，而不是现实，或许它阐释了所有现实的一方面，但却不是现实整体。有各种特殊的科学，但没有研究现实事物的唯一科学。因此，所有科学都是部分的、专门领域的、专业的，但每一门科学又同属于一个没有藩篱、相互关联的世界。

各门科学是如何相关的，是在何种意义上成为一个宇宙的？

从**消极方面**比积极方面更容易认清这个问题：各门科学的统一性并不存在于它们所认识的现实的统一性之中。全部的科学并不等于完整的现实。它们并不通过接近现实的程度而形成等级。它们也没有形成主导所有现实事物的统一的体系。

人们不断尝试建立可以总括全部认识的世界观，但却总是徒劳。这样的世界观与现代科学的意义相悖，希腊人的宇宙思想在其中继续发生着作用，它妨碍了真正的认识，并且是这样一种哲学错误的替代品——这种哲学在今天才可能变得纯粹，才可能在科学的基础上实现，但是它源于其他的起源，带有另外的目标。

我们可以从**积极方面**谈谈内在联系。

各门科学间的内在联系通过**认识的形式**而存在。所有的科学都有其方法，它们在范畴中思考，在各自的那一部分认识中是确凿可信的，但同时也因各自的前提条件和研究对象的界线而受到制约。

其次，各门科学间的内在联系还通过它们之间的**关系**而存在。各门科学通过它们的成果和方法相互辅助，它们是彼此的辅助科学。一门科学可以成为其他科学的材料。

它们共同基于**普遍求知欲**所产生的主观推动力。

一种关于无法确定的统一的理念成为纵穿各单独认识领域的主

导理念，它要求对所有现实事物和可思考事物保持开放。所有的科学都是**道路**。这些道路相互交叉，分离，再度相接，并且不显示目的地。但所有道路都希望有人涉足。

依据不同的范畴和方法，科学内部可划分为不同门类，不同门类之间相互关联。研究的无限多样性与统一理念处于张力之中，一方促进着另一方。

在现代的认识中，知识的**系统性特点**没有导致一种世界观，而是导致了科学系统的难题。科学的系统是可以变化的、开放的、有多种分类可能性。但这个系统的特点在于，它本身始终是个难题；而且没有任何知识、任何获取知识的方式应该被遗漏。

在客观上，力求获得所有知识间的内在联系的努力是显而易见的，这源于科学的统一理念。

作为产生丰富成果的推动力，教科书带来了各独立科学的系统学（但不是圆满的认识的系统，否则它会带有希腊色彩，落到现代水平之下）。

材料、工具书、书籍的学术版本的出版，以及博物馆和实验室的建立致力于为求知者提供所有知识的可支配性。

大学是包罗万象的科学活动的实践。

（5）伴随着这样的要求，**疑问的彻底性**在现代科学中达到了顶点：要在具体认识中提出疑问，而不是跳跃到最终的一般性中。思考背离表象（在古典时期开始于天文学）不是为了沉入虚无，而恰恰是为了以此更好地、出乎意料地把握表象，思考敢冒一切风险。通过抽象的数学研究无法想象的事物（在物理学中），就是一个例子。

把自身从知识的四舍五入和简单求和中一再解脱出来的能力，

使人有可能去试验起初看起来极为矛盾的新假设，如在现代物理学中那样。前所未有的试验自由得以达到顶峰。每一个疑问都被再一次质疑。人们一再探问未曾注意到的前提条件。在认识的准备阶段中，人们尝试最大胆的前提。

（6）人们可能会尝试根据**特定范畴**的影响而把它们看作是现代科学的典型特征：

如无限性，作为二律背反的基础，作为能容纳最细微的区别的问题，它最终总是展示出思考的失败。

如因果范畴。这里的因果范畴不像是在亚里士多德那里，只是在清楚明确的因果关系模式下使各种显象得到归纳，并在整体上得出一个最终的解释，而是在始终明确、专门的问题中带来实在的研究。在希腊式思考中，问题的答案是通过思索和判断获得的，而在现代思考中，则是通过实验和不断深入的观察得出的。在旧式思考中，研究就意味着单纯的深思，在现代思考中，它才能称得上是一种行为。

但现代科学的典型特征不是任何范畴、任何对象，而是在制订**范畴和方法**中的**普遍性**。数学的、物理学的、生物学的、解释学的，人们尝试每一种推测可行的形式，以把握每一个对象。这样做的结果是产生一个可以无限拓展的范畴世界和一种与之匹配的开放的范畴学说。

现在的问题是范畴和方法的适当性，而不是哪一个更优越。凡涉及实在的地方，经验会可靠地确认它本身。而在思辨（Spekulation）恰如其分之处，人们会带着对思辨意义的认识信心十足地完成它。关键在于避免将二者混淆。

（7）在现代世界，**科学的态度**变得能够出于全面的理性而对遇到的一切事物立即发问、研究、检验和思索。这种态度不会变成科学教条主义。为了在科学中保持认识领域的自由，它不发誓效忠任何成果或原则，远离所有教派、信仰及信念共同体。

科学的态度将确凿的已知事物和不确凿的已知事物区分开来，它想要在认识的同时明白方法，以此弄清知识的意义和界限，它寻求不受限制的批判。它反对一般言论的不准确，力争明确清晰，要求举证的具体性。

当科学成为现实，人的真实性就受到科学性的制约。因此，科学的态度是人类尊严的一个元素，拥有照亮世界的魔力。但因此，它也懂得不科学性在精神交流中造成的痛苦折磨。不科学性盲目而不自知，因而带来狂热且毫无批判性的论断。科学的态度洞穿了自欺欺人的谎言，即便这些谎言承载着生活。Sapere aude（敢于运用理智）就是指科学态度的勇气。

一个人只要在某处通过自己的研究具有了科学性，他就有能力广泛地理解真正的科学事物。诚然，整体上不具有科学态度的专家式熟练操作以及实际成就是存在的。但是，不在某方面亲身参与到科学中去，就不会有可靠的科学性。

1.2 现代科学的产生

新科学为何会产生？这个问题或许可以从不同的角度得到解释，但不会产生最终的答案。它就像所有在精神上具有创造力的事物一样，是历史的秘密。

将新科学的产生归因于北方民族的天赋，这样的答案毫无意义。恰恰只有在这个答案带给人的印象中，这种天赋才是可以辨认的，此外它没有显露出其他迹象，这是一种套套逻辑（Tautologie）。

近几个世纪中，各种条件罕见地交织在一起，在许多因素的共同作用下，新科学成为可能。

人们可以指出下列**社会学**条件：国家和城市的自由；贵族和市民的闲暇；虽然贫穷，但却因赞助者支持而获得机遇的人们；大量欧洲国家四分五裂，迁徙自由和流亡他国的可能性，政权和政权、人和人之间的竞争；自十字军东征起，欧洲与异文化大规模的接触；国家和教会之间的精神斗争，所有政权在信仰和法律问题上为自己辩护的需求，尤其是在精神斗争中论证政治要求和利益合理性的需求；各个作坊中的技术任务；印刷术带来的传播可能性以及随之得以强化的交流和讨论。在科学的发展过程中，仿佛一切都必定会相互促进，给彼此提供机会——人们出于工程目的掘开地表，偶然掌握了考古，得到了史前发掘物。贪婪和冒险欲使人们发现了地球上的所有区域，直到晚些时候人们才着手进行纯粹的考察旅行。教会的传教任务使西方人发现了异邦民族的灵魂和文化，传教士埋头钻研他们的精神，以致有些时候基督教传教士反而变成了在欧洲传播中国或印度精神的传教士。技术进步使一些发明无意中成为科学的辅助工具，服务于与初衷完全不同的目的，从印刷术开始，再到无数的仪器，在几乎所有的科学中，它们使观察变得精确，事实得到确定，遗失之物得以重建。个人的业余爱好，甚至是如怪癖一般的个人嗜好对认识起到了帮助作用，尤其是专门的收集（比如地衣等等），特殊的技巧，体育竞赛一般的竞争。或有意或无意地，许多人在各行各业的活动以及现存的一切，似乎都在共同为一个认识的目标发挥作用，而这个目标在根本上是未知的。令人惊讶的是，在完全不同的条件下，研究者涌现在意大利、德国、英国、法国。他们从遥远的角落走来，出于自身的权利和意志接过任务、开辟道路，为新的精神可能性奠定基础，问题是：为什么欧洲不断出现这样的个人，他们之间互不依赖，但相互投合？为什么先是在西班牙，之后在意大利，并很长一段时间在德国看不到他们？

社会学研究将能阐明一些内在联系。我们继续来探询现代科学产生的**动机**。

常有人说，现代科学源于权力意志。支配自然，获得能力、收益，“知识就是力量”自培根[①]起就已有之。培根和笛卡尔设想了一个技术的未来。帮助人对抗自然的，并不是野蛮的力量，而是对自然规律的认识。臣服自然，而征服自然（Natura parendo vincitur）。真正的认识是可以产生对象的认识，人们可以这样来考验认识：“我只认识那些我能造出来的。”人意识到能力的创造性，这为这种认识插上了双翼。

在这种对现代知识的解释中，需要区分以下两点。一，在技术意志和对物的征服中表现出来的权力意识，其追求的目标是一种能力。二，想要洞察自然过程的认识意志。研究者就是聆讯证人的人（康德）。不带有技术目的的纯粹的认识意志也是存在的。

① 弗朗西斯·培根（Francis Bacon，1561—1626），英国哲学家，实验科学和近代归纳法的创始人，著有《新工具》《学术的伟大复兴》等。——译注

人们认为，以上两者都具有侵略性。因为这类认识还未顾及技术力量，它不是在真正的、充满爱的认识下进行观察、献身和适应，而已经是对存在者（Seiende）进行的斗争和征服，支配随之而来。

但是，仅仅观察伟大研究者的内心态度，我们就必须完全否定这种侵略性：伟大研究者具有对必然性的感知力。适应自然曾经正是自然研究者所遵循的伦理。但他想要知道，自然在做什么，自然当中又发生了什么。这种追求知识的意志、求知者的自由与侵略性，和权力意志是完全不同的东西，求知者并不盲目，而是清醒地承受痛苦，清醒地忍耐坚持，清醒地生活。这种意志所追求的力量不是统治的力量，而是获得内心独立的力量。求知者的意识自由恰恰能够将事实性（Tatsächlichkeit）完全理解为存在的真正暗码。与似是而非、不准确、飘忽不定、随意的认识不同，在确凿的、普遍适用的知识伦理中存在的不是侵略性，而是追求清晰性和可靠性的意志。

通过实验进行的研究尤其被认为是带有侵略性的。与单纯的直观不同，在理论构想和实验证实的交替中，一种洞见实现了，它不仅可靠，而且不断深入到无意识进程的规律性中。其动机不是侵略，而是对自然的疑问。

但另一方面，现代科学的成果可以被误解和滥用。因此，那些本身非历史的权力意志和破坏意志始终在伺机强占科学，并在言谈、行为和应用中使其服务于侵略性，而在这种情况下，人们总是会遗失科学。

最骇人听闻的是在人身上做实验。没有当事人的知情和同意，任何人都不能在其身上进行实验，因此危险的实验应当只在研究者自己身上施行。诚然，这并非是遵从科学的意义，而是出于人道和人权的原则。

两千年前，一位印度王公曾在罪犯身上做了如下实验："你们要把这个男人活着放进一个桶里，然后用盖子将桶封好，包裹上湿润的皮革，涂抹上一层厚厚的黏土，再将桶放入火炉里，生起火。——当时就是这样。当我们知道这个男人已死了的时候，我们把桶取了出来，破开了封土，移开了盖子，小心地朝里面望了过去，想看看我们是否能够发现逸出的生魂，但是我们没有看到任何生魂逸出。"这与纳粹进行的人体实验是类似的。这类实验与现代科学本身毫无关系，而纯属滥用。所有人类创造出的东西都可能沦为滥用的对象，科学也不例外。

与科学息息相关的，是历史决定的动机，而不是非历史的权力意志。如果没有历史上根植于圣经宗教的精神状态和推动力，现代科学的产生或许是不可想象的。三个将研究推向极限的动机，似乎源于《圣经》的宗教。

（1）圣经宗教的伦理不计任何代价要求**真实性**。通过《圣经》的宗教，真实性被推向顶峰，并同时被推入围绕它的一系列问题之中。真实是上帝的要求，这使认识没有被当成游戏或闲暇时的高雅活动，而是成为一种庄严的使命，这种使命关涉一切。

（2）世界是**上帝的造物**。希腊人认为宇宙是圆满而有序的、理性而合乎规律的，是永恒存在的。其他东西对他们来说无足轻重，是材料，是不可知的，是不值得认识的。然而，当世界是上帝的造物时，存在的一切作为上帝的造物都是值得认识的，没有任何东西是不须被领会、不须被了解的。认识如同是在思考上帝的思想。用路德[①]的话来说，作为造物主，即使在一只虱子的肠子里，上帝也是在场的。希腊人困于封闭的世界观中，沉浸在他们设想的宇宙之美中，陷在构想出的整体的逻辑透彻性中。他们或是让一切在各种等级和类别的模式中得到分类；或是通过三段论（Syllogismus）使所思（Gedachte）封闭在内在关联中；或是把握永远规律的进程。不仅亚里士多德和德谟克利特[②]，托马斯[③]和笛卡尔[④]同样服从于这种朝向封闭形态的、使科学陷入瘫痪的希腊式动力。

新的推动力与此完全不同，它愿意向所有造物无限地保持开放。在这种推动力的作用下，认识恰恰渴求那些与直到当下所发现的秩序和规律不相符的现实事物。这种渴求形成于逻各斯（Logos）本身之中，它不断将自己带向失败，但这不是为了放弃自身，而是为了在新的、更广阔和更充实的形态中重新赢得自身，并且在无法圆满的无限性中不断推进这个进程。这样的科学源于逻各斯，逻各斯并不封闭自身，而是对无逻各斯（Alogon）开放，并通过服从无逻各斯而进入其中。逻各斯和无逻各斯之间的火花点燃了这一普遍的进程，而关于理论体系的构想和实验得来的经验之间持续的、永不终止的相互作用，就是其简单而伟大的例子和象征。

对于新的认识渴求而言，世界不再是绝对美的。这种认识既面对美，也面对丑；既面对好，也面对坏。最终，一切存在都是好的

---

① 马丁·路德（Martin Luther，1483—1546），16世纪欧洲宗教改革倡导者，基督教新教路德宗创始人。——译注

② 德谟克利特（Demokrit，公元前460—前370），古希腊哲学家，率先提出万物由原子构成。——译注

③ 托马斯·阿奎纳（Thomas Aquinas，1225—1274），中世纪经院哲学家、神学家。——译注

④ 参见我的:《笛卡尔与哲学》(*Descartes und die Philosophie*)，柏林，1937年；法语译本（*Descartes et la Philosophie*），巴黎，1938年版。——原注

（Omne ens est bonum）——作为上帝的造物。但是，这种“好”不再是希腊人看得见的、自我满足的美，而是只存在于对所有此在者——作为上帝的造物——的爱中，因此也存在于对研究意义的信任中；世间一切都是上帝所造——在无限质疑、并因之而不断推进的研究所带来的不安中，这一认识为身临现实之渊的人带来了安宁。

但是，作为被造物，已认识的和可认识的世界存在（Weltsein）就是第二等的存在。因此，世界本身是无底的，因为它的基础位于他处，位于造物主那里，世界本身不是封闭的，因此认识也不能将它封闭。世间存在不能理解为最终的、绝对的现实，它始终指向别的东西。

这种创造思想使被造物作为上帝所创造的东西而值得钟爱，并因此使一种此前未曾有过的、与现实的接近成为可能。但是，这种思想同时产生了同存在之间最远的距离，因它认为存在只是被创造的存在，不是存在本身，不是上帝。

（3）对人来说，世界的现实充满了令他恐惧和惊慌的事物。人的真理意志必须确定，“它就是这么回事”。但是，如果上帝是世界的创造者，那么他似乎就要为他的造物负责。在《约伯记》中，为上帝辩护的问题成了一场在对世界现实的认识中竭力追求神性的角力。这是为了上帝而对抗上帝的角力。上帝的此在是不容置疑的。而恰恰是他的不容置疑加剧了这场角力。或许只有信仰消失，它才会停止。这样的上帝连同他对真理的绝对要求，并不要求人通过幻想去领会。他摈斥那些以思想诡辩宽慰和告诫约伯的神学家。上帝要求知识，而知识的内容却似乎不断地向他本身提出控诉。因此，一方面是勇于认识、对无条件认识的要求，同时另一方面则是对此的畏惧。这是一种两极性，仿佛同时听到两种声音：上帝的意志是不受限制的研究——研究就是礼拜上帝；研究是触犯上帝——并非一切皆应揭露。

这种角力与研究者和自身、最爱及最憧憬的事物、理想及原则所做的角力合为一体：所有这一切都必须得到检验、重新证明或是改造。正如假若上帝不忍耐这些从现实的事实情况中形成的问题，就不会得到真正的信仰一样；正如拒绝幻想会使寻求上帝变得艰难一样，真正的研究意志就是与自身的愿景和期待相角力。

这种角力的最终考验是研究者与自身论点的角力。一个人在研究中寻找自己的反对者，尤其是那些通过具体的、明确的思想对一切提出质疑的人——这成为科学的人的决定性标志。一些看似自我毁灭的东西在这里带来了丰富的成果。而当讨论遭到回避甚至是抵制时，当人们将思考限制在具有同样意向的圈子里，并且以不明确的一般性将具有破坏性的侵略性转向外部时，这是科学丧失的标志。

1.3 现代科学的本末倒置和任务

科学在最近三个世纪才发展起来，它的发展起初是缓慢而跳跃的，随后在世界各地研究者的共同协作下变得快速而连续。科学已经成为我们无法回避的命运和机遇。

今天，科学得到广泛的传播和承认，每个人都认为自己参与其中。但与此同时，纯粹的科学和明确的科学态度却极其罕见。大量的科学成果只是被简单地接受下来；许多专家式的能力还未参与到普遍的科学性之中；将科学与非科学因素相混合的现象广泛存在。在我们的世界里，真正的科学性，包容一切的认识态度，可靠的、根据一定方法进行的批判，纯粹的、研究的认识只是本末倒置的混乱线团中的一丝细线。

我们并不能轻易获得科学。绝大多数人对科学几乎还一无所知。这是我们时代意识的断裂。科学是少数人所有的。它是时代的一个基本特征，但即便是具有真正本质的科学，它在精神上仍然是无力的，因为大多数人没有进入科学，他们只是占有技术成果或者教条地接受可以习得、可以考核的知识。

在我们的时代，科学享有巨大的威望。人们期待从中获得一切：对一切存在的通透认识，帮助我们摆脱一切困境的方法。错误的期待就是对科学的迷信，随之而来的失望则会导致对科学的轻视。模模糊糊地信任自以为了解的东西，是迷信。当迷信失灵时，这种体验会导致对知识的轻视。这两者与科学本身都无关系。因此，科学诚然是时代的标志，但它却是在一种已不再是科学的形态中成为时代标志的。

通往这种错误的途径是这样的：在研究中，我们将世界的可知性作为前提。因为没有这个前提，任何研究都是没有意义的。但这个前提有两重含义，其一是世界内的对象的可知性；其二是世界整体的可知性。只有前者是正确的，并且人们无法知道还能借助认识在世界上走多远。后者是不正确的。它之所以错误，是因为它陷入了彻底的困境，这些困境虽然没有限制研究内容，但显示了知识的界限——世界整体作为唯一的、封闭的世界不仅不能被认识，并且对我们来说，在能够毫无抵触地被想象、被经验的意义上，世界根本就不存在。当人们看到世界整体是可知的这一错误的前提在研究的实际情况中落空的时候，这些界限就变得清晰起来。洞见错误绝不轻松。自笛卡尔起，这个错误被当作所谓的哲学植入了现代科学之中。因此，把握纯粹的现代科学意义和界限，在今天依然是重大而迫切的任务。

世界在整体上、在原则上是可以认识的，这种错误的科学观曾导致这样一个具有迷惑性的后果，即人们认为已经从原则上认识了世界。于是，这样的看法产生了：从现在起，在认识的基础上正确地组织世界，使人类的繁荣和幸福能够长久延续，这仅仅是善良意志的问题。因此，在近几个世纪中，一个新的现象进入了历史。有这样一种意志：不仅要在世界中、在无法估量的整体人类境况中通过认识来妥善地帮助自己，而且要从对整体的认识（人们假定它存在于那些被神话了的科学家那里）出发，仅仅用知性就把世界在整体上安排得井井有条。

这种典型的现代迷信期待科学完成无法做到的事。它把对事物所谓的科学的全面直观当作是最终认识。它毫无批判地接受成果，既不了解获取这一成果的方法和途径，也不明白各个科学成果适用的界限和范围。它将所有真理和所有现实理解为可供我们知性支配的事物。它绝对信任科学，毫不怀疑地臣服于官方机构所代表的科学权威。

但是，当人这种对科学的迷信感到失望时，就会在反弹中拒斥科学，转而投向感觉、本能和冲动。接着，所有的灾祸都会被归咎于现代科学的发展。而当迷信期待一些不可能的事物时，这种失望就是不可避免的。组织世界的正确方法（richtige Welteinrichtung）

没有实现，最美好的计划落空了，人类境况的灾难出现了。如果曾经存在对最终进步的期待，那这些灾难的规模就会更加令人感到难以承受。象征性地描述通过科学所能实现的可能性——即便医生的能力获得前所未有的提升，他也既不能治愈所有疾病，也不能阻止死亡。人类不断地撞上他的极限。

在这种情况下，关键在于赢得真正的科学——既清楚地了解那些可知的事物，又明确地意识到自己的界限。只有这样才能够避开科学迷信和科学憎恶这对错误。决定人类将会走向何方的关键是，人类能否在时间的长河中成功地保护科学，深化科学，在越来越多的人之中实现科学。

对此，我们不能掉以轻心。因为真正的、包罗万象的科学受到由历史决定的深层心灵结构的制约。这种结构的基础非常脆弱，绝无可能通过代代相传来确保可靠的延续。真正的科学源于各种动机的结合体，这些动机相互交织得如此紧密，以至于失去其中一个，科学本身就会瘫痪或是变得空洞。正因为此，在现代世界的几个世纪中，科学始终很少作为科学的总体态度（wissenschaftliche Gesamthaltung）成为现实，这种情况现在或许已经变得更为罕见。在塑造物质世界的过程中所取得的成就，以及全地球都在谈论的“启蒙的”世界观发出了具有压倒性的嘈杂声，但这并不能蒙蔽以下事实：看似最广为流行的科学，实则最不为人所知。大多数现代人完全不知道什么是科学，也没有真正了解是什么使人走向科学。就连那些在自己的专业领域还能有所发现的研究者——他们无意识地在一段时间内将一种由其他力量开展的运动推向前进——也常常不知道什么是科学，并且在他们还能作为大师的狭窄领域之外，在态度上背叛科学。现代哲学家们谈论科学，就好像他们认识它一样，结果后来甚至使它成为一个历史上短暂的世界观错误。就连像黑格尔那样伟大的哲学家们也对这种科学所知无几。

2. 现代技术

今天，我们所有人都共同意识到，我们身处历史的转折点。在一百年前，人们还将这个转折点与古典世界的没落相较，但之后，人们越来越深切地感受到，这不仅是欧洲或是西方的巨大灾祸，而且是全世界的。人类数千年间在工作方式、生活方式、思维方式和各种象征上所获得的一切，似乎都被技术时代及其后果清理得干干净净。

德国唯心主义者费希特[①]、黑格尔和谢林[②]将自己的时代阐述为最深刻的历史转折，他们通过基督教轴心时代的观点，认为这时才将达到最终的转折或是圆满。这是精神上的自我欺骗导致的自大。如今，我们可以通过比较而明确地说，当前不是第二个轴心时代。更确切地说，它是轴心时代最尖锐的对照，是一个导致精神、人性、爱和创造力陷入匮乏的灾难性进程。然而在这种情况下，只有一样事物，即便与过去一切事物相比，它的伟大都是独一无二的，那就是科学和技术的产生。

---

① 约翰·戈特利布·费希特（Johann Gottlieb Fichte，1762—1814），德国哲学家，著有《自然法权基础》《伦理学体系》等。——译注

② 弗里德里希·威廉·约瑟夫·谢林（Friedrich Wilhelm Joseph Schelling，1775—1854），德国哲学家，著有《宗教与哲学》《先验唯心论体系》等。——译注

但这是一种什么样的伟大呢？我们理解发现者和发明者的幸福感，并同时将他们看作是创造进程链条中的一环，这个链条环环相扣，在根本上是缺乏个性的，参与者不是以人的身份参与其中，也不是依靠包罗万象的灵魂的伟大性发挥作用。尽管有高水平的创造性灵感、耐心而坚韧的劳动以及对理论构想的大胆探索，但从整体看上去，精神本身就像是被卷入了技术进程之中，甚至就连科学也屈从于它。这种局面一代一代不断扩大。因此，不少自然研究者在自己的专业领域之外表现出惊人的愚蠢，许多技术人员在职责之外便无计可施。对技术人员来说，这些职责是他们的最终目标，但就其本身而言，它们还完全不具有最终意义，于是，在这个越来越不人性的世界，幸福感悄然消失了。

假如有一个时代与我们的时代相类似，那么这个时代不会是轴心时代，反而会是另一个我们没有任何记载的技术时代——发明工具和开始使用火的时代。在那时，人类整体获得了发挥潜力的全新条件。接下来是漫长的简单重复、缓慢扩展和在根本上原地踏步的时期。而今天的我们已经将这些时期甩在身后。因此，在过去的一个世纪里、在今天，我们不断惊喜地发现与人性息息相关的、巨大而前所未有的可能性。也因此，我们在历史之中找不到任何有记载的进程可以与我们时代的进程相比较。于是，今天的我们误解了自己，或是因为技术成就而将自己错误地看作是地球上无与伦比的救世造物主，或是认为我们的精神缺失同样无与伦比。我们无法以历史上的任何事物来衡量自身。

如果一个新的轴心时代会来临，那么它只可能在未来，就像是先有了普罗米修斯时代，先有了奠定人类生活、使其最终与所有动物生活相区别的基础，之后很久才有了第一次轴心时代。这个新的轴心时代或许就在我们跟前，或许会成为一个独一无二、涵盖整个地球的现实，但对我们来说，它是不可想象的。在幻想中对它进行预测，或许就意味着创造它。没有人可以知道，它将会带来什么。

★★★★★★★★★★★

技术是科学的人用来掌控自然的方法，它的目的在于塑造人的此在，以使人免遭困境，获得使人满意的环境形式。人类的技术会使自然变成什么样，人类的技术方法会如何反作用到人类身上，也就是说，人类的劳动方式、劳动的组织方式以及塑造环境的方式会如何改变人类自身，这是一条历史的基本路线。

但是，只有现代技术才让人感觉到这一切是人类的灾祸。与数千年来相对稳定的技术状况不同，自 18 世纪末，技术革命爆发了。这同时也是一场整体人类此在的革命，这场革命的速度直到今天依然在不断提升。卡尔·马克思①最先以宏观的视野对此进行了透彻认识。

自然对人的束缚通过现代技术以一种新的方式显现出来。通过人类对自然大大增强的掌控，人类本身以一种未曾料想到的方式面临被这种束缚击溃的威胁。通过从事技术劳动的人的天性，自然益发变成了人性的暴君。人类面临窒息在第二自然之中的危险，这种

① 卡尔·马克思（Karl Marx，1818—1883），德国哲学家、经济学家、革命家和社会学家，马克思主义创始人。著有《资本论》《共产党宣言》等。——译注

第二自然是人类在技术上作为自己的自然生产出来的；反而在面对未征服的自然时，在为此在不断付出体力时，人类可能看上去还相对自由些。

技术已彻底改变了人类在其环境中的日常此在，迫使劳动方式和社会步入了新的轨道：步入大生产，总体此在变成技术打造的机器，整个星球变成一个唯一的工厂。与此同时，人类已经开始并且正在脱离一切基础。他成为地球上没有家乡的居民。他失去了传统的连续性。精神弱化为可以学习的东西，被驯服为可用的功能。

这个剧变的时代首先是毁灭性的。我们今天不可能为生活找到一个正确的方式。世界上很少再有真实和可靠的事物能够在个体的自我意识中支撑他。

因此，个体或是被对自身的深刻不满所压倒，或是忘掉自我、放弃自己，以变成机器中的零件，只顾生存，停止思考，变得没有个性，随波逐流，丧失过去和未来的视野，蜷缩在狭小的当前，背离自己的本真，不择手段达到所有渴求的目的，为不被怀疑、未经检验、静止、非辩证、轻易变化的伪确定性所迷惑。

然而，把不满化作内心不安的人，对他自己永远是虚伪的。他势必要戴着面具生活，必须根据形势和打交道的人来变换他的面具。他始终在说“好像……”而且无法获得自我，因为在这些面具之下，他最终无法知道他究竟是谁。

如果没有基础的支撑；如果没有回应真正的自我存在；如果不再有仰慕——因为面具和伪装无法带来仰慕，只可能造成拜物式的偶像崇拜；如果人没有借助自身此在隐秘地流露出来的自我存在的要求，将自我引向飞跃，那么不安就会变成绝望，克尔凯郭尔①和尼采②已先一步经受过这种绝望，并且在他们对时代的阐述中对此做出了最清晰的表达。

与这一切同时发生的是历史的断裂，是对过去事物的破坏或是放任其消亡，其规模之大，在历史的数几千年中都没有可以与之相比拟的。如果只有取火法产生和工具形成的最初阶段可以与我们时代相比，那么核能的发现似乎确实与发现火相类似——既是巨大的可能性，也是巨大的危险。但是，我们完全不了解那些最初阶段。人类会像那时一样踏上新征程的起点，或者是在巨大的破坏之下将自己葬送在无意识的坟墓之中。

在这种情况下，人类将会变成什么样子？由于这一问题的重要性，技术或许是今天理解我们处境的主题。人们绝不能低估现代技术的侵入及其对所有生存问题带来的后果。在对这一事实的盲目无知中，在习以为常的历史思考下，人们错误地认定我们的时代是过去的直接延续，将我们的此在与过去作不正确的比较。将历史事物拉来与我们的时代做对照时必须始终注意一个问题，即是否考虑到了我们的技术所造成的根本性差别。如果是，那么在对比中自然可以更加清晰地发现，什么在人类之中不断地重复出现，什么是人类永久的基本关系？问题在于，什么在技术的剧变中保持不受影响，或是即便经受这种剧变依然基本重新恢复了原貌。

---

① 索伦·克尔凯郭尔（Soren Aabye Kierkegaard,1813—1855），丹麦哲学家，著有《非此即彼》《恐惧与战栗》等。——译注

② 弗里德里希·威廉·尼采（Friedrich Wilhelm Nietzsche，1844—1900），德国哲学家，著有《权力意志》《查拉图斯特拉如是说》等。——译注

现在，我们必须更加贴近、更加清楚地把握那些过去只得到笼统刻画和断言的东西。我们首先要谈谈技术和劳动——它们在任何时候都是人类活动的一部分，从而在探讨中，通过比较来直观地理解现代技术和劳动所带来的深刻转折。

2.1 技术的本质

2.1.1 技术的定义

技术作为手段。为达到目的而通过添加手段，技术产生了。直接的活动，如呼吸、移动、进食尚不能称之为技术。只有当这些活动出了问题，人们有意识地采取行动以正确地完成它们时，人们才说呼吸技术等。技术的下列特征具有本质性。

知性：技术基于知性劳动，基于结合预感进行的预估以及对可能性的判断。技术在机制（Mechanismus）中进行思考，转变为各种数量和关系。它是一般合理化的一部分。

力量：技术是一种能力，它达到目标的方法是外在的。这种能力是制造与利用，而不是创造和培育。

技术使用自然力对抗自然力，它通过自然本身来间接地控制自然。这种控制基于知识。在这个意义上，人们说，知识就是力量。

技术的意义。支配自然的力量只有通过人的目的才具有意义：使此在更轻松、减少日常为此在的物质前提所付出的辛劳、赢得闲暇和舒适。“技术的意义是面对自然时的自由。”技术应该将人从动物式的自然依附中解放出来，从自然造成的困境、威胁和束缚中解放出来。因此，技术的原理是作用于各种材料和力量的有目的的行为，用以服务于人的意图。一个有技术的人不是简单地接受已经存在的事物，他着眼于事物对人的目的的服务价值，并寻求使事物的形式作为服务形式适应于这些目的的特殊性（德绍尔[①]）。

但是，技术的意义还不止于此。技术具有手段性（Mittelhaftigkeit），即制造工具，这种特性从属于人类塑造环境的统一性理念，在环境的整体封闭性下，人类对环境的塑造不断得到拓展。对动物而言，环境是既定的，它们在无意识中受到所处环境的束缚。人类同样受到环境的束缚，但却不断超越这种束缚，无限地打造出属于他的环境。人类的生活环境同时是他所造就的环境，这是人性的标志。人类不仅通过避免困境，并且通过感受自己制造物的美、适当性及形式，在他的制造物中发现自身。他在拓宽环境的同时，也使自身环境的实在得到增长。

技术的类型。产生动力的技术和产生产品的技术是不同的。例如人们可以通过驯化动物，通过风磨、水磨来获取动力；而产生产品的技术则使独特事物成为可能，如纺纱、织布、制陶、建造和医疗手段。

德绍尔曾对此做出阐释：技术如何不仅产生手段以完成先前订立的目标，还如何形成一些产物，在这些产物被发明之际，没有人

① 弗里德里希·德绍尔（Friedrich Dessauer，1881—1963），德国哲学家，著有《技术文化》《技术哲学》等。——译注

意识到可以用它们继续创造出什么，比如乐器、印刷术。在这里，技术创造仿佛是打开人类活动空间的钥匙，人类由此可以拓展他的本质，完成新的发现。

我们把为了产生有用的对象和作用，处理自然材料和自然力称之为技术。在与技术相类比后，人们才在谈及一切其他有计划的先导行为时使用技术一词，只要它们能产生组织形式和可机械重复的事物，例如人际关系的组织、机构的运作、身体和心灵的自我治疗。

发明和重复劳动：技术规则是一些人可以学习、原样传播和应用的东西。作为理论的技术阐明了实现目标的有效方法。这意味着，这些方法首先是适当的；其次，它们是在避免多余活动、只做必要消耗的前提下节约地进行的。技术存在于人类发明的方法和产物之中，这些方法和产物在发明之后可以实现随意重复、量产。

因此，带来技术发明的创造行为，和仅仅在不变的重复中应用发明以实现更大产量，这两者之间有着本质上的差别。

偏离：如果技术的意义存在于为人类此在的目的而塑造环境的统一之中，那么，凡在工具和行为的手段性变得独立之处，凡在遗忘了最终目的，而使手段本身成为目的、变得绝对之处，就会普遍存在偏离。

如果在日常劳动中失去作为动机和视野的整体意义，技术便会瓦解为无穷多样的行为方式，变得对劳动者来说毫无意义，反而会掠夺生活。

可以通过练习获得，这属于技术行为的本质。而当技术变成纯粹自我欣赏的熟练行为时，它就不会丰富生活（通过保障其基础和服务），反而会使生活变得贫乏。劳动是提升意识必不可少的手段，而缺少精神投入的劳动则不会服务于意识，反而会变得不需要意识。人于是沉沦到无意识或意识丧失中。

2.1.2 技术内部的巨大历史转折

作为使用工具而言，自有人类起技术就存在了。凡我们历史记忆可及之处，都有技术的存在：它建立在原始民族的自然物理学基础上，出现在手工业和武器使用中，显现在轮子、铲、犁、船的应用中，表现在对畜力、帆和火的利用中。在古文明中，特别是在西方，一种高度发展的机械学成为移动重物、建筑、修建街道和船只，建造攻城和防御器械的手段。

然而，所有这些技术尚停留在相对适度、人们可以一目了然的范围之内。劳动仍是通过人力，并在设法获得畜力、弹力、火、风力和水力的辅助下完成的，这一切都还处于自然的人类世界范围内。自 18 世纪末起，情况就完全不同了。如果有人认为，在技术发展中没有出现任何决定性的飞跃，那么他是错误的。这里发生了飞跃，更确切地说，它是在人类整体技术生活形式的意义上发生的。在过去的数个世纪中，已经出现了一些萌芽，人们在梦想中勾勒出一种技术主义的、技术统治论的世界观，并首先缓慢且不连贯地创造了其科学前提。而后，在 19 世纪，现实超越了所有的梦想。我们要问，这种新东西是什么？它不基于唯一的原理。

最清楚的是：人们发明了机器，作业机器自动地生产出必需品。

此前由人作为手工业者完成的事情，现在由机器来完成。机器纺、织、锯、刨、压、浇铸，它生产出完整的对象。一百名工人必须费上九牛二虎之力才能在一天中生产出几千只瓶子，而一台制瓶机则可以在少数几名工人的操作下，每天制造出两万只瓶子。

此外，人们必须同时发明出提供动力的机器，好使作业机器能够运转。蒸汽机是一个转折点（1776），之后，电动机（发电机，1867）成为普遍的动力机器。能量从煤炭或是水力中转化出来，被输送到任何需要它的地方。现代能量学来到了几千年来独占鳌头的古代机械学面前。古老的机械学只能支配有限的动力，比如人和动物的肌肉力量，或是在磨坊中使用风力和水力。新的动力则强大数千倍，且暂时看起来可以无限增长，它现已在人类支配之下。

这样的发展只有在现代精确的自然科学基础上才有可能实现。现代科学带来了过去机械学完全陌生的知识和可能性。首先，电学和化学的发展成为新的技术现实不可或缺的前提条件。那些起初不可见的，通过研究才显现出来的东西，将几近无限的能量交到了人类手中，今天，全球都在使用这些能量。

但是，为了将这些发明从闲暇之时或是高雅奢侈的游戏中凸显出来，并实现它们的经济价值，从而使它们成为人类此在的因素，则需要另一个前提：现代社会的自由——它不知奴隶为何物，容许自担风险的自由竞争——使冒险的企业家有可能去尝试那些可能性不大的，以及在大多数人看来是不可能的事。有利于此的首先是信贷，它给有能力的人提供了大量的资金，其数额之大恐怕是从前最富有的人也不曾有过的；其二是劳动组织（Arbeitsorganisation）和自由劳动力，在劳动市场上，每种所需的劳动效率都可以获得相应的劳动力，固定的契约工资则为企业家们在估价时提供了可以预测的成本份额。这两者都要依循一种可以预见的法律，它强制人们遵守契约。

这样，在 19 世纪的西方产生了企业家之间的技术和科学会战。在会战中，旧的手工业灭亡了，只留下了一些必不可少的残余。所有在技术上无所作为的都被毫不留情地摧毁了，即便是最好的想法也可能在第一时间失败。而另一方面则是童话般的成功。在这个发展进程中，能否取得成功成了一场筛选。谁不能达到事业的要求，就要破产或是遭到辞退。至少在一段时间内——在这些具有创造性的企业初期——最有能力的人被挑选了出来。

在现代技术世界的形成中，下列因素不可分割地结合在一起：自然科学、发明精神、劳动组织。合理性是这三个因素共有的特点。它们之中的任何一个都不能独自使现代技术成为现实。三个因素中的每一个都有自己的起源，因此它们分别是相互独立的问题的源头。

（1）**自然科学**在不考虑技术的情况下创造出了自己的世界。一些杰出的自然科学发现对技术来说至少暂时并不重要，而其中许多或许会永远如此。就连那些本身能够用于技术的科学发现，也并不是可以直接利用的。它们还需要技术灵感，才能投入应用。比如直到摩尔斯①才有了电报。在科学和技术之间没有可以预见的关联。

（2）在缺少专门的现代科学的情况下，**发明精神**也可以做出非

① 塞缪尔·摩尔斯（Samuel Morse，1791—1872），美国画家、电报之父，1839 年发布了摩尔斯电码。——译注

比寻常的东西。原始民族创造出来的东西令人惊叹，比如回力镖；中国完成了数量众多的发明，如瓷、漆、丝、纸、印刷术、指南针、火药。但同样使人惊讶的是，在此同时，费力而传统的劳动方式却停滞不前，而明明最简单的、我们马上就能想到的机械发明就可以对此有所帮助。这就好像是一种习以为常的思想惰性将人牢牢地束缚在了不适当的方法上。与这种传统的被束缚状态相反，一个半世纪以来，所有领域都涌现出大量发明，而这些发明的条件早就具备，完全不需要现代科学，比如暖炉、缓燃器、集中供暖、厨房用具、家用器具以及医疗仪器如眼底镜等。对于其他一些东西，尽管它们完全能够以旧手段来实现，但现代知识是实现它们的前提条件：绝大部分流行病的防治、使用麻醉和无菌法进行手术。我们的时代似乎通过发明精神克服了生活中传统的迟钝，连同那些曾被耐心忍受的不舒适、不适当的事物。

此外，作为典型的现代性，发明的系统性形成了。发明不再由个体偶然地完成，相反，技术发明陷入了一个有无数人参与的运动进程。少数一些原理性的发明偶尔会提供新的启发。大多数发明则产生于对已有发明的发展、不断改善和进一步充分利用中。一切都丧失了个性。个人的成就消失在总体的成就之中。于是，在相对较短的时间内产生出了完美的形式，例如自行车、汽车。

在技术上具有可利用价值的东西必须在经济上也同样如此。但真正的发明精神不受这种约束的影响。在巨大的发明冲动下，它似乎志在创造第二个世界。然而，只有当自由竞争下的经济收益或是可以支配专制权力的意志为其提供空间的时候，发明精神所创造的东西才能在技术上得以实现。

（3）**劳动组织**成为一个社会和政治问题。当产品不仅限于奢侈品，同时也包括由机器生产的、满足所有人日常需求的大众产品时，就会导致大多数人被纳入这种生产进程，作为机器运转的一环卷入机器化的生产方式中。当几乎所有人都成为技术劳动进程的环节时，劳动组织就成为一个人性的问题。由于人的最终考量是人而不是技术，技术应该服务于人而不是相反，因此，在现代技术的基础上开始了一个社会—政治进程。起初，人作为劳动力被随意地置于技术和经济目的之下，而在这一进程中，人们热切地争取去扭转这种关系。

为了理解这类要求的意义，必须弄清劳动的本质，确切地说，就是首先要有对劳动的总体认识，接着要弄明白技术转折使它发生的剧变。

2.2 劳动的本质

凡是由技术实现的东西，任何时候都需要劳动。而只要人劳动，他就会使用技术。技术的性质决定劳动方式。技术的改变带来劳动的改变。根本上的技术剧变会引发劳动的根本剧变。

直到发生在 19 世纪的剧变，才使技术和劳动成为问题。在此之前，这两者从未像在 19 世纪之后那样，得到如此多方面且彻底的探讨。

首先，我们来弄清楚，劳动究竟是什么，它从前是什么样的。只有以此为标准，我们才能认清劳动在新的技术世界中的特殊之处。

2.2.1 劳动的定义

劳动必须从以下三重意义上进行定义：

劳动是体力上的劳动。

劳动是有计划的行为。

劳动是人区别于动物的基本本质：劳动产生了人类自己的世界。

第一，劳动是**体力上的劳动**。它是力量的消耗，比如肌肉的工作，它导致筋疲力竭。在这个意义上，动物与人类一样进行劳动。

第二，劳动是**有计划的行为**。它是源于意图和目的的行为。耗费力气是为了得到满足需求的手段。这种劳动已经使人区别于动物了。

动物直接通过自然来满足需求。它筋疲力竭地找到现成的东西来满足自己。而人类只有通过有意识、有计划的中介手段才能满足自身。这种中介手段通过劳动完成。人类虽然在自然界中为劳动寻找材料，但对人类来说，加工之后的材料才适于满足其需求。

动物的本能是消耗，它使对象消失。而劳动则形成了工具，生产出产品、作品等长久存在的东西。工具已经使人脱离了与自然的直接关系。它通过改造对象来防止销毁对象。

对劳动来说，天生的技巧是不够的。个体学会了一般的劳动规则，才能获得技巧。

劳动既是体力上的，也是脑力上的。脑力劳动更为困难。相比之下，那些在熟练掌握以后，几乎下意识地就可以完成的事情要简单得多得多。我们喜欢从创造性劳动逃向机械性劳动，从脑力劳动逃向体力劳动。比如当一名学者不能在研究上取得进展的时候，做出专家鉴定意见还是足够的。

第三，**劳动是人性的基本行为**。它将自然存在的世界转变为人类的世界。这是同动物的根本区别。每个时期的人类总体环境的形态，都是共同劳动或有意或无意地造就的世界。人类的世界，包括人类生活于其中的总体状态，都形成于共同劳动。因此，这个世界任何时候都要求劳动分工和劳动组织。

劳动分工：一个人不能精通一切。一些事情需要特殊的技巧。在某个特殊领域经过训练的人，可以比未经训练的人更好地生产出更多的此类产品。此外，不是每一个人都拥有所有劳动所需的手段和材料。这样，在一个群体中，劳动立刻就会导致劳动分工，因为劳动必定具有多种类型。

根据不同的劳动类型形成了不同的劳动阶层。按照其所受教育的类型、习俗、意向和名誉，这些阶层被区分开来，农民、手工业者、商人等等。人开始被固定在劳动类型上。

劳动组织：哪里有劳动分工，哪里就需要合作。在一个社会中，只有当我与其他人一同完成互惠互利的劳动时，我完成我的特殊劳动才有意义。劳动的意义存在于劳动组织中。

劳动组织部分是无计划地通过市场自己发展的，部分是有计划地通过分配劳动发展的。劳动在整体上是通过计划还是通过自由市场组织的，这在本质上决定了社会的特征。

由于在劳动分工下，制成品从直接的必需品变成了商品，因此它们必须被交换、投入市场或是分配。这时，就必须要有一种能够衡量抽象价值的标准。这就是货币。商品价值在货币上的体现，或是通过市场过程自由发展，或是受到有计划的强制规定。

今天，十分明显，劳动的类型及其分配决定着社会结构和人类此在的方方面面，黑格尔已经看到了这种关联，马克思和恩格斯[①]以划时代的洞见将它传播开来。

这种关联在何种程度上存在，诸如宗教或政治等其他因素在何种程度上参与决定或是制约着这种关联的影响力，这是特殊的历史——社会学研究的问题。

将这一关联上升为造成人类历史的单一成因一定是错误的。但自马克思和恩格斯以来，人们已经尝试了这样的理解，其基础是：这一关联在我们的时代获得了极大的重要性，因此，人们也比以往都更能感觉到它的重要性。

劳动分工和劳动组织虽然关涉到我们的此在在社会中的本质结构。但对所有劳动者的意识来说，具有决定性的是劳动的内容、劳动的目标、劳动的意义以及这一切如何呈现在劳动者意识当中。在探讨这些问题时，人们往往会过分自然地假定，人类的需求体系如衣、食、住等等决定了劳动。这是对的，但还远远不够充分。

只要劳动兴趣不单纯是使用肌肉或是技巧的功能兴趣（Funktionslust），就要受到意识的制约，就要参与到创造我们的环境之中。劳动者生产的东西如同一面镜子，劳动者在其中意识到他自身。他的愉悦源于他在与他人共同创造出来的此在形式中共同生活，源于对一种持存物（Bestehende）的建设。

但是，劳动还可以有更多的内容。黑格尔谈到“宗教劳动产生虔诚的作品，它们并非是为了一个有限的目的……在这里，这种劳

① 弗里德里希·恩格斯（Friedrich Engels，1820—1895），德国思想家、哲学家、革命家，马克思主义创始人之一，著有《共产党宣言》《自然辩证法》等。——译注

动本身就是礼拜……作为纯粹的生产、作为持续不断的劳动而言，劳动的目的就是劳动本身，因此它是永远完不成的……”这种劳动从“舞蹈的单纯身体运动，到磅礴恢宏的建筑……所有这些劳动都属于牺牲的范围……工作总体上是一种放弃，但这不再是仅仅放弃一种外在的事物，而是放弃内在的主体性……在那种生产进程中，精神行为和努力是一种牺牲——作为对特殊自我意识的否定，这种努力牢牢地抓住存在于内心和表象中的目的，并且将它外在地生产出来以供观察”。①

黑格尔以此指出了劳动意义的可能性，而这在今天几乎被遗忘了。将劳动内容分为满足此在的生存需求和满足奢侈的需求是流于表面的。劳动的意义还要更加深远。在上述观点中，所有对满足生存需要来说并非不可或缺的形式或产品都被称之为奢侈品，而恰恰在这些所谓的奢侈品中隐藏着本质的东西：人如何打造他的世界，以及人作为什么来打造这个世界。就在这个世界中，人意识到自己，意识到存在本身，意识到超越和他真正的本质。

以上是对一般劳动的简要概述。从现在起，我们将再次考察现代技术给劳动带来了怎样的转折。

2.2.2 现代技术转折后的劳动

（1）**技术节省了劳动，但同时也增强了劳动**。技术的目的在于

① 该段引自黑格尔《宗教哲学讲演录》（*Vorlesungen über die Philosophie der Religion*），第248—250页。——译注

节省劳动。机器应当替代人的肌肉、设备的自动性应当替代反复的思考进行劳动。发明家无与伦比的伟大功绩节省了肌肉和知性的活动。但在实现这种技术的过程中存在着界限，即必须由人来完成的、技术无法替代的劳动始终存在；从前未曾有过的新劳动变得必不可少。人们必须不断地制造机器。即便机器几乎成为独立的存在，人依然需要完成机器的操作、看护、修理工作。此外，人还要提供机器工作需要消耗的原料。劳动只是被推向了其他位置。它被改变，但没有被废除。古老而折磨人的劳动总会留存于某些地方，任何技术都不能将之废除。

技术虽然使劳动变得轻松，但它也带来了新的生产可能性，并通过它的成就唤起了新的需求。随着需求的增长，新的、增量的劳动产生了。特别是生产武器的技术带来了毁灭性手段。这些手段首先迫使人们最大限度地生产武器，然后则迫使人们在混乱的形势下，在废墟之中从头开始，使劳动需要上升到极致。

技术是否在整体上确确实实地减轻、减少了劳动？鉴于我们今天的现实，这个问题是如此地使人疑惑，以至于人们反而会这么想：似乎是技术才竭尽了人的力量。无论如何，现代技术首先使参与其中的人们的劳动量大大增加。但即便如此，在技术的前景中，减少损毁身体的劳动的原则依然存在，并且，认为人类能逐渐从体力劳动的负担中解脱出来，获取闲暇时间来发展人类的自由潜能的理念正是通过现代技术保留下来的。

（2）**技术改变了劳动。**发明创造的伟大性与非创造的应用的依赖性形成了鲜明对照。发明源于闲逸、灵感和坚持，而应用则要求重复劳动、顺从和可靠性。

在现有技术劳动中，监测和操作机器得到了积极评价；它发展了一种遵守纪律、审慎和深思熟虑的精神态度；它可能使人从有意义的行为和能力中感到快乐，甚至使人热爱机器。相反，对很多必须一直在流水线旁做重复动作的人而言，劳动的自动化是消极的；除非是天性麻木迟钝的人，否则这种只是使人精疲力竭而毫无意义可言的劳动所造成的沉闷乏味就会变成人无法承受的负担。

黑格尔已经看到，从工具到机器的跃进会给劳动带来哪些后果。首先是巨大的进步：工具仍是具有依赖性的被动的物，我只是在形式上操作它，并且这使我自身成为物，因为提供力量的是人。与此相对，机器是一种独立的工具，人类让机器自己劳动，并以此欺骗了自然。

但是，欺骗者会因为他的行为而自尝苦果："人让机器去加工自然，然而他并不能通过这样来废除自己的劳动必要性……他使自己的劳动远离自然，并且他作为有生命的东西却不生机勃勃地朝向自然……余留给人的劳动本身变得更加机械，而劳动变得越机械，其具有的价值就越少，人就必须越多地以这种方式进行劳动。""劳动变得更加死气沉沉……个体的技巧无限地受到限制，工厂劳动者的意识被削弱到最麻木迟钝的状态；某一劳动类型同无限的整体需求量之间的联系变得完全不可估量，前者变得盲目依赖于后者，以至于一次远处的操作常会突然地阻碍一整个阶级的人们赖以满足自身需求的劳动，使其变得多余、没有用处。"①

① 引文出自黑格尔《耶拿实在哲学 I》（*Jenenser Realphilosophie I*）。——译注

（3）**技术迫使劳动组织达到某种规模。**只有在规模可观的工厂里，技术目标才能得到完成，并以节省的方式得到实现。劳动组织必须要达到多大规模，这是所有工厂化生产都必须回答的问题。但进一步的问题是，各种大规模组织在何种程度上可以不垄断地在自由市场中大量并存并保持有利发展；在立法范围之外，在何种程度上可以考虑有计划地建立一个全面的世界工厂，在这个工厂里，一切都可以相互协调妥善，不多也不少地在各领域中生产出产品。

在这两种情况中，个体的人都依赖于大型劳动组织以及他在其中占据的位置。在机械的工厂生产中，个体不会通过他的工作而感到快乐，占有自己的手工业工具以及为私人订单生产产品的个人自由都不复存在。对于绝大多数人来说，自己的劳动目标和意义已不再明了。这已超出了人的尺度。

劳动对机器和劳动组织（在另一方面也是一种机器）的双重依赖，导致人本身变得就像是机器的零件。具有创造性的发明家和新的劳动单位的筹划者变成稀有的例外：他们还在制造机器。相比之下，越来越多的人必须成为机器的一部分。

然而，技术化进一步从加工自然扩展至整个人类生活，扩展至对所有事物的官僚主义领导，扩展至政治，甚至是娱乐和消遣，如今，人只有在延续习以为常的生活方式时才能得到娱乐和消遣，它们不再源于创造的乐趣。如果在技术基础上组织起来的活动没有填满人的业余时间，他就再无可做之事，除非是为了休养而使自己沉湎于神游和梦样状态（Traumzustand）中。

以过去的生活来衡量，作为机器零件的人类生活具有以下特征：为了能装配在机器上的某个位置，人被连根拔起，失去土壤和家乡，而与此同时，就连分配给他的地产和房屋都如机床一般，很快消失且可以替换，它们既非美景，也不是唯一的家园。地球表面很快变得一派机械风光。在涉及过去和未来时，人的生活获得一种在极大程度上被压缩的视野，他失去了传承和对最终目标的追寻，仅仅生活在当前；但这个当前越少得到记忆实体的支撑，越少包含那些在其内部已作为种子得到发展的未来可能性，就会变得越空洞。劳动成了紧张和匆忙中单纯的劳顿，力气活导致精疲力竭，两者都缺乏深思。在疲乏中，除了本能和对享乐、感官的需求以外再无他物。人的生活与电影院和报纸相伴，被听新闻和看电视所环绕，到处都是机械带来的习惯。技术生产使消费品增加，这使人口数量看起来可以无限增长。不论如何，我们的时代在短时间内使全球人口增长数倍。

人变成了巨大机器的零件，这一点表现在对人的理解是通过所谓的测验得出的。人们测试个体间各不相同的品质，并且通过数字和大小对人进行分类，并以此为基础将人整理到不同的群组、类型和等级之中。作为个体，人反对把自己变为可以替换的材料，反对用条目对自己进行分类。但是，全世界的事物发展进程都在迫使人们使用这种挑选技术。与此同时，挑选者本身也是人。那么谁又来挑选挑选者？挑选者本身也成为机器的一部分。挑选方法和测定由他来机械地完成。

对卷入非人性机器的意识，经一位二十二岁的美国空军少尉之口得到了表达。这位少尉因操作轰炸机立下杰出功劳而被授予最高勋章，当他在招待会上接受采访时，说道：

“我是一个地狱般的巨大机器上的齿轮。我越考虑就越觉得，仿佛自诞生的那日起，我就变成了一样又一样东西上的齿轮。每一回我开始做我想做的事情时，就有一样比我大得多的东西来到我的面前，将我推到一个位置上。这令人不大愉快，但事情就是这样。”

2.3 对劳动和技术的评价

对劳动的评价

对于劳动的矛盾评价由来已久：希腊人蔑视所有体力劳动，认为它只属于对精神艺术一窍不通的人。完全的人是高贵的人，他们不劳动，有闲暇，从事政治，参与竞赛，投身战争，创造精神作品。犹太人和基督徒将劳动看作是对罪孽的惩罚。人被驱逐出伊甸园，要承担原罪的后果，他应该就着额前的汗水吃他的面包。帕斯卡[①]强化了这种观点：劳动不仅仅是负担，而且使人偏离他真正的任务；劳动显示了世俗活动的空洞、繁忙的假象，诱导人们消遣娱乐并且遮蔽了本质的东西。然而，新教徒们却在劳动中看到了巨大的福祉。弥尔顿[②]描绘了人在被逐出伊甸园时获得的拯救；亚当和夏娃很快就擦干了泪水。

---

① 布莱士·帕斯卡（Blaise Pascal，1623—1662），法国数学家、物理学家、哲学家，著有《圆锥曲线专论》《算数三角形》等。——译注

② 约翰·弥尔顿（John Milton，1608—1674），英国诗人、政论家，著有《失乐园》《复乐园》等。——译注

广阔的世界就在他们面前，
他们可以在那里择取栖身之所，
上帝之意是他们的向导……

天使米迦勒对亚当说：

现在将行动结合到知识之中……
然后你就不会不情愿离开这座伊甸园，
你心中有一座更加有福的乐园。[①]

加尔文宗认为，劳动的成功是被上帝选中的标志。世俗职业的责任概念起初是宗教理念的结果，之后在宗教之外也保留下来。劳动乐趣和劳动的福祉，劳动荣誉以及把成就作为衡量人的价值的尺度都在这一基础上逐渐发展起来。在此基础上，既有“不劳动者不得食”的要求，也有这样的内心福祉：“劳动者不绝望。”

在现代世界中，对劳动的肯定是普遍的。但是，一旦当劳动完全变成人的尊严，变成对人本质的嘉奖，那么劳动的双面性就会立马显现出来：一方面是劳动者的理想；另一方面是实际的、平常的劳动画面，在这幅画面中，劳动方式和劳动规则使人异化。

这种双面性促生了改变人类世界的冲动，以使人类在打造自己

① 引文出自弥尔顿《失乐园》(*Paradise Lost*)。——译注

的整体世界时找到正确的劳动方式。错误的、使人异化的、剥削的、强迫性的劳动方式必须要消除。而其准则正如黑格尔所言："在职业和劳动中使自己感到满足是主体无限的权利。"①

如果人们只看到一种唯一的一般劳动，那么当劳动的问题关系到尊严、要求和人性的责任时，它就会被错误地简化。实际上，通过对各种特殊劳动的重视，通过对产品的不同享有程度，通过各种劳动组织及其不同的领导性质、命令与服从的方式，通过劳动者的集体精神和团结，在形形色色的劳动类型之下，劳动是极其多样的。

因此，为了人的尊严而求变革的各项任务既无法通过一条原则解决，也不能合而为一。人们已经意识到以下任务：在具体的实行中、在特定的物质劳动条件下改变劳动，以使劳动更加人道；改变劳动组织，以使人员编排、上下级间的运作方式与自由相结合；改变社会，以更加公正地分配产品，保证每一个人的重要性，无论是因为他的成就，或仅仅因为他是一个人。

劳动和生活方式发生变形后，才形成了这些问题。对现代劳动的评价与对现代技术的评价是无法分割的。现代技术使一般劳动的负担上升到新的高度，但它或许也带来了实现新成就的机遇。

对现代技术的评价

一百年来，人们或赞颂技术，或轻视技术，或向它投以恐惧的

① 引文出自黑格尔《哲学历史讲演录》(*Vorlesungen über die Geschichte der Philosophie*)。——译注

目光。

19世纪里，既有渴望创造的发明家，也有愤而砸碎机器的工人。

在最初的热情中包含着直到今天依然得到保留的理念，最近一次指明它的是德绍尔：塑造人类环境的理念通过人类的发明才得到实现，作为神的相似形象，人发现了永恒的创造理念，并且实现它们，就像创造第二个自然一样。于是，“技术精神”不仅意味着手段，而且意味着全面实现预先确定的适宜的、真正的人类环境。一个独立的世界逐渐形成了。技术不仅是外部的此在，而且是充实内心的精神生活领域。对于这种热忱来说，这是不大可能的：“一种改变世界的力量不外乎是带着别处借来的目标的手段性”。

假如德绍尔触及了真理，那么今天，一个彻底全新的环境，一个由人创造出来的环境，或许正在从技术精神本身之中产生出来。在目前旧环境熔毁的危机中，新环境也许还没有找到自己的形态。它展现出萌芽状态，但整体在这个创造性的过渡中看起来暂且是一片混乱和崩溃。具有现代特征的技术中可能存在着关于人类新环境的理念。技术的发展也许不会走向无限，而是通往一个终点。作为人类此在的物质基础，这个终点或许会是一种新型的圆满。

另一种理解方式与此相反：与其说技术的道路是通过统治自然而从自然中解脱出来，不如说是摧毁自然和人类本身。停不下来的杀死生物的过程会导致一个全部毁灭的结局。许多伟人在面对技术时，惊骇从一开始就涌上了他们的心头。这种惊骇预先触及了真相。

相对于这两种激进的立场，第三种立场坚持技术的中立性。技术本身既非善也非恶，但它可以被用来行善，也可以被拿来作恶。在技术本身之中不存在什么理念，既没有圆满理念，也没有魔鬼般的毁灭理念。这两种理念都有其他的源头，这些源头在人类之中。是人赋予技术以意义。

这在今天看起来已很有特点：欧洲对技术的普罗米修斯式的热情几乎已经消退，而发明精神却并没有瘫痪。对于技术危险的、孩童般的兴趣已经消失，或者它转移到了更为原始的人们身上，他们才刚刚了解技术，正在掌握技术。

技术时代的目标和结局既不清楚，也不确定。但无论如何，在技术时代的道路上都会暂时发生熔毁和重建，这种重建具有双面性。我们将在单个的要素中对它们进行探讨。

2.3.1 远离自然和重新接近自然

人类被从他既存的、纯自然的环境中撕离出来。人类形成的第一步，就是由他自己完成的“驯化”。但直到一百年前，人类的环境都还保持清晰明了，它还是一个现实的环境，一个整体。

现在，人们创造了一个新的环境。在这个新环境中，如今被认为具有依赖性和相对性的“自然环境”必然会以某种方式重建自己，以及一种原则上完全不同的意识。

在技术活动中，制造具有本质意义。目的以及实现目的的技术设备占据了意识的突出位置，而与此相对，自然既存的事物则退回到不受注意的地方。技术活动看到的自然，是机械的自然，是通过研究了解到的不可见之物（如电），我可以在机械环境的永久框架中间接地利用它们。

凡是没有掌握这些知识，而只会使用它们的人——如操作开关、驾驶电车——都只是在做些原始的动作，而对真正发生的事情一无所知。人们可以在与自然毫无联系的情况下操作不明白其原理的技术，至少是在一些领域之中。相比之下，过去的自然机械技术则要求练习以及在身体技巧上表现出的能力。

然而，在很多领域中，技术既有的自然性质要求人们适当地接近自然。许多技术设备要求特殊的身体技巧，从打字机到汽车都是这样，飞机更是如此。但这种技巧几乎永远是片面的、特殊的、极端的，它是一种能带来收益的身体技巧，而不是对身体整体的全面培养（例如骑自行车的人和步行者之间的差异）。使用技术设备也需要知识。于是，在实践上至关重要的是充分利用技术知识，从而能够找到达到目的的恰当着手点，并且在面对失灵的设备时，能够从尝试性的敲敲打打上升到方法上的洞察和有效的修理。

我们生活在技术之中，技术可以使我们完全远离自然，以便不假思索地、机械地利用技术；或者，它也可以使我们接近由已知而不可见的事物构成的、研究中的自然。

然而，技术不仅使我们接近在物理范畴中研究的自然，技术还给我们带来了一个新的世界，在这个世界中逐渐形成了人类新的此在可能性，人类在这里重新接近自然。

（1）首先是**技术产物的美**。运输工具、机器、通过技术生产的消费品达到了完美的使用形式。技术制造实际上形成和创造了第二自然。问题是，技术上的成功产物之美在于何处？单纯的合乎目的不是美，美应是对人性完全恰如其分的适应。美更加不在于多余的图案和装饰，相反，这些图案和装饰带给人不美的印象。美在于那种在完全合乎目的的产物中使人感受到自然必然性（Naturnotwendigkeit）的东西。这种自然必然性在人造物中才纯粹地显露出来，之后则在生命无意识的创造中重新得到认识（如在动植物的躯体结构中）。这是在事物本身中存在的答案，而这些答案似乎是通过追求永恒的、既存的形式而得到发现的。

（2）另外，技术可以极大地**拓展实在的直观**（reale Anschauung）。技术使人可以看到那些无法自然观察到的极大或极小的事物。显微镜和望远镜是非自然的，但它们打开了自然的新世界。通过各种交通工具，技术使人几乎无处不在；如果国家、战争和政治没有设置障碍的话，人可以移动到任何地方，在现场体验、观看、倾听那里的事物。

那些从前只能在不充分和错误的想象中，隐约地、幻想地感受到的东西，或是完全没有进入认识领域的东西，现在通过图像和声音就呈现在自己的家中。留声机和电影可以使发生过的事情对记忆始终具有当前性。观察的可能性在方方面面都得到了空前的丰富和细致化。

（3）最后，一种新的**世界意识**逐渐形成。自有现代交通业和信息业以来，我们的地球空间感囊括了整个星球。全球近在我们眼前，它被来自世界各地的日常新闻填满。地球上的各方力量与利益实在地交织在一起，使它成为一个整体、一个封闭的世界。

因此，在技术的世界里，存在着：人性新的可能性；对技术事物的特殊兴趣；技术在拓展人对世界的经验，在使人能够亲身地、具体地经验整个地球以及此在的所有元素方面的成就；为人奠定能够轻易掌控物质材料的基础，以使人能够达到对精深事物的纯粹经验。但在今天，所有的这一切依然是罕见的例外。

除了技巧之外，重新接近自然和一切事物要求人的自主性。在这个非自然的环境中，人要用他的想象力敏锐地从并非直接存在的整体中创造出在场性。精神具有决定性。

相比之下，淤陷在思想缺失中，在机械设备上空洞地发挥作用，在自动化中变得表面化，在消遣中失去自我，日益加剧的意识缺失，只余留神经刺激——这些都要容易得多。

2.3.2 对技术界限的错误判断

对技术的评价取决于人们对它的期望。清晰评价的前提是对技术的界限有清晰的认识。

人们有时候会出于教条主义的自然知识，为技术设定错误的界限，例如，大约半世纪前，这类教条知识还偶尔宣告飞行甚至飞艇都是不可能实现的。通过认识，人们在掌控自然方面能实现些什么，事实上是不可预测的。想象力可以虚构出非比寻常的事物，而不用受到某种绝对不可能性的限制，比如核能的技术应用——将来在煤和石油储量耗尽之后，它或许可以实现替代；比如有意地炸毁地球；比如宇宙飞船。即便人们有理由认为永动机不可能实现，但找到一种实际上不会枯竭的能源仍是可能的。但是，技术可能性所具有的广阔空间不能蒙蔽技术的界限。技术的界限在于一切技术实现的前提条件，而这些条件始终是不可控的。

（1）技术是手段，需要引导。天堂里不会有技术。技术帮助人摆脱困境，这迫使人通过劳动维持他的肉体此在，然后使人有能力在没有困境逼迫的情况下拓展他的此在，使其在一个由他塑造的环境中达到难以估量的程度。

技术上的发明创造服务于某种需求，并且由需求引导，因而需求的收益是评价它的依据。虽然在发明中还有另一种因素发挥作用：创造未曾存在过的东西的乐趣，不拘它有什么用处。于是，发明家能够在不考虑一切实用性的前提下潜心制造。由此产生了巴洛克时期的自动机和玩具。但是，发明的选择以及在此期间对发明起最终决定性作用的引导，仍然是从可用性出发的。尽管技术层面的发明家通过不断满足需求而扩大需求，并使需求变得更为多样，但他们并没有从根本上创造新的需求。目标一定是既存的，并且在很大程度上不言而喻：减轻劳动负担、制造必需品、大量生产。技术存在的目的就在于它的实用性。

技术的界限是，它不能源于自身、自为地存在，技术始终是手段。因此，它是双面的。因为技术本身不设立任何目标，所以它超脱或者说面对一切善与恶。技术既可以服务于福祉，也可以服务于灾祸。对这两者来说，它本身是中立的。正因如此，技术才需要引导。

这种引导是否可以从此在与整体自然环境的适应性中，或是从发现本身和得到扩大的需求中逐渐形成？这些问题指向事物进程中未知的东西，或许还指向有意义的东西，这就好像是一个计划在实现自身，又好像是魔鬼控制着它。

我们不应将过多的信任寄予这类无意识的事物进程。我们无法从技术本身中找到对技术的引导，而是必须在有意识的伦理中寻求。人本身必须找回他的引导地位。人必须清楚地认识自己的需求，检验它们，并且确定它们的等级层次。

（2）技术局限于机械性（Mechanismus）**、无生命的和普遍的东西**。技术始终只掌控着那些在机械性上可以把握的东西。它使它的对象具有机械性，以此转化为设备和机器。由于这些机械性的可能性获得了出乎意料的巨大成功，一切似乎在技术上都有可能实现。于是，一种具有误导性的期待成为对待技术的基本态度——它认为技术无所不能。然而，这种技术的绝对化是对现实的错误认识，现实的要求普遍高于技术。即便所有活动都以技术为前提，但机械性就好比只是带来了骨架。用照料和培育的方式对待自然、教育人和与人交流、创作精神作品甚至是发明本身，这些都不是在技术层面上根据规则就能够做到的。那些只能从活生生的精神中创造出来的东西，倘若通过技术来制作就会变得虚假。甚至是绘画、诗歌和科学，虽然它们都将技术作为手段，但如果它们只是技术的产物，就会变得空洞。

技术的界限在于，它局限于无生命的东西。知性掌控着技术制造，它只与无生命的东西以及最广义的机械性相适应。因此，在面对生命时，技术只能用对待已死之物的方式对待它，例如在农业化学中和现代培育中使用荷尔蒙及维生素，以达到比如牛奶的最大产量等。技术的培育方法（如现代育花法）在对纪录的追求下取得了耸人听闻的极端效果，这与中国有数千年历史的培育方法之间存在着巨大的差别；这种差别就如同工业产品和有生命的艺术作品之间的差别一样。

技术产物的特点是具有普遍性而没有个性。虽然在某个历史的创造进程中，技术可以用于制造唯一的产品，但这样的技术是以样板和量产为目的的。技术的界限与它的普遍性相关。通过普遍性，技术以其广泛的可转移性开放给所有的民族。它不受文化前提的约束。因此，它本身是无风格的、无个性的、非人性的东西。技术作为知性产物所具有的特征，将它限制在具有普遍一致性的知性上，尽管在发明物的“精神”以及特殊造型中，它总是给人超出了单纯技术的感觉。

（3）技术总是受到材料和动力的制约，而这两者都是有限的。 技术需要材料和动力，这是它运转的条件。只要人们所能支配的材料和动力是有限的，如煤炭、石油、矿石，那么技术就会逐渐消耗这些它无法再生产出来的东西。如果没有发现新的能源，那么它们就总有消耗殆尽的一天。人们想到核能，但却不知道那些提供核能的矿石能够支撑多久。

大部分在地表可以获取的能源都是有限的，并且在消耗之后不可再生。除此之外，我们可以考虑太阳能。现在，通过本身虽然有限，但却可以不断循环再生的水力，我们已经可以间接利用太阳能。太阳能是否可以直接作为能源来利用？这是一个留给未来技术的悬而未决的问题。另外，人们可以考虑更深、更广地钻探地表。

我们实际上还未走到尽头，人类的地下室仍旧满满当当。但可以推算出的是，煤炭和石油的尽头在未来相对很短的时间内就会到来。

但就算所有技术所必需的能量都耗尽，技术时代虽然会宣告终结，可人类的此在却还不会因此而终止。到那时候，或许人口数量会大幅缩减，人们会生活在与此前所有历史时代都相同的前提条件下——没有煤炭、石油，没有现代技术。

（4）技术受到人的约束，它通过人的劳动实现。人必须愿意做好为此效劳的准备。当人到达他的界限，不愿继续生存，或是要冒着生命风险进行抗争时，人性所要求的东西就会具有决定性。那时，技术机器的运作进程就会受到阻碍或遭到摧毁，或者是在人性本身设定的条件下得到改造。

（5）技术在其发明进程中或许局限于一个可能的目标，并且由一个尽头决定。伟大的新发现不时地问世，在我们的认识于此前达到相对圆满的表象后，这些新的发现引发了一系列意想不到的进一步的新发明。对于这些新发明而言，新发现是它们的前提条件。柴油发动机、无线电曾经是新的开端，如今看来，核能将会是又一个新开端。假如人们掌握了所有能够理解的东西，那么这些新的推动力或许就会到达它们的界限。至今为止，技术进程在整体上是一个不断上升、急速发展的进程，并且已经持续了超过一个半世纪。这也许给人一种印象，好像我们基本上已经走到了尽头。即便尽头在本质上是存在的，但在把整个地球表面转变为一个唯一的应用领域的过程中，数量上的巨大增长也仍然会继续存在。

我们既没有证据证明技术发明可能达到圆满，也没有证据表明它的尽头。但是，我们注意到一些迹象和较大的可能性：将美国、英国、德国、法国、俄国于1939年之前的新发明规模做一比较，便会发现巨大的不同，人们简直可以说一些区域仿佛陷入了瘫痪，而其他区域则像是火山喷发一般。国民的状况、机遇和共同的“精神”扮演着至关重要的角色，但由于这种精神可以轻易地遭到破坏，因此全部发明物都建立在危险的基础上。——或许技术本身会对人施以一种不好的反作用：科学与技术的发展前提极大地受制于自由的精神性，而被技术挟裹的生活使这一前提不复存在。在今天，19 世纪的伟大发明家、企业家和如今组织妥善、变得愈发没有个性的进程之间的巨大差别已经清晰可辨。——最近开始的禁止公开军事研究及发明情况的做法也许是一个走向尽头的征兆，特别是考虑到所涉研究领域不可估量的规模。

2.3.3 对技术魔力的感知

这里的魔力（Dämonie）一词并不是说有恶魔在起作用。恶魔并不存在。这个词更多的是指为人所造但却并不为他所愿之物；会对整体此在产生后果的不可抵御的事物；始终难以洞察的阻碍；仿佛是在人背后发生的事物；不明不白的事物。

在面对技术世界时，目光敏锐的人还没有真正地洞察它，就早已被一种恐惧所侵袭。我们只能从歌德内心的震动中去理解他对牛顿[2]的拒斥，这种震动是精确的自然科学从歌德对人类世界就要来临的灾难下意识的认识中引起的。J. 布克哈特[1]厌恶铁路和

① 艾萨克·牛顿（Isaac Newton，1643—1727），英国物理学家、数学家、天文学家，著有《自然哲学的数学原理》《光学》等。——译注
② 即雅各布·布克哈特（Jacob Burckhardt，1818—1897），瑞士欧洲文化史学家，著有《意大利文艺复兴时期的文化》《希腊文化史》等。——译注

隧道，但仍旧使用它们。那些被机器夺去了面包的手工业者，则摧毁了机器。

与此相对的是进步信仰（Fortschrittsglaube），这种信仰只期望从新的自然认识和技术中得到幸福。它是盲目的，因为它只看到技术内部看似能够识破并得到纠正的滥用现象，但却并没有看到在技术中隐藏得更深的危险。进步信仰误解了知识和技术对进步的限制，也错误地认为，从此往后，进步可以在整体人性上实现，然而事实上这是不可能的。今天，我们称之为技术魔力的东西已经十分明显了。我们将对前文曾探讨过的这些意料之外的、源于技术却对人类起到反作用的反转现象进行简单总结：

在总体劳动中，导致劳动者机械化和自动化的劳动所占比例不断扩大。决定劳动的，不是在长期加工自然的过程中减轻负担，而是使人变为机器的零件。

劳动工具的机械化、复杂化、扩大化以及使用工具时所必需的合作共同导致了一种劳动组织，它不仅在规模上超越了以往所有类似组织，并且在根本上与过去完全不同，因为整个人类此在——不仅是某个具有特定目的的分支领域——都慢慢地卷入这种组织之中了。

技术思维扩展到人类活动的全部领域。技术掀起的变革也走进了科学之中，这表现在医学的技术化，自然研究的工业化，以及有组织的规划上，这类规划使越来越多的科学有了工厂似的形象。如果人们想要得到渴求的成功，那便只能如此。

由于使用机器进行劳动成为人的生活方式，社会也随之变成一台独一无二的巨大机器，变成对总体生活的组织。埃及和罗马帝国的官僚制度只是现代官员制国家（Beamtenstaat）的先驱。一切都必须仿照机器的形式才能发挥作用，也就是说，必须具备精确的、强制运作的、受外部规则限制的性质。最大、最完备的机器将产生最大的权力。

这些机械化的后果源于机器的强制运作、可预测性、可靠性所占有的绝对优先地位。相对的，只有在有利于机器目的的前提下，一切属于精神和信仰的东西才能获得容许。人本身变成了一种原料，成为加工的对象。因此，人从完整的本体和意义变成了手段。人们披上了人道的面纱，这是受到容许的，甚至还得到鼓励，在言论中，人们更是将人道当作头等大事，但如果这一切是在目的的要求下完成的，那么人道就会受到彻底的伤害。越是无所忌讳，权力就越大。因此，包含绝对要求的文化传统都会遭到摧毁，与此同时，人们变成了一盘散沙，然而失去了根基的人们恰恰更加适合利用。人的生活感觉将他的私人生活和机器般的工作生活区分开来。但私人生活本身也逐渐变得空虚，就连空闲时间也变得机械化，娱乐消遣成了另一种形式的劳动。

技术的运作机制能够以完全不同于过去的方式控制大量人口，在之前的时代，这些方式是无法实现的。比如，最初实现思想解放的办法是使信息无处不在，而如果反过来监督控制信息，就可以转而控制所有思想。通过通信系统，国家意志任何时刻都能跨越最广大的领土，深入到每一个家庭中发挥它的效力。

技术将所有人的此在都牵系于机器的功能上。一旦机器失灵，舒适的生活就会陷入前所未知、前所未有的巨大困境。那时候，人要放弃的东西会远远多于自然此在状态下的农民。储备已经没有了。①

* * * * * * * * * * * *

① 对这些趋势加以说明，就意味着指出可能性，而我们能在多大的范围内实现这些可能性，这是不确定的。不同于此的是将整个技术世界看作一个已经看透的事物，无论是将其作为一种对人性新英雄形象的宣告，还是作为魔鬼的作品，然后，技术的魔力就会被实质化，成为某些真正具有魔力的东西。伴随着这种解释，劳动的意义或得到升华，或是被完全否定；技术的劳动世界或将受到赞扬，或将遭到拒斥。这两种可能性都产生于技术劳动内部的可能性。但是，如果将这些完全相反的可能性绝对化，那么它们就都会变成谬误。荣格尔兄弟在他们令人印象深刻的著述中就是以这种方式将这些可能性呈现出来的。

恩斯特·荣格尔（Ernst Jünger）在他的《劳动者》[（*Der Arbeiter*）第三版，汉堡，1932]一书中，描述了他幻想中的技术图景：劳动被想象成在装备战中达到顶点的总动员——劳动者的形象是古铜色的、坚硬的，思想是虚无的、无目的的、完全具有摧毁性的。荣格尔将这种“劳动者的形象”刻画成未来地球的主人。他超然于人道主义，也超然于野蛮；超然于个人，也超然于群众。劳动是他的生活形式，他知道他在整个劳动结构中是负有责任的。技术将一切具体化，使一切成为获取权力的手段。人通过技术成为自己和地球的主人。人作为这样的新人，作为劳动者的形象，赢得了一张刚毅的面容。他不再问为什么。他渴望，他相信，完全不考虑这些渴求和相信的内容是什么。

与此相对，弗里德里希·格奥尔格·荣格尔（Friedrich Georg Jünger）给出了一幅毫无安慰、毫无出路的技术图景[《论技术的完美》（*über die Perfektion der Technik*），法兰克福，1944]：自然力被技术压制，但又恰恰在技术中蔓延开来。理性思维本身是缺乏自然力量的，但它却在强制下，通过带有敌意的、暴力的手段在这里发动了巨大的自然力。“工业景象具有某种火山一样的特点”，一切火山喷发的景象都在其中得到再现：“岩浆、灰烬、气孔、烟气、瓦斯、火光照亮的夜云和不断蔓延的荒芜。”

F.G.荣格尔驳斥那种技术将减轻人的劳动、增加人的闲暇的观点。他虽然正确地指出，今天绝不会有劳动量的减轻。但在整体上看，他的观点是错误的：根据他的论断，一切表面上的劳动减少，都是用其他地方增加的劳动换来的。当他驳斥劳动会增加财富的观点时，他只是通过跳到财富的另一个意义，来表达实际上相同的意思——他认为财富是存在，不是拥有。当荣格尔把困境（完全是由于战争的破坏）中的合理化错误地归咎于合理化本身时，这也算不上是什么对技术的指责。作为时代亲历者，他对这种困境中的组织形式的描述，倒是十分恰当：它不创造财富，而是一种在有短缺的地方分配剩余物资的方法。在一种被摧毁的经济里，这种分配的组织形式最终是最后一样完好的东西。贫困越加剧，它便越强大。只有当分无可分时，它才会自己崩溃。这些探讨显然与技术无关，而是一种经历了可怕战争后果的现象，这只是恰好发生在今天，但却被错误地理解成技术的必然后果。

根据他们对技术的评价，荣格尔两兄弟的刻画显示出截然相反的特点——但他们在思维方式上是相同的。这与神话思维相类似：不是认识，而是比喻；不是分析，而是描绘一种幻想——不过这是通过现代思维范畴的媒介完成的，于是读者可能会认为，这些与理性的认识有关。

因此有片面的东西和狂热的东西。这些东西没有经过仔细权衡，也没有引征任何对立的论据，除非是那些经过小心挑选的反面论据，好来通过驳斥它们加高自己的演讲台。

这里没有任何冷静的认识，有的是一种强烈的情绪。无论是在精确措辞的清醒态度中，还是在下论断、作评价的专横论调里，这种情绪都没有得到克服。这首先是一种审美的态度，它源于对精神产品的兴趣。事实上，这种态度的确使恩斯特·荣格尔成了一流的作家。

严肃地看，这样的思维中没有任何真实的东西。但是，在失去基础的现代层面上，在这个失去了反思，抛开了方法论认识，放弃了基本知识和对基本认识的终身追求的层面上，这样的思维是诱人的。因此，在具有权威性的坚决语调中，却缺乏读者能够感受到的真正的内在联系。改变内容，甚至是改变整个态度和论调，都是很容易的事情：思维方式没变，变的只是主题、看法和目标。——原注有一点是肯定的：人的总体劳动此在（Arbeitsdasein）正在用技术改变人本身。人创造了技术，之后却再也无法摆脱技术。并且同样肯定的是，技术不仅仅带来不可预见的机遇，也会招致不可预见的危险。技术已经成为一股能够自我发展的力量。而人在还没有注意到这个变化，也完全不知道它是如何发生的时候，就已经陷入技术的掌控之中了。就算是在今天，又有谁敢说他看清了这一切！然而，想要消除技术的魔力，必须首先对它有清楚的认识。那些诞生于灾祸之畔的东西也许可以用来控制灾祸。比如，当市场出现暂时的物资匮乏时，市场组织确有可能是救市良方，而在情况恢复之后，就要重新回归自由市场以避免产品分无可分之后导致经济崩溃。但是，任何一个计划中都可能隐藏着“魔力”，都可能出现不可预见的事物。用技术来控制技术所带来的灾祸，反而可能使灾祸增加。而绝对的技术统治（Technokratie）本来就是不可能的。

如果认为战胜技术的任务在整体上可以通过技术本身来完成，那就意味着打开一条通往灾祸的新通道。目光短浅的狂热会背离技术上可能实现的事物，而走向假想的技术形态。然而问题依然存在——人如何能重新掌控已经支配自己的技术？人的命运取决于人以何种方式克服技术给人的生活（从整体上的秩序到每时每刻的个人行为）带来的后果。

★ ★ ★ ★ ★ ★ ★ ★ ★ ★ ★

技术的所有要素都与技术以外的源头存在内在关联，这让现代人产生了这样的意识：透过今天知性的洞察力，人感到自己无可奈何地受到一个隐秘进程的支配，而这个进程是人类自身活动无情的、不可阻挡的结果。

现代人想要看透这个进程，却又看不透，于是越发想要在技术和理性上掌握一切，以阻止灾祸降临。

由于我们无法看透技术可能引发的事件，因此这个事件在整体上不仅是灾祸，也是一项任务。我们所幻想的蓝图同时就像是对人性提出的要求——主宰技术。个体的人会不会失去一切可能性，冥想（Meditation）会不会从地球上消失？会不会有这样的一个人类开端——自那以后，所有技术事物最终都合乎人设立的条件，而不是人变成技术的奴隶？

技术的现实使人类历史产生了巨大的突变，即便我们正亲身经历人类生活的机械化和技术化，我们也无法提前想象这种突变的最终结果。

无论如何，这一点是显而易见的：技术只是手段，其本身并无善恶之分。关键在于人类把它变成什么模样，将它用于什么目的，给它设定什么条件。问题在于，是什么样的人占有了技术；通过运用技术，人的本质最终会变成什么样子。

技术不依赖于人的目的，作为独立的存在，它是一种空洞的力量，是手段压倒目的所取得的胜利，这种胜利最终使目的瘫痪。技术是否有可能摆脱人道意义，在残暴者手中疯狂咆哮？整个地球连同人类是否有可能变成一个独一无二的巨型工厂的原料，而世界整体则变成一个蚂蚁巢，它将一切都转变为一群群的蚂蚁，而自己本身则只剩下无意义的生产和消耗循环？知性或许认为这是有可能的，但我们人性的意识永远会这么说：这在整体上是不可能的。

只靠思想不能主宰技术。现在及接下来的几个世纪中，我们将做出具有决定世界历史的决断：在全新的生活条件下，人将拥有什么样的可能性。至今为止，历史上所有为实现人类可能性所做的尝试都面临以下问题：这些尝试现在还意味着什么？它们能够怎样重复？它们如何证明自己？

哲思（Philosophieren）必须正视这个现实。虽然哲学只能产生思想、精神态度、价值判断和个人的可能性，但是，这些个人可能会不可估量地成为事物发展进程中的关键因素。

第二章　当前世界形势

导论

我们对过去的记忆是有缺漏的，而未来对我们来说则昏暗不明，似乎只有现在看上去是清楚明白的，因为我们正身处其中。但是，这样的现在恰恰是我们捉摸不透的。因为现在由过去承载，它的内部还隐含着未来，因此，只有对过去和未来有完整的了解，我们才能清晰地认识现在。我们期望认清我们的时代现状。但是，世界的现状中隐藏着许多可能性，而这些可能性只有实现之后才会变得清楚明白。

在历史上，我们初次遇到的、具有决定性的全新形势，是地球上人类的实际统一。对人类来说，整个星球已经通过交通和通信技术变成一个由人掌控的整体，变得比曾经的罗马帝国还要“小”。

从 400 年前的地理大发现时代开始，我们一路跟随发展的脚步来到今时今日。但直到 19 世纪末，历史对我们来说在本质上仍是欧洲史。对当时的欧洲意识而言，世界其他地方不过是殖民领地，只具有次要意义，注定要成为欧洲掠夺的对象。当时的列强为了获取广阔的领土，无意识地为今天展开的世界历史奠定了基础。第一次世界大战时，这些欧洲以外的地区已投身其中。但这仍然是一场欧洲的战争。美国再次退后了，第二次世界大战才将它的深刻影响施加给所有参与者，施加给整个世界。在东亚的战争与在欧洲的战争具有同样的严重性。事实上，这才是第一场真正的世界大战。世界历史作为整个世界的唯一历史拉开了序幕。如今看来，至今为止的历史就像是在分散的区域内展开的互不依赖的尝试，就像人类可能性的多重起源。而现在，整体成为我们的问题和任务。历史由此迎来了彻底的转变。

具有决定性的是：外部已经不复存在了。世界成了封闭的整体。地球的统一已经出现。新的危险和机遇显现出来。所有的核心问题都成为世界问题，当前形势成了整个人类的形势。

1. 当前形势的特征

1.1 群众成为进程的决定性因素

与今天相比，过去的全部历史都发生在相对稳定的状况下。过去，农民构成了人口的主要部分，即使是在灾难性的政治事件中，他们的生活方式也几乎保持不变。他们构成了人口中一个非历史的本体。各历史时期中一再发生的农业危机或许造成了一定的动荡，但在根本上没有带来任何改变。社会状况的变化是缓慢的，在整体状况看起来保持不变的情况下，这种变化只影响到了个别的阶层和群体。对当时的人们而言，他们即使饿死，也要留在不变的秩序中，保持意识上的相对安全感。人们忍受、服从，生活在照亮一切的宗教信仰中。

今天的情况完全不同。社会状况处在不可阻挡的运动之中。这种运动具有了意识。地球上的所有人都从他们传承下来的古老秩序和意识形式中剥离出来。有安全感的意识越来越少。人们变得越来越一致。所有人都要学习读写，否则人就无法获取知识，无法为自己的意志发声，也无法获得重视。

群众（Masse）成为一个决定性因素。虽然个体变得比以往更加软弱无力，但个体是群众的一员，“我们”这个词似乎获得了意志。

但这种意志不可能源于没有个性的群众。它是由宣传煽动唤起和操纵的。群众需要想法和口号。必须得有人告诉他们，他们才知道想要什么。但是，灌输给群众的东西，必须已经在群众中有所基础。如果政治家、思想家、艺术家、诗人想要有所影响的话，就必须借助群众的力量。人们永远无法预言，这将会是怎样的力量。领导者诉诸何种推动力、价值判断和热情，这决定了他们的特征。领导者们在群众中唤起的东西会对他们施加反作用。群众决定了领导者本身必须是什么样，以及他们为了响应群众必须变成什么样。领导者是群众意志的代表——如果他们没有变成指挥大批奴隶的独裁者的话。

然而，群众是一个多义的概念[①]。群众可以单纯指大量人口（在这个意义上任何时候都存在群众）；也可指人们在矛盾尖锐的形势下，受到暗示所表达的暂时意见及做出的行为（这个意义上的群众会突然出现并且也会突然消失）；还可指大量或平均水平的人

① 关于群众，参见勒庞（Le Bon）的《群众心理》（*Psychologie der Massen*）；奥特加·伊·加塞特（Ortega y Gasset）的《群众的反叛》（*Der Aufstand der Massen*）。——原注

显现出的劣性（Minderwertigkeit），这些人的此在通过其所能施加的群众压力而决定一切（这个意义上的群众是社会处境在特定条件下的显象，绝不是不可改变的劣性）。

须将群众和人民（Volk）区分开：

人民可以划分成不同的类别，人民能够意识到自己的生活方式、思维方式和传统。人民有丰富的思想内容，有品质，他们处于集体的环境中。人民中的个体具有个人特点，这种个人特点来自承载他的人民的力量。

相反，群众是不可再划分的，他们没有自我意识，是大量而同质的。群众缺乏特性、传统和基础，是空洞的。他们是宣传煽动和暗示的对象，没有责任感，生活在最低的意识水平上。

当人失去真正的世界、失去他的根源和基础，变得可以随意支配和替换的时候，群众就产生了。而作为技术带来的后果，这种情况今天正在加剧：变得狭隘的视野；短视、缺少记忆的生活；强制进行不知意义的劳动；打发空闲时间的消遣；将精神刺激当作是生活；打着爱、忠诚、信任的幌子行欺骗之实；背叛，特别是青年时期的背叛行为，它使人变得玩世不恭——做出这些行为的人，自己都将无法再尊重自己，他们踏上了一条路，这条路将途经以活力和叛逆为表象的绝望，通向遗忘和冷漠，通向一种人类共同生活的状态，这个状态就如同由人堆砌而成的沙堆。在这个状态下，人变得可以随意利用、驱策和放逐，衡量人的标准成了数字以及可计算的、通过测验而得到确定的特征。

这时候，个体既是人民，也是群众。但是，他作为群众和作为人民的感觉是完全不同的。形势逼迫人变成群众，但人自己坚持要做人民。下面，我用一些比喻来形象地说明这点：作为群众，我追求普遍性、流行、电影院和纯粹的今天；作为人民，我想要实实在在有血有肉的东西、无可替代性、生动的剧院、历史中的当前。作为群众，我懵懵懂懂地为指挥台上的明星鼓掌喝彩；作为人民，我在内心深处体验超越生活的音乐。作为群众，我在数字中进行思考、积蓄、失去个性；作为人民，我在价值层级和结构中进行思考。

须区分群众和公众。

公众（Publikum）是人民转变为群众的第一步。公众是诗歌、艺术、文学的反响。当人民不再生活在集体的环绕之中时，不同公众便各自以极大的规模逐渐发展起来，他们像群众一样难以理解，但却是精神事物自由竞争的公开场地。当作家自由的时候，他为谁而写作？今天，作家不再为人民写作，也还不是仅仅为群众而写作。他追求公众，如果成功，便赢得自己的公众。人民拥有能长久陪伴他一生的书籍，而公众则喜新厌旧，缺乏特性。但是，凡有公众的地方，才有公开而活跃的气氛。

今天，人民转变为公众和群众的步伐是不可阻挡的。形势通过群众左右事物的进程。但是，群众绝非最终形式。群众是人性瓦解过程中的此在方式。群众中的每一个个体依然是人。而问题在于，能够最终使人们从群众存在中重新赢得人性的新开端，能够从个体、从内心深处——今天，内心深处作为“私人的”东西常常遭到无端轻视——中发展到何种程度。

我们能够站在过去的顶峰俯瞰过去。然后，我们会发现，群众此在很少传递给我们历史的信息，仿佛在群众此在宽广的基础上，是崇高的精神创造产生了真正的历史。这种创造是个体的生活和影响，这些个体在贯穿时间的延续性中相互呼应，或是作为朋友，或是作为对手。但是，每个个体都有所属的集体；每个个体都拥有自己的听众，而他也会倾听其他人的声音；每个个体都有珍视他的人、有自己的朋友圈；在拥有共同语言和精神传统的意义上，每个个体都有自己的人民，每个个体都有自己的公众。

然而在今天，这种集体不可避免地成了整个世界，而世界又是由群众决定的。只有群众接受的东西才能够留存下来。今天的历史道路必然要经过群众，或者看起来要这样。大众教育可以将大批人引上通往精神贵族的道路——而这实际上是一种在任何时代都具备的挑选过程，它可以产生没有世袭权力和特权的、新的、事实上的贵族阶层——废除社会压迫和政治恐怖可以使愤怒和消极的思维方式消失，而这种思维方式会首先攫住群众。

学校，是在自由竞争中完成的挑选过程，是对永远存在不公平的人类状况进行的不断改良，以使其在社会层面上更加公正。学校可以在持续的张力中开辟一条通向不断增长的自由的道路。

假如学校失去作用，就可能在缺乏基础的群众此在中造成无法想象的可怕结果。所有渴望获得重视的人都会想与群众同行。有些人假定，群众会拥向某处，而真理就是了解群众去向哪里、追随群众的脚步。但是，群众不是个人，他们不知道也不想要任何东西，不具备任何思想内容，谁迎合群众的普遍心理冲动，谁使群众的热情感到满意，群众就会成为谁的工具。群众可能会轻易地停止思考，陷入仅仅是为改变而改变的陶醉中，义无反顾地追随将他们带向地狱的煽动者。缺乏理性的群众和指挥他们的暴君之间可能会形成相互影响的状态。但同样有可能的是，在群众本身中发展出理性奋斗的真正精神劳动，这种劳动会随着现有状况逐步发生变化而实现。无人可以在整体上通观这些变化，而在这些变化中，有如此多的理性存在，因而使有秩序的此在、自由劳动和自由创造有极大的实现可能。

假如曾经局限于贵族阶层的东西能在群众本身中实现，那么世界或许将会走向历史的顶峰：教育；有规矩的个人生活和思维方式；学习能力、参与到精神之中的能力、深入思考的能力、斟酌权衡的能力以及在相互批判，但同时又相互一致的对立者构成的最激烈的张力中历史地找到理性事物的能力。

然而，这是我们今天面临的巨大危险：之前的所有历史及事件很少触及人性实体，而现在这种实体本身看起来已经开始动摇，其核心受到威胁。所有人身上共有的不稳定性提出了这样的问题：现在，在知识和技术的基础上，从人本质的起源出发，人会将自己的此在变成什么样子？与此同时，形势迫使我们走上不可避免的群众之路。

1.2 传统价值的消解

过去，宗教与社会总体状况相关联。社会总体状况是宗教的基础，而宗教则反过来证明社会总体状况的合理性。人每一天的生活方式都嵌置在宗教之中。宗教对生活来说就像是理所当然又无处不在的氧气。而今天，宗教是供人选择的东西。它保留在世界上，但它已不再充满这个世界。不仅各种宗教和教派并存——单是这种并存状态已使其相互质疑；更重要的是，宗教本身已成为一个从其他生活领域中挤出来的特殊领域。越来越多的人感到传统宗教无法令他们信服：几乎所有要求独占绝对真理的教义和启示都没有人相信。就连大多数基督徒实际上也过着与基督教教义不符的生活，人们不会注意不到这种对教义的疑义。今天，作为令人信服的榜样而言，毫不怀疑地将教义作为真理的基督徒生活或许还能实现，但这种生活在群众中已经不再存在。

自轴心时代以来，在一切有人思考和写作的时代里都有怀疑。但是，现在发生的这种信仰消解已不再是个别古怪的人或某个小圈子的事了。它在整体人口中酝酿。虽然信仰缺失的基础在任何时代中都存在，但人们背离信仰的现象一直只出现在极小的范围内。在过去的劳动和生活条件下，人们在与宗教的联系中保持安全感。然而，技术时代的条件不同于以往，它们促进了虚无主义在已变为群众的总体人口中爆发。

此外，对科学的误解也促进了任何时代都具备的信仰缺失基础。而对科学的误解是通过群众产生的。这证实了培根的话：一知半解导致无信仰，完整的知识通向信仰。

我们时代不断加剧的信仰缺失带来了虚无主义。尼采是它的预言家。尼采第一个看到了虚无主义严重的灾难性，揭示了它的所有表现形式。而作为他所处时代的牺牲品，尼采本人也忍受了虚无主义的痛苦，并付出极大努力尝试去克服虚无主义——但这是徒劳的。

以前，处于零星萌芽状态的虚无主义是软弱无力的，而现在，它已成为一种占统治地位的思维方式。今天看来，自轴心时代以来的全部传统都可能走向消亡，从荷马到歌德的历史都可能陷入遗忘。这给人一种感觉，仿佛人性正遭受覆灭的威胁。无论如何，我们无法预知或想象，人类在这样的条件下会变成什么样。

今天，一种哲思的吸引力贯穿全世界，这种哲思在虚无主义中找到真理，它肯定所有的冷酷和无情，在所谓的纯粹世俗人道主义中，号召人们成为一种没有安慰和希望的奇异的英雄此在。这是对尼采的模仿，但却不具备尼采克服虚无主义的意志中那种扣人心弦的张力。

然而，虚无主义的基本态度是人无法忍受的。在普遍信仰缺失的情况下，人反而会沉湎于一种盲目的信仰。这样的信仰是一种强行找来的替代物，它是脆弱的，人们可能会突然放弃它；它可能具备最奇异的内容；它可能就好像是对某种单纯运动的空洞信仰。这种信仰把自己说成与自然或世界历史合而为一，并将自己定位成救赎计划。它将自己隐藏在伪科学的全面直观中，隐藏在马克思主义中，隐藏在精神分析中，隐藏在种族理论中（它们的科学元素很少纯粹地显露出来，但同时也是不容置疑的）[①]。

我们可以对这种信仰消解的典型显象做一些描述。

在意识形态中进行思考。意识形态（Ideologie）指思想或观念的复合体（Gedanken-oder Vorstellungskomplex），它把自己作为阐明世界以及人在其中处境的绝对真理展现给思考者，然而通过这样，它使思考者或为替自己辩护，或为掩饰，或为回避，在任何有利于自身现实的意义上进行自我欺骗。因此，将一种思考理解为意识形态，就意味着掀开错误的面纱或是将丑恶暴露出来。将一种思考称为意识形态，是对其虚伪和不真实的指责，因此是最猛烈的攻击。

---

① 参见第 262 页脚注。——原注

我们的时代在产生意识形态的同时，也识破意识形态。但是，从黑格尔直到马克思和尼采，他们在这个意义上以深刻洞见所取得的成果，变成了阻断交流的言论战中的粗暴武器。这种攻击方法针对反对自己的人，针对所有与自己不同的观点。但是，把一切人们相信、思考和想象的东西，统统当作是意识形态而加以摒弃的人，往往自己才是最顽固的意识形态阐释方式控制下的人。

勇敢的自我反思是一切真实性的前提条件，但它却沿着意识形态理论的道路退化了。诚然在心理上发生了无限的颠倒（Verkehrung）、排解（Verdrängung）和掩饰（Verschleierung），并且它们作为整个阶层的类型特点而获得了社会学意义，比如在资产阶级时代，人们在与性有关的方面的不诚实、取得经济成功后的自我辩护、特权阶层对现存状况的合法化。但是，揭露（Entschleiern）的方式本身需要立即得到揭露。当我们的时代从克尔凯郭尔和尼采的高度出发，将这种揭露性（entschleiernd）的思考在揭穿性（entlarvend）的思考中推向极端，那么它就不再是揭露，而会变成恶意的攻击；不是批判性的研究，而是暗示；不是经验的具象化，而是通过某种方法获取了可信度的纯粹断言。于是，深入认识真理的方法就陷入了低端精神分析和庸俗马克思主义中。当揭穿性思考本身变成教条时，它就彻底失去了真理。一切都是意识形态，而这个命题本身也是一种意识形态。除此之外什么也没有留下。

然而，今天意识形态形成的规模也许确实特别庞大。因为在希望的缺失中人们产生了对幻想的需求，在个人此在的枯燥乏味中产生了对轰动事件的需求，在软弱无力中产生了比暴力压迫更加软弱无力的人的需求。

如何在做出卑劣行径的同时抚慰自己的良心，下面这些理由为我们提供了例子。

如果国家犯下了明显的罪行，那么理由会是这样：国家从它的源头上就是罪恶的，我也是一个罪人，我遵从国家的指令，即便这些指令是罪恶的，因为我不是更好的人，也因为这是国家义务所要求的。但这一切都有利于说出这些话的人，他参与了犯罪，也是受惠者，他以扭曲的面目展示他的痛苦，但这不是真正的痛苦，而是姿态。他用承认有罪来减轻自己的负担。

当人参与了可怕的行动，他会说，生活是无情的。实现国家和信仰的崇高目标，实现即将到来的、最终的自由和公正的世界，这都要求我们冷酷。然而，人会用无害的、他喜欢的那部分冷酷对待自己，并用这部分冷酷来为自己要求冷酷的真实性提供假的证明，而事实上则是在掩饰自己无条件的此在意志和权力意志。

在那些可怕的事情发生时，人在享受偶然的有利形势时，对自己的谎言是有意识的。这时，人想要看到那些他自己没有准备好去做的事、那些他自己不想要经历或是承受的事，想要看到那些他自己无法成为的人。人渴求殉道者。人因自己具有成为殉道者的可能性而感到如此振奋，就好像他通过这样已经成为殉道者一样。人抨击其他人不是殉道者。人陶醉于那些看起来与他所渴求的形象相符的人的命运，但是他自己绝不想要成为这样的人。这种颠倒的程度如此严重，以至于人们自己作为同时期的人几乎不去重视且自己首先不去做的事情，过后却被树作榜样，被用来激愤地反抗环境。

我们将不再继续，这类与事实相符的阐释是无止境的。只有当揭穿性的思维类型（Denktypus）一般化时，传统内涵的消解才会在其中显露出来。时代为自己的行为发明了理论。但很快，理论本身就成了加剧祸端的手段，而这种祸端本来正是理论斗争的对象。

简化。简单（Einfachheit）是真实事物的形态。简化（Simplifikation）则是一种暴力强制，在我们已经失去简单之后，简化取代了简单原有的位置。简单是可以无限解释的，它是小中有大，是充实的、运动的。简化的方法是有限的，它是一根线，这根线把人当作傀儡一般操纵。简化是不可发展的，是空洞且僵化的。

我们的时代是简化的时代。口号、解释一切的普遍理论、粗劣的反题（Antithese）都获得了成功。简单形成于神话式的象征之中，简化则依从伪科学的绝对性。

源于否定的生活。凡信仰不再是生活内涵的基础之处，就会只余有否定（Negation）的空无。当人不满于自身时，便会归咎于他人。如果一个人没有任何倾向或信仰，那他至少是某种事物的反对者。人们将所有的祸事全都推在一个幽灵头上。这个幽灵的名字要么取材于呈现在理论认识中的历史形成物——一切罪责全在于资本主义、自由主义、马克思主义、基督教等；要么以个体的形态落到软弱者头上，将他们充作替罪羊——一切罪责全在于犹太人、德国人等。

人们将那些与罪责有不可割裂的内在关联的事物，那些在因果性或责任意义上扮演着重要角色的事物，不加批判地揉进一个唯一确定的他者的罪责中，并将之混为一谈。这个他者不是人们自己。对人来说，重要的只在于获取表达他的否定态度及抨击的手段。而在此过程中，精神概念成为旗帜和符号。人们像是使用假币一样使用词句，在保留曾经附着在它们之上的感觉（自由、祖国、国家、人民、帝国等等）的同时，在颠倒的意义上使用它们。各种宣传方法以诡辩的方式毁掉了语言，这使人们最终不再明白词句到底意味着什么。在不确定性导致的困惑中，人们讲话只是为表达一种否定，表达反对意见，而人们之所以抱有这种反对意见，并不是出于他们对另外某样事物的真正肯定。

2. 问题：当前形势是如何产生的？

我们无法从单一的成因中把握危机的源头。与历史变化相关联的物质和精神事物交织出一张无限的网，在这张网中，我们只能将一些个别的线索当前化。所有全面的或是从单一因果性出发的理解都被证实是错误的。

我们甚至无法清晰地认识一个时代的整体事实，只能多多少少认识一些这个时代中至关重要的特殊现象。对我们的意识来说，我们认识得越多，整体的秘密就会变得越大。

现在，技术时代带来的转折变得异常深刻，所有人类此在都受到了它的影响。我们从技术时代中赢得了我们的一切，即便是那些并非由技术时代所产生的东西，也都经过了它的改造。但我们必须避免将复杂的人类事物进程全都归结于技术这一个因素。早在技术产生今天的影响之前，造成当前精神形势的运动就已经在进行了。技术之所以能产生影响，之所以为人所接纳，其原因就在于这个精神的世界，在于与技术有关的思维和生活方式。

技术时代带来了巨大的危机。马克思和恩格斯之所以能够取得一种完全透彻的认识，在于他们看到了这个新的东西。但这个新东西绝不是精神上的新的人性。如果这么理解，就会造成巨大的混淆。

人们谈论新的人类意识、新的人类、精神创造、真理和解脱，人们展望一个光明的未来，但这样的言论暂时都只实现了心灵白板（tabula rasa），是日益丧失意识的表现。人们大张旗鼓地将那些缺乏理念来充实的东西当作理念来宣传。在这些误导者的影响下，世界成了小打小闹的实干家和听话的阴谋者的舞台，他们不知真与伪、善与恶之间的区别，只是权力运转下的工具。

或者，人们谈到信仰缺失，将它看作是技术造成的后果，认为技术把所有人从其基础上剥离出来，把所有人从一切安全状态中拉扯出来，仿佛把所有人都放到一个空旷的房间里，剥夺他们的灵魂和呼吸的空气，只给他们留下在机器运行中用得着的东西。

但是，那些发生在技术时代的事物、受技术影响促进的事物，它们还有其他完全不同的前提条件。在技术改变世界之前，一种导致我们现状的精神运动早已开始。17 世纪末启蒙运动引起的巨大变革、法国大革命以及德国唯心主义哲学带来的具有双面性的危机意识和圆满意识，这些都是不依赖于技术的、将我们一步步引向当前形势的因素。

启蒙运动：信仰缺失被视为启蒙运动的后果。人们了解得太多，熟悉许多危险的书籍，而这些书籍的内容又进入报纸杂志之中每日影响着人们，因而人们不再信仰任何东西。另一方面，对陌生文化及其宗教信仰的发现致使人们将其与自身文化和宗教信仰进行比较，而这种比较导致了对自身信仰的怀疑。但是，这一条道路并非必然通向信仰缺失。只有不完全的、使人误解的启蒙才导致虚无，而完全的、不受限制的启蒙才能真正使人们听到起源的秘密。

有人进一步提出这样一种辩证的论点，认为源于基督教的精神发展在信仰的动机推动下，导致了对真理的彻底揭示，这样，基督教就用自己的力量反过来攻击了自身。但是，这一条道路也并非必定导致信仰缺失。虽然在危险且痛苦的重铸过程中，教条会失去地位，但圣经宗教的变革仍是可能的。

法国大革命：不论这一事件是表达了现代危机，还是引发了现代危机，直至今天，人们对它的解释仍然是矛盾的。

康德感动于这一理性的尝试，他坚持己见，从未改变过对法国大革命的高度评价："它永不会被遗忘。"与康德相反，伯克[①]从最一开始就是一位既目光敏锐，又对这场革命充满厌恶的批判者。一些人在法国大革命中看到18世纪的美好精神发展和奋斗成为现实；而另一些人则在其中看到这些发展和奋斗走向了反面，走向了毁灭及腐化，他们在法国大革命中看到了一场灾祸——这场灾祸不仅没有使18世纪获得圆满，反而使它受到了动摇。

法国大革命是在封建主义和绝对君主制度的土壤中形成的，因此，作为一个本质显象，它并不是普遍的欧洲进程，而是局限在这一类型的地区之内。瑞士和英国的精神没有受到它的影响。

然而，建立在封建主义基础上的法国大革命始终是一个具有双重性的显象，因为它虽然追求自由和理性，但却给予专制主义和暴力以空间。法国大革命在两方面上决定了我们的思考：一方面是反对压迫和剥削的恶，为每一个人的人权和自由去斗争的权利；而另

① 埃德蒙·伯克（Edmund Burke，1729—1797），爱尔兰演说家、政治家、哲学家，著有《对法国大革命的反思》等。——译注

一方面，它带给我们一种错误的观点，即认为世界能够整体建立在理性上，而不是非暴力地运用理性去改变历史的约束、权威和价值秩序。通过摧毁自由和约束的理性统一，法国大革命一方面传递了专断的自由，另一方面则传递了暴力的自由。

法国大革命是在缺少基础的理性信仰中狂热地形成的，它不是现代自由的源头，现代自由的基础不如说是与英国、美国、荷兰和瑞士的真正自由一脉相承的。从这个意义上来说，法国大革命即便有着英雄般激昂的开端，但依然是现代无信仰的起源及表现。

哲学唯心主义：德国唯心主义哲学——特别是费希特与黑格尔——提升了哲学的自我意识，带来了所谓的全面知识（Totalwissen），这种全面知识知道上帝是什么、上帝想要什么，并且不对任何事物感到惊讶，因为它自认为自己占有绝对的真理。这种伪信仰势必会转变为信仰缺失。这种哲学虽然在特殊事物上发展出了不可磨灭的见解，它是人类思维的天才显象之一；它在思辨上的伟大是无可置疑的。但是，它把对世界的不信任正当化，而这种不信任错误地蔓延到全部德国哲学中。在这里，天才的傲慢和误解成了前所未有的诱导。凡是享用了这份诱惑饮品的人，凡是迷醉其中的人，都会成为毁灭信仰的推手，因为在一场高级的精神烟花中，以清醒为前提的信仰丧失了。

但是，即便是这些事实——启蒙运动、法国大革命、德国的唯心主义哲学——也还不足以解释我们的精神形势。它们看起来不大像产生危机的原因，反而更像是危机的最初显象。信仰缺失是如何产生的？这仍然是一个具有迫切性，并且没有得到充分解答的问题。这个问题里蕴含着一种希望——通过正确解答这一问题来战胜信仰缺失。

假如某些对历史进程以及我们现状源头的形而上解释是正确的，那么，这种希望就会失去一切实现的可能性。这些解释认为，一个完全困惑的时代是丧失本体的结果。它们设想出一个不可阻挡的全面进程（Totalgeschehen），克拉格斯[①]最终用这句话将其表达出来：地球的实质（Erdessenz）在 19 世纪 80 年代已经离开了地球。

然而，丧失本体这种不明确的想象看起来是不能接受的。这种想象不是洞见，而是对彻底悲观的见解的一个譬喻。与其说它阐明了问题，倒不如说它掩饰了问题。但是，我们一再不由自主地产生一种关于未被认识的全面进程的理念，这个全面进程并非是类似生物发展过程的自然进程，也绝不是有形的、明确具体的进程，并且它不是本体进程，而是一种统摄（Umgreifende），我们身处其中，但却不认识它。它是世界历史的秘密，我们深化了它，但却没有解开它。如果我们在保持开放的认识可能性的同时，不想为了次要的东西而放弃我们本质与意愿的自由、我们选择和决断的自由，那么在设想这个秘密的时候，我们就不能屈从于任何一种看似在整体上具有必然性的构想。

相比任何所谓的全面知识，我们宁可要简单的想象（但在这种想象中也不存在解开秘密的钥匙）：人不可改变的恶将人不断引向无意义的战争，然而在今天，这些战争不仅在范围上，也在破坏程度上有了量的提升。这种提升的结果不仅带来了文明堕落的显象，

① 路德维希·克拉格斯（Ludwig Klages，1872—1956），德国心理学家、哲学家、笔迹分析理论家。——译注

同时也是精神堕落的显象之源。

我们不可能找到一个充分的答案来回答什么是危机和信仰缺失的源头，无论我们有否通过经验上的因果关系进行尝试，有否从精神上对此加以理解，抑或形而上地对此进行阐释。

3. 小结

现在，全人类、所有古老文化都一同卷入了毁灭或是革新的潮流之中，我们在最近几十年中才意识到这一事实的重要性。我们年长些的人在孩童时期还完全生活在欧洲意识之中。过去，中国与印度是陌生的、未被触及的，是属于它们自己的世界，我们在历史中不会了解到它们。而那些感到不满，或者境遇不佳的人会迁居到其他环境中。世界是开放的。

直到 1918 年，高延①在他一本关于中国的书（《道同主义》②）中所写的这段话对我来说还是一些全新的东西，给我留下了深刻的印象："道同的体系是中国精神文化发展所能达到的顶点，健全的科学是唯一能够削弱这个系统，并使它衰亡的力量。如果中国迎来严肃发展科学的时代，那么在中国的整体精神生活中无疑会发生一场彻底的变革，它或者使中国完全陷入脱节，或者使中国经历一场重生，重生之后，中国将不再是中国，中国人也将不再

① 高延（Jan Jakob Maria de Groot，1854—1921），荷兰汉学家、宗教史学家。著有《道同主义——中国的宗教和伦理、国务和各种科学之基础》等。——译注

② 指《道同主义——中国的宗教和伦理、国务和各种科学之基础》（*Universismus, die Grundlage der Religion und Ethik, des Staatswesens und der Wissenschaften Chinas*），1918。——译注

是中国人。中国本身没有能够填补旧系统位置的第二套系统；因此，旧系统的崩溃必会导致解体和混乱，总之，这种结果完全印证了他们自己的圣人学说的主张——如果人类失去了道，灾难和覆灭就是不可避免的……假如世界的秩序决定了无情的破坏还将继续，中国古老的道同文化即将随之走向末日，那么，至少在这种文化的末日中，它那数以百万计的、在外国影响下早已陷入不幸的人民不必一同走向毁灭。”

这是一个奇特的世界显象——在技术时代来临的前夕以及同时，地球上普遍出现了精神和心灵的衰退，今天，这种衰退也已成为一种欧洲显象，虽然当中国和印度自 17 世纪起就在不断走下坡路时，那时的欧洲在精神上还繁荣了一阵。在欧洲以战争技术暴力地征服这些民族时，他们正处于自身精神文化的低谷。欧洲遇到的不是强盛的，而是几乎忘却自身的中国和印度。

人类实在的统一今天才第一次出现。其表现在，不论在哪里发生了重大事件，都会牵涉到所有人。在这种情况下，欧洲人的科学及发明引起的技术变革只是造成精神灾难的物质基础和导火索。至于这个已拉开序幕的重铸进程会取得怎样的成果，高延在 1918 年时只谈到了中国：这之后，中国将不是中国，中国人将不再是中国人。或许，他的这句话对全人类都适用。与欧洲人在高延时代的感受相比，欧洲也不再是欧洲，欧洲人也不再是欧洲人。但还会有新的中国人、新的欧洲人，而他们的样子我们今天还无法看到。

我们身处时代的转折点，从这一历史形势带来的经验出发，我们不断将目光投向过去。对于这个问题：从前是否已有过这样的根本转变？我们的答案是：我们不了解普罗米修斯的时代发生了什么，人类在那个时代通过工具、火和语言获得了自己的世界。但在历史之中，最大的转折是我们探讨过的轴心时代。如果我们现在正在迎来人性新的根本转变，那么它将不是轴心时代的重复，而是一个在根本上完全不同的进程。

首先是**外在**的，轴心时代发生在三个相互独立的世界中，它是相对普遍的。我们的技术时代与之不同，它是绝对普遍的，因为它具有全球性。技术时代不是在意义上相互关联，而在实际上相互分隔的进程，它是一个处于不断地相互交流中的整体。今天，技术时代伴随着对普遍性的意识进行。它必然会给人性施加与此前完全不同的决定性影响。过去，所有转折时期都是局部的，并且能够通过其他地区、其他文化的其他事件得到补充。因此，即便这些转折失败了，仍然存在通过其他运动拯救人类的可能性。而现在发生的进程具有绝对的决定性。置身局外已不复可能。

然而从**内在**看，技术时代与轴心时代明显不同。那时是充盈的，今天是空虚的。如果我们对这个转折有所意识，我们便会知道，我们只处在转折的准备阶段。现在的时代仍是实在的技术和政治变革的时代，而不是永恒的精神创造的时代。我们的时代拥有杰出的科学发现和技术发明，与其拿它与孔子、老子、释迦牟尼和苏格拉底①的时代相比较，不如说它的对照物是发明工具和武器、第一次驯养家畜和马匹的时代。然而在当下，追溯起源的趋势愈演愈

① 苏格拉底（Sokrates，公元前 469—前 399），古希腊思想家、哲学家、教育家，和他的学生柏拉图，以及柏拉图的学生亚里士多德并称为“古希腊三贤”，被广泛地认为是西方哲学的奠基者。——译注

烈，这显示出，我们正在接近再次从人性起源中塑造人性的崇高任务，并且我们察觉到了关乎人类命运的问题，即我们怎样才能够带着信仰成为真正的人。产生我们的深层基础，和隐藏在二手知识、套话、社会规范和制度的重重帷幕之下的本真（das Eigentliche）应当再次得到发掘。在我们从自己的来处理解自我的过程中，作为一面镜子，人类伟大的轴心时代或将再次成为至关重要的校验之一。

第三章　未来

旨在涵盖整体人类事物的历史直观必会包含未来。创世与末日审判之间的基督教世界历史图景就是这样的一种历史直观。

即使人们不相信这种基督教的历史图景，它里面依然包含着一条真理：放弃未来相当于使关于过去的历史观成为已经圆满的定局，因而会产生谬误。没有任何一种哲学的历史意识是缺少关于未来的意识的。

然而，我们无法研究未来。只有事实，也就是已经发生的事情才可以供我们进行研究。但是，未来隐藏在过去和现在之中，我们可以从实在的可能性中察觉它、设想它。事实上，未来意识任何时候都在支撑着我们。

我们不应任由这种未来意识随意演变为美好的愿景或恐怖的幻想，而是应当首先研究过去事物，然后彻底把握当前事物，并以此为未来意识奠定基础。重要的是，我们要透过当前的斗争，察觉到其中更深层次的斗争，这种斗争涉及人性本身。

于是，对历史意识而言，重要的不再仅是已经发生的，与当前斗争无关的历史所具有的客观性，当前更会成为历史意识的起源和目标。

从未来的角度出发观察当前事物，与从过去的角度出发观察当前事物具有同等关键性。关于未来的思想掌控着我们看待过去和现在的方式。

预测性的历史思考决定了我们的行动。被忧虑和希望所震撼的灵魂使我们的目光变得敏锐。否则，我们会无视那些忽然显露出来的潜在图景，而任由事物自行发展。

* * * * * * * * * * *

我们来回忆一些人们在过去做出的预测，今天我们已经可以校验它们的真实性，而其中的个别预测就像是可怕的预言。自 18 世纪起，未来就成为有意识的思考对象以及建立在经验基础上的幻想对象。自那时起直到今天，预测未来一直是一个宏大的主题。

在 18 世纪，许多人都经历着把他们从已失去灵魂并被滥用的权威中解放出来的进程，见证着前所未有的科学和技术成就，目睹着财富不断增长，他们的生活洋溢着对这些成绩的欢呼赞叹，就好像进步得到了保障，一切都会越来越好。人们毫不忧心未来。

法国大革命之后，情况变得不同了。对未来的悲观主义情绪不断增长，并贯穿了整个 19 世纪。

1825 年，**歌德**已经看到了即将到来的机器世纪：这个世纪属于头脑聪明的人，属于能轻易理解事物、善于实践的人，这些人做事更加熟练，即便他们并不拥有最高的天赋，但他们依然能够感觉到自己相对于其他人的优势。然而，歌德随后意识到还有更糟糕的事情：我看到一个时代正在到来，在这个时代里，上帝不再因人类而感到愉悦，为了使他创造的世界重新焕发活力，上帝不得不将人类再次打碎。

自此开始，我们可以看到一系列著名的预测，我们从中选取一些放在这里：

1835 年，**托克维尔**[1]写道 [《论美国的民主》(*Die Demokratie in Amerika*) 吕德尔德语译本，1836]："一个时代即将来临，在这个时代里，人们将会看到北美的 1.5 亿人之间彼此平等，同样的思想以相同的形式在他们当中传播。其余的虽尚难断言，但这一点是肯定的：世界上会出现一种全新的情况，就连幻想力也无法清晰地设想出这种情况以及它的后果。

"当今世界有两大民族，他们从不同的起点出发，却向着同样的目标迈进，这就是俄罗斯人和盎格鲁—美利坚人。

"两个民族都在人们未加注意的时候成长起来，当人们的目光流连他处时，他们突然跻身于各民族的最前列，以至于公众几乎是同时得知了他们的兴起和他们的伟大。

"其他所有民族似乎都差不多到达了自然给他们规定的界限，他们的职责就是维持现状。而这两个民族仍在不断壮大。其余民族都陷入了停滞，只有这两个民族迈着轻快的步伐沿着一条还看不到终点的道路前进。

"美国人斗争的对象只是自然设置的障碍，相比之下，俄罗斯人更多的是在与人做斗争。前者反抗荒漠和野蛮，后者则被指责与文明为敌。美国人主要用犁来征服他的世界，而俄罗斯人则在他的

① 阿历克西·德·托克维尔（Alexis—Charles—Henri Clérel de Tocqueville，1805—1859），法国历史学家、政治家，政治社会学奠基人，著有《论美国的民主》《旧制度与大革命》等。——译注

现有疆域之外靠战士的剑四处征伐。

“为了达到目的，美国人依靠的是个人兴趣，并且不加引导地任由个体发挥其力量和理性；相比之下，俄罗斯人则在一定程度上将国家的全部权力都集中在一个因性格而受到崇敬的独裁者手上。美国人取得成就的方法是自由，俄罗斯人则是奴役。

“两个民族从不同的起点出发，他们的道路也不相同；尽管如此，他们二者似乎都受到了我们还不知道的天意指引，注定要各自执掌半个地球的命运。”

关于未来，**布克哈特**1870年在他的《世界历史沉思录》[（*Weltgeschichtlichen Betrachtungen*）**该部分在维尔纳·凯基**[①]**版首次见印，伯尔尼，1941年，第218页**]中如此写道：

“顺从将取代理性推断、整体和一体将取代个人和众人占据支配地位。

“纯粹的此在将取代文化再次成为问题的焦点……

“国家将再次统治文化，甚至按照自己的趣味（Geschmack）对文化进行多方引导。或许文化本身会主动遵循国家的意愿发展。

“首先，国家将不断以最有力的方式提醒人们，获得（Erwerb）和交往不是生活中最主要的事。

“科学研究及传播，甚至是艺术，这类奢侈的活动或将会经历大范围消亡，而那些留存下来的则必须付出双倍努力。

“冷酷而合乎目的的生活将是生活的主导类型。

---

① 维尔纳·凯基(Werner Kaegi,1901—1979)，瑞士历史学家，著有《雅各布·布克哈特传》。——译注

“升级的战争将会完成剩余的任务，以将事物的这种状况固定下来。至于国家本身，在很长时间内，其他的意向将不再能强占它，这就是它将会逐渐形成的面貌（Physiognomie）。

“任何一种来自自由理想的抗争只有以超人的力量和努力为前提才能取得成功。”

1872年，他在一封信①中写道：“现在，军事管理必会成为所有此在的典范……在国家和行政机器中……在学校和教育机构中。最值得注意的事将会发生在工人身上；我有一种预感，眼下听起来完全像是一些蠢话，但它不断萦绕在我脑海中：军国主义国家必将变成一个大工厂主。拥挤在那些巨大车间里的人们不会永远都囿于贫困与贪婪而听任摆布；一种困苦将日复一日、千篇一律地伴随着擂鼓声开始和结束，这种困苦的程度是受管控的、确定的、不断升级的。从逻辑上来说，这似乎是必然发生的。”

尼采勾勒出的时代和未来图景是这样的：机器产生的影响及其对一切此在具有的典范性；群众的崛起及其均质化；此在的表演性（das Schauspielerische），一切都变得虚假，再没有什么是真实的；迷茫取代思考成为生活要素——“上帝已死”。虚无主义正在抬头：“长期以来，我们整个的欧洲文化伴随着每十年升级一次的紧张局面所带来的痛苦前行，就如同朝着灾难移动；不安地、暴力地仓皇行进；犹如一条想要涌向尽头的河流，它不再思考，它害怕思考。”

尼采将未来人类的图像呈现在怪诞的景象中：“地球变小了，最

---

① 即布克哈特于1872年4月26日写给弗里德里希·冯·普林(Friedrich von Preen)的信。——译注

后一个人在上面蹦蹦跳跳，他把一切都变得很小：他的族类像跳蚤一样无法根除；最后的这个人活得最久。

“我们发明了幸福——最后的人们说，并眨了眨眼睛……

“偶尔来一点毒药：这把人带入舒适的梦乡。最后多来点，就可以走向舒适的死亡。

“人们依然劳动，因为劳动是一种娱乐。但是人们得小心不让娱乐给自己带来损害。

“没有牧羊人，只有一群羊！每个人的追求都一样，每个人都是一样的，谁有不一样的感觉，谁就自愿去精神病院吧。

“以前整个世界都疯了——最机敏的人们说，并眨了眨眼睛。

“人们很聪明，他们知道所有发生的事情：因此他们不停地嘲笑。

“我们发明了幸福——最后的人们说，并眨了眨眼睛。”（查拉图斯特拉①）

自此以后，描绘未来人类蚁式生活的图景屡见不鲜，在这些图景中，人的幸福感来自卫生秩序、细化到每个小时的规定和全面计划下的所有事物按量分配。

★ ★ ★ ★ ★ ★ ★ ★ ★ ★ ★

源于 18 世纪进步思想的图景与这些悲观主义构想形成了鲜明的对照。这类图景直到今天依然流行，它们描绘了即将到来的辉煌景象，描绘了一个和平、自由、公正的人类世界，描绘了一个各种

① 即尼采的《查拉斯图特拉如是说》。——译注

力量不断增长并保持平衡的世界秩序——这些模糊的图景描绘了正在到来的福祉，谁对现状感到不满，人们就会把这些图景指给他看。

进步思想的根源在于科学和技术，它的真正意义也只存在于这里。但即便是进步思想也会带来令人担忧的问题：对于未来科学研究能够获得的知识而言，会不会存在原则上的界限，就像技术能力一样？这个问题即——今天，科学仍然在繁荣发展并结出累累硕果，但它是否在接近终点，接近它无法再更进一步的极限？在这之后科学会不会在新的条件下再次重新开始？或者科学达到界限后会不会在总体上只是保留其成果，而这些成果随着时间推移不断丢失，直至科学成为一种满足此在必需的、带有技术产物和惯性思维方式的自动运作模式？任何想要预见到这些答案的努力都是徒劳的。一个人能够做的只是勾勒一些有趣的，能够自圆其说的乌托邦，就像半个世纪以来人们一直做的那样。

另一个问题：会不会有一天，人类将感到地球过于狭窄？对于人类来说，已再无出路，再无远方。在涉及空间和材料的方面，人类只能在圈子里打转。

即便在单纯保障庞大人群的此在方面，我们能否做出预测也是值得怀疑的。就算一种世界秩序得以实现，不再有外来野蛮民族可以对我们构成威胁，但我们依然要面对来自自然的威胁。很快，自然有限的可能性就会将历史带入新的形势。以当前的消耗速度，煤炭将在一千年后枯竭，石油耗尽的速度要比煤炭更快，而铁的储量只够再支撑两百年，对农业生产来说必不可少的磷告罄的时间比它们还要早。我们长期从铀矿中获取核能，而它何时耗尽，我们还无法计算。对任何一种资源来说，做精确的计算都是不可能的。但是，如果我们毫无顾忌地滥用这些有限的资源，那么我们有把握预言，这些资源将在可以预见的时间内消耗殆尽。

我们无法预言，到那时人类是否会重新回到五百年前的人口水平，或者人类是否能够找到新的出路。我们也无法预言，灾难性的崩塌将在何种历史显象和人类灵魂与精神特质的变革下发生，但这一点是一定的：那时，我们会再次失去稳定的状况。

* * * * * * * * * * *

在我们的时代，有大量的预测是在生物学基础上做出的。预测者把对个别物种的观察和所谓生命的总体进程移植到人类头上，并且在此基础上预言人类即将灭亡——除非人们通过生物学的计划和繁育来阻止这种命运。这种预测的出发点是一种在生物学思考中日益流行的总体直观。

于是，**人种混杂**成了招致毁灭的元凶，而种族纯净则成为具有高价值的前提条件。就算这些说法真的能找到依据（生物学的依据完全无法用于种族层面，事实上它局限在极难掌握的个体特征的遗传关联上），历史也更可能呈现出完全相反的结果。

于是，人类应该正处于普遍的**衰退过程**中，这种观点的基础是曾经对一个精神错乱的家庭做出的所谓观察。为明确证实这一观点所做的所有尝试都早已被驳倒。

于是，人们把动物的驯化结果拿来与人类做类比，认为人类会在他的**驯化**进程中丧失力量和纪律，因为秩序井然的社会为人类减轻了所有困难，而人过去正是通过克服这些困难才成为真正的人。

例如在野鹅中，“婚姻”是以配偶的某些素质为前提，在克服阻力的情况下结成的，一旦结成就会持续一生，并且带有抚育和保护后代的任务。相比之下，家鹅则随意配对，抚育后代的事可以交给养殖者，而它们只有一个任务，就是“不加选择，不加节制地进食和生育”——驯化了的人类也这样退化。然而，这样的类比是错误的（参见第 57 页）。

如果“种族”“遗传”“衰退”“驯化”针对的是人类整体进程，那么由它们引起的所有忧虑都是没有根据的。它们的意义十分有限。相比这些理论看到的危险，它们本身所造成的危险更要大上千万倍（由于从它们的谬误中产生的意向）。情况就好像是，人们用这些与客观自然过程相关、能够理解的忧虑来掩盖自己真正的忧虑，并以此寻找排解真正忧虑的办法，因为人们或许还能采取措施消弭这些自然过程带来的令人担忧的影响。

* * * * * * * * * * * *

然而，世界上出现了一种对人类未来的忧虑，它与迄今为止所有忧虑都完全不同。它是对**人性本身的忧虑**，这在布克哈特与尼采的著作中已经有所表述。这种忧虑源自一种可能性，即人类可能会丧失自我，陷入均质化和机械化（Maschinisierung），陷入没有自由和满足的生活，陷入没有人道的阴郁邪恶之中，这种陷落一方面是不知不觉发生的，另一方面则是通过暴力的灾难完成的。

人类能变成什么样子？今天，几乎是突然地，这个问题的答案透过恐怖的事实显现出来，而这个事实就如同一切最极端的可能性的象征：纳粹的集中营[1]及其酷刑，在这一切的尽头是为数百万人准备的毒气室和焚化炉，与之相应的还有对其他极权主义政权类似事件的报道，尽管只有纳粹做出直接用毒气室进行大屠杀的恶行。一道深渊已经张开大口。人们已经看到人类能够做出些什么。这些行为不是根据某个从最开始就在整体上制定好的计划完成的，它们是在一个圈子里完成的，每当有人走进这个圈子，它就越发不可控制。而这个圈子里的大多数参与者在还不知道他们将在不可阻挡的前行中承受或做出什么的情况下，甚至是在不情愿的情况下，就已经卷入其中了。

这似乎是可能的：在人肉体存活的同时毁灭他。我们不得不将此与精神病做比较。人能够患上精神疾病，这是可怕的，并且在一种不断和谐化的世界观中，这也是始终无法得到诚实面对的事实之一。我们的自然基础是这样的：我们可以在肉体还活着的时候，看到我们之间的交流中断，看到其他人滑向精神错乱。然而，这种极端显象的责任并不在于我们，并且精神疾病变成传染病的危险也不存在。但是，集中营里发生的灭绝人性的暴行并非是自然导致的，而是人自己做出来的，它可以变得具有一般性。这意味着什么？

在政治恐怖的条件下，人可以变得谁也预料不到。如果我们不是那些死去的或是幸存的人中的一员，那我们就只能从外部了解这些人身上发生了什么。一个人可能经历了什么，他如何忍受，如何

---

① 如果没有汉娜·阿伦特（Hannah Arendt）的洞见［《有组织的罪》（*Organisierte Schuld*），载于《变化》（*Die Wandlung*），第一辑，第650页，再版于汉娜·阿伦特的《随笔六篇》（*Sechs Essays*），海德堡，1948年；以及《集中营》（*Konzentrationsläger*），载于《变化》（*Die Wandlung*）第三辑，第309页］，我不会对文中所述观点有清晰的认识。——原注

作为，如何走向死亡，这一切永远是他的秘密。只从外部观察，一些显象会使人产生人性似已消亡的感觉：在那些积极分子身上，这种感觉几乎是令人确信的；而在那些纯粹的受害者那里，这种感觉则令人怀疑。身体上的病痛能把人折磨得像可怜虫一样，而这些受害者所承受的痛苦与任何病痛带给人的折磨都不同，都更甚。

而这一切发生的前提是积极分子（他们中的很大一部分本身是从拘留营中挑选出来的）中间已经形成了一种基础。在一切变为现实之前，这种基础就已存在于被社会边缘化的人中间，同时也存在于看似无害的可靠官僚和平静生活的市民中间，并且已经是令人恐惧的祸根了，而只有现在从结果中追溯时，我们才能感觉到这种祸根的存在。这种祸根是在不知不觉间成为现实的信仰缺失的；是在无意识的虚无主义下的信仰消失；是缺乏根基的生活或是由体面的社会规范操纵下的看似安全的傀儡生活，而这种社会规范下的傀儡生活可以不费力地变成集中营里的傀儡生活。

人被动地承受生活的折磨，这种生活每一分钟都在强制人成为条件反射的机器，这是技术操作方法带来的后果，只有我们的时代才能发展出这样的方法，它是对过去时代里也有的严刑折磨的升级。

这一集中营的事实，这种施暴者和受害者在循环过程中的相互作用，这种灭绝人性的方法，都预示着未来潜在的可能性，这些可能性使一切都面临消亡的危险。

在研究了关于集中营的报道后，人们几乎不敢再谈论这个话题。集中营的危险比原子弹更甚，因为它使人的灵魂受到威胁。我们可能会被一种完全失去希望的意识攫住。如果我们相信人类，那么这不会是最终的局面。也只有这样，产生于这些事实的悲观预测看起来才不会绝对毫无希望。

在痛苦带来的恐惧中，一些人虽然无法阻止自己在肉体的折磨中成为可悲的生物，但是这种折磨没有触及他们的灵魂，他们虽然不免受到了伤害，但仍然保有完好的人类灵魂。他们鼓舞着我们，坚定对人类的古老信念。

即便面对一切未来展望，我们依然敢说，人类不会完全迷失，因为他是作为“上帝的相似形象”被创造出来的，他不是上帝，但却是与上帝联系在一起的。人与上帝之间有着常常被遗忘，始终不可察觉，但在根本上无法割裂的纽带。人不能停止为人。昏睡、恍惚、遗忘自我是可能的。但人既不可能在历史的进程中变成猿猴或是蚂蚁，也不可能在当前变成条件反射的机器，除非恐怖的境况将他逼至极限，而只要他作为个体还未死去，就会重新找回自我。这些恐怖的境况是危险的幽灵。它们威胁着我们，有时就像压住我们的梦魇。但我们的人性就在其中显现出来，它要从这些噩梦中挣脱出来。

但人性的未来不像自然过程，它不会自发自然地产生。人们在今天，在每时每刻的所为、所思、所期望，都会同时成为未来的起源。未来的起源掌握在人们自己手中。未来的希望在于意识到那些恐怖的事。只有最清醒的意识才能帮助我们。假如我们对那种恐怖的未来感到惊惧，这或许可以阻止它的到来。遗忘是可怕的，它绝不能发生。已经发生的事实会引起我们的恐惧：它还可能重演，可能蔓延，可能占领整个地球。我们必须保持这种恐惧感，它可以转化成促使我们积极行动的忧虑。

对恐怖事实的恐惧感会在软弱的意识中消解。人类尝试掩盖这些可怕的事情。人们变得漠然，这种变化是在对人类未来感到恐惧的背景下完成的。如果人们思考人类将去向何方，这似乎是不可避免的：人们看到所有的一切以及他自身都走向覆灭。使人类具有人性，使生活具有价值的东西都将终结。这离我们已经不太远。然而，只要灾祸还未真正降临，人们就不愿去想它。

软弱的意识可以把历史的经过理解为一种自然进程。人们想要消灭作为自由人的自己，并通过这样来使自己摆脱历史的责任。但是，历史进程和精神疾病进程有着根本的差别。精神疾病是自然进程，人们或许有一天可以用自然的手段去应对它，而在那之前我们只能无力地忍受。然而，人类的历史道路就源于人类自己。个体虽然是无力的，只有在集体中才能消除危险。但每个个体都感到，他的自由意志参与到了集体之中。因此，恐惧的反作用力是更加剧烈的恐惧：人类的道路取决于人，取决于每一个个体，取决于人的决心——它不能是这样，它不应是这样——它并非不可避免。已经发生的事情是一个警告。遗忘它就是犯罪。人们应该不断地回忆它。它可以发生在过去，也可以发生在现在或是将来的任何时刻。只有认识它，才能防止它。

危险首先在于人不愿去认识危险，想要遗忘它，完全不相信它（现在依然有人否认集中营里发生的事实），然后是在顺从中听任自己逐渐机器化的恶——最后，人会变得漠然，在眼前事和身边事中寻求一丝平静，而人的软弱带来的被动性会让人在面对所谓的必然性时听天由命。

但是，人只有通过与世界本身潜在的邪恶作斗争，才能对抗来自未来的威胁。只有人能够战胜人本身带来的危险——如果他出于善良意志，他可以期望得道多助。只有在一种自由的宪法下——即走上一条将成为世界秩序的法律秩序之路——人才能做到这一切。在这样的宪法下，权力是可靠的，它反对一切威胁人类自由的东西。

* * * * * * * * * * *

没有一种预测是无害的。无论预测真实与否，它都会从一种观察变成一种刺激。如果人认为某样事物是可能出现的，那这样的事物就会改变人的内心态度和行动。带着适当的忧虑发现危险，是人坚持自我的条件。相反，不切实际的幻想和掩饰会使人走向毁灭。希望和恐惧会推动人前行。鉴于广泛存在的麻木性，我们应该打破所有虚假的安宁。能对我们有所帮助的，并非个体因受到威胁而产生的不安，而是对整体人性感到的巨大不安（后者也许是由前者促生的）。让我们来具体探讨恐惧的重要性。

今天，一种前所未有的**恐惧**似乎席卷了整个人类。这种恐惧是多方面的，绝非只有一种类型。它或是表面上的，人们很快会将它抛之脑后；或是深刻的，使人因它受尽煎熬；对于这种恐惧，人们或秘而不宣，或开诚布公；它或存在于生命（Vital）层面，或存在于生存（Existenziell）层面——并且它看起来同时具有以上所有特点。

在民主国家里，这种恐惧源于危险的不确定性、不安全感以及无保障的自由；在极权国家里，这种恐惧源于政治恐怖，在政治恐怖下，人们只能顺从或是同流合污。

假如人们在虚无主义中停止恐惧——倘若这有可能的话（因为只要我们相信人类，隐藏的人性种子就不会被根除）——那么人看起来就会如同行尸走肉一般，在生命迸发的激情中无意识地耗尽自己。只要还有恐惧，人类就能在克服它的方法中找到希望。

凡人在环境和条件不断变化下还可能保有主动性之处，人就可以在以超验为基础的自由的自我意识中战胜恐惧。凡人必须顺从，并且通过盲目顺从找到自己相对安全的功能之处，恐惧就会减轻，转变为持续起作用的、强迫人顺从的动力。

然而，一种或许所有人共有的恐惧正在人类中蔓延。即使人们能够很快忘记可怕的经历（如集中营的经历），这些经历也会在人心中埋下隐藏的惊惧。

恐惧是值得肯定的，它是希望的理由。

⋆ ⋆ ⋆ ⋆ ⋆ ⋆ ⋆ ⋆ ⋆ ⋆ ⋆

以上探讨展示了**预测在人类事物中的意义**。人类事物的进程取决于人类自身，而预测性思考所蕴含的态度对这个进程来说具有决定性。

如果一个人以预测的形式表达他自己的意愿（希特勒："如果将有一场战争，那就会是欧洲犹太种族的末日。"），这便不是预测，而是纯粹的意志宣告。

但是，只要人的意志参与到预测未来中，那么这样的预测就都会或都能成为影响未来的因素。它会推动我们，使我们趋向某事物；或是吓止我们，使我们规避某事物。特别是对某种未来的所谓认识，它会成为招致这种未来的一个因素。

谁笃定战争将要来临，他的这种笃定就会为战争爆发推波助澜；谁笃信和平是必然的，他就会麻痹大意，在无意中滑向战争。只有看到危险，并时时刻刻将危险挂在心头的人，才能理性行事，采取可能的手段消除危险。

对事情的进程来说至关重要的是，个体是否坚持认为它悬而未决，或个体是否借用必然性来逃避责任。在人对未来的思考中，人的尊严既在于勾勒未来可能性，也在于将这种可能性与建立在知识上的不知（Nichtwissen）联系起来，这种不知具有原则性：人们不知道还会发生什么。激励我们生活的动力在于，我们不了解未来的样子，但我们会参与未来的形成，看到它在整体上难以捉摸地来到我们面前。假若我们能够预知未来，我们在灵魂上便将死去。

如果我们错误地相信事物进程在整体上已经确定，便会导致这样的结果：假如这种进程是我们不愿看到的，那么它就会使我们丧失行动力；假如它是我们想要看到的，那么终将取得成功的信念会推动我们在逆境中行动，但即使如此，我们也必须付出不真实、内心狭隘、虚妄自大的代价，即便在某一刻取得了成功，成功的一切高尚性都会被这些代价消磨干净。

这里谈到的一切并不意味着要摒弃预测。只是预测应当保有它的意义：预测的意义在于打开某个可能的空间，为计划与行动提供着手点，它赋予我们最宽广的视野，使我们意识到可能发生的事并以此扩大我们的自由。

我们的全部行动都取决于对未来的期待，取决于对机遇和把握的设想。我们总是将行动的目标设立在我们认为有可能实现的范围之内。

但是，只有当前发生的事才是现实的。如果我们确信某种未来是绝对必然的，这种确信便能使我们忽略当前发生的事。预测未来的福祉能够将我们的注意力从当前移开，而只有当前真正属于我们。

只有对当前发生的事负起责任，我们才能对未来负责。

* * * * * * * * * * *

在接下来的探讨中，我们不想描绘任何未来图景，而是具体地分析当前趋势，这些趋势仅仅意味着对未来提出的问题。我们想要在各种进程交织而成的网络中发现具有决定性的现象。在普遍历史的视角下，什么东西看起来具有本质意义？

今天，世界上普遍有三种趋势，它们与这些词相关：社会主义、世界秩序、信仰。

第一，群众强烈要求秩序。社会主义体现了对公正的群众组织的要求。

第二，地球空间的统一要求在和平的交往中实现这种统一。我们面临在世界帝国和世界秩序中二选一。

第三，我们失去了在共同信仰的本体中的传统支点，这要求我们带着这样的问题探究人类信仰真正的起源：我们的生活源于何处？又将往何处觅归宿？我们面临在虚无主义和爱中二选一。

这三个当今人类进程及意愿的基本大方向在实现人类自由的目

标中重合。在探讨这三个主要的话题之前，我们应该先来谈谈自由。

1. 目标：自由

今天，在我们种种相互对立的意愿中，似乎只有一点是一致的。所有民族、个人、政体全都一致要求自由。但什么是自由，实现自由要求什么，一旦我们的观点涉及这些方面就会立马出现分歧。或许，人与人之间最深刻的对立是由认识自由的方式所决定的。在一些人眼中是通向自由的道路，在另外一些人看来可能恰恰相反。在自由的名义之下人们几乎想要得到一切；在自由的名义之下，人们也会踏上通向奴役的道路。自由自愿地放弃自由，对许多人来说是最高的自由。自由产生热情，但是自由也会使人心生恐惧。有时候人们看起来似乎一点也不想要自由，甚至想要避开自由的可能性。

自人们意识到西方的巨大危机以来——自 1789 年法国大革命以来——对人类自由的忧虑在整个欧洲蔓延开来。最杰出的伟人已经看到了丧失自由的可能性。当黑格尔仍平静地将世界历史看作意识与自由的现实的历史时，一些深受震动的伟人已经在这种可能性面前瑟瑟发抖——所有人的自由可能都会丧失。现在，问题直接指向政治与社会：伟大的思想家如伯克、本杰明·贡斯当[①]、托克维尔、马克斯·韦伯[②]都在思考自由问题。我们同时代的人，世界

---

① 本杰明·贡斯当（Benjamin Constant，1767—1830），法国文学家、政治思想家，著有《古代人的自由和现代人的自由》等。——译注
② 马克斯·韦伯（Max Weber，1864—1920），德国社会学家、政治学家、经济学家、哲学家，著有《新教伦理与资本主义精神》《儒教与道教》等。——译注

各地的思想家在忧心忡忡地恳请人们关注自由，如 W·李普曼[①]、费列罗[②]、哈耶克[③]、洛卜克[④]。他们是国民经济学家、历史学家、作家，他们并不同属一个党派，他们号召所有人一同挽救我们唯一的共同财富，假如失去了它，人将不再为人。

1.1 哲学上的自由概念

人们常谈到政治自由、社会自由、个人自由、经济自由、宗教自由、良知自由、思想自由、新闻自由、集会自由等等。政治自由在讨论中处于突出位置。而在讨论到政治自由的本质问题时，人们已能听到不一致的答案。

如果人们将政治自由作为所有公民共同影响、共同了解、共同参与整体意志决策的状态，那么历史会告诉我们，政治自由只在西方得到了尝试。并且实现它的尝试大多都失败了。这些失败的教训告诉我们，何以雅典和罗马的自由会走向崩塌。今天，让欧洲及全人类不安的问题在于，我们的道路会通向自由，还是会先将我们再次带入看不到尽头的毁灭自由的时期。

无论如何，将要发生的事情取决于人类自身。在这一点上，任何

① 沃尔特·李普曼（Walter Lippmann，1889—1974），美国新闻评论家、作家，著有《公众舆论》。——译注
② 古列尔莫·费列罗（Gulielmo Ferrero，1871—1942），意大利历史学家、作家，著有《罗马的伟大与衰落》。——译注
③ 弗里德里希·奥古斯特·冯·哈耶克（Friedrich August von Hayek，1899—1992），奥地利裔英国经济学家、政治哲学家，1974 年获诺贝尔经济学奖，著有《通往奴役之路》《个人主义与经济秩序》等。——译注
④ 威廉·洛卜克（Wilhelm Röpke，1899—1966），德国经济学家，社会市场经济的理论奠基者之一，著有《当代社会危机》《自由社会的经济学》等。——译注

东西都不能看作是必然的。我们人类的一切活动，尤其是我们的精神活动，都在于在开放的可能性中找到我们的道路。未来的发展在于我们自身，在于每个个体，即便任何一个个体都无法决定历史的进程。

自由必须被视为人类真正的存在和活动，如果政治上的自由概念没有在自由的意义中保持其根基，那么它就会流于形式并受到歪曲。让我们来尝试从哲学角度具体探讨自由的本质。

* * * * * * * * * * *

（1）自由是**克服外部事物**，这种外部事物对我具有强制性。当他者对我来说不再陌生，更确切地说，当我以他者为镜重新认识自身时，或是当我认识、塑造了外部的必然性，并使其成为我自身此在的要素时，自由就产生了。

同时，自由也是**克服自身的专断**。自由与内心现存的真相（das Wahre）必然性相一致。

如果我是自由的，那么我渴望某些东西并非因为我想要得到它们，而是因为我相信这是正确的。因此，我要求自由，既非源于专断，也非源于盲目顺从，而是源于洞见。因此，我对自由的要求是通过立足一切事物的起源，然后从自身起源中产生的。

但我很容易产生错觉。专断会作为这样的要求重新形成：我想要拥有我自己的意见（Meinung），这种要求带着这样的前提——每种意见都有它的道理，因为每种意见都代表一个人。然而，单纯的意见尚算不上洞见。自由要求克服单纯的意见。

作为个体，我们在与他人的关联中负有义务，这种义务使我们能够克服单纯的意见。自由在集体中实现。我只能在与他人相同的程度内享有自由。

在最亲近的人之间友爱的斗争中，单纯的意见会消融，为洞见奠定基础。

在共同的社会政治状况下，在尊重各方意见的前提下，通过公开的意见论争，并且只有在相互探讨的运动中，单纯的意见才会变为对客观真理的意识。

自由要求以下两者：独立存在的个体之间深度的交流；通过共同的洞见和意志形式，有意识地为公共状况的自由奋斗。

但是，绝对的真理以及借此实现的最终自由从未实现。真理还在路上，自由也还在路上。我们并非生活在灵魂圆满和谐的永恒状态中，而是生活在一个始终不圆满，必须不断变化的时代。

（2）自由要求不遗漏任何东西。一切存在和有意义的事物，都应获得其权利。自由的前提条件是最广阔的范围。因此，自由的内容会通过处于**两极性**以及**对立**中的生活显露出来。

任何一种立场都有其对立面。就可能性而言，自由可以是一切。自由时刻准备好接受来自外部的事物，不仅准备好将其作为对立面，也准备好将其吸收到自身之中。自由是无限开放的理性和倾听的能力，在这个真正开放的、最广阔的意识空间中，自由构成了历史决断的坚定性。因此，自由寻求能带来丰富成果的两极性，而在这些两极性中，只要失去其中一方，另一方也会灭亡。

如果人们因受到限制而放弃两极性，就会丧失自由——不论是在一种已经忘记自身界限的秩序中；还是在因派系之别否定秩序的极端形势下；抑或是当两极中的一极扩大成为整体时。而另一方面，如果我们以开放的态度，在对立的张力中保存我们的可能性；在形势的变化中从起源出发历史地做出决定；不可预估地在新内涵中发现存在，那么自由就会重新出现。

（3）但是，如果说自由与真相的必然性是一致的，那么我们的自由任何时候都是脆弱的。因为我们从未在整体上，最终地确定真相。我们的自由始终依赖其他的东西，它不是自因（causa sui）。假如自由是自因，那人便成了上帝。真正的自由明白自己的界限。

在**主观性**中，人作为个体拥有对起源的体验：我并非通过我自身而获得自由，而是我恰恰处在这个地方，在这里，我知道我是真正自由的，同时我知道，在这里我从超验的基础上得赠自我。我可以超乎我之外，这是神秘的界限，这个界限与得赠自我的可能体验相一致。我们能够成为生存，而超越造就了我们，因此，生存只与超越相合一。当生存确信自身时，当自由明确自身时，它们会同时确信超越。

然而，就自由的人类集体的**客观性**而言，自由依赖于其他所有人的自由。因此，政治自由无法成为最终的、必然长期延续的状态。在这里，自由依然在路上。

（4）自由看起来是不可能的：在种种两极性中形成了种种二项选择（Alternative）——我必须在时间中做出具体的抉择——我为什么而生活，我要成为什么。我不可能是一切，我必有所偏向，我必须为反对一些我承认无法避免的东西而斗争。

事实上，自由是人在时间中的道路。人在自由的要求下走向自由。因此，自由是运动的、是辩证的。

这种运动似乎在思考中通过理性成为可能。我们将**理性**（Vernunft）称作审问一切的开放性，它在理解的每一个步骤中都超过了知性。理性成为对真相的当下化（Vergegenwärtigung），这种当下化使用了知性提供的思维方式。理性通过这些思维方式的发展来寻求一切可思考事物的系统的统一。然而，理性随后又寻找那些恰恰相互对立的东西。因此，它是将知性推向失败界限的动力。理性沉浸于对立的事物中，但它同时越过知性，是将对立事物关联在一起的力量。它不想让任何对立最终瓦解。它想克服知性的二项选择。于是，它将对立事物相互关联起来的同时，也将它们推向最终的对立性之中：世界和超越、科学和信仰、塑造世界和对永恒存在的冥想。因此，理性是增强了的辩证法；它通过意识，把实际的辩证法推向其最终结果。

但在现实的情况下，克服对立的尝试会在具体的二项选择中失败。当思想不能在思想的世界中完成，而是要被限定在时间和空间中时，这种失败便会变得十分普遍。在这种情况下，只有能做出抉择的人才是自由的。然而谁做出抉择，谁就会把自己束缚在抉择上，就会给自己带来不自由。他放弃了可能性，虽然实现了自由，但却限制了自己。自由通过实现而有了内容，但这些是在一条通向不自由的道路上完成的。

* * * * * * * * * * *

自由永远不能成为所有物。孤立的自由是不存在的。因此，个体牺牲掉其空洞的一成不变的自由，以得到一种在相互关系中才能获取的自由。

只有伴随着人的**变化**，这样的自由才能逐渐形成。通过对始终不变的人们进行强制安排是无法实现这种自由的，它与准备好做出改变的人们之间的交流方式相关。因此，人们无法去计划这样的自由本身，而是在正确计划具体任务的同时共同变得自由。

将人类引向自由，即意味着引导人们对话。然而，如果人们带着秘而不宣的潜在动机；如果对话中有所保留，以至于打断人们的内心交流，使人后撤；如果对话事实上只是隐瞒、纯粹的敷衍、玩弄诡计——那么这样的对话依然是与假象相连的。真正的对话是无拘无束、毫无保留的。只有当对话的双方彻底开放时，真理才能在共同关系中逐渐形成。

资产阶级在社会规范中得到平静；专制的形势——在这种形势下，所有人都要接受一种普遍的世界观，只能说这种世界观允许的空话，而这样的空话逐渐控制人们的言论，就连私人信件也不例外；狂热的真理激情——它以充满攻击性、伤害他人的方式宣称自己占有真理，但这只是为了利用真理而压倒他人，这种对真理的狂热强调恰恰通过缺乏对话而展现出缺乏真理的特点：这些都对真理起到反作用，因而也不利于自由。

但事实上，没有一个人占有最终的、绝对的真理。寻求真理，始终意味着准备好与他人交流，并同时期待他人与自己交流。如果一个人真正想要获得真理，并因此想要交流，那么人们完全能够与他开诚布公地谈论任何东西，而他也可以与人们开诚布公地进行交流，他既不用担心冒犯到那些真正愿意倾听的人，也不用小心翼翼地照顾他们的情绪。自由地为真理斗争是充满爱的斗争。

★ ★ ★ ★ ★ ★ ★ ★ ★ ★ ★

我们是否可以从以上探讨中获知什么是自由？否。但这其中的缘由在于自由的本质。或许会有人指责，人们看过上面所有句子后还是无法了解什么是自由，对于这种指责，我们必须明白：自由不是对象。在世界上，它没有显露出可供研究的此在。自由无法存在于科学的、对象性的世界认识中。因此，我们无法使自由成为一个有明确定义的概念。然而，对于无法客观认识的东西，我依然可以通过思考领悟它，使它抽象地出现在思维运动中——而后我们谈论自由，仿佛它是存在的一样。但是，误解在其中是不可避免的。

1.2 权力和政治自由

在对值得向往的和理性的事物进行理论思考时，我们很容易忘记暴力这个基本事实，虽然它每天都会出现在我们面前，尽管有时是以隐蔽的方式。暴力是无法避免的。但如果所有人类此在都必伴随着暴力的事实，无论个体对此是否有所意识；如果权力本身是恶的（布克哈特语），那么问题就是：我们如何才能将暴力放到正确的位置上，如何能让暴力本身成为秩序的一个要素，直到它几乎不需要再出现？或者我们如何消除权力的恶的性质？

法律统治与暴力统治间的古老历史斗争给出了答案。公正性（Gerechtigkeit）应通过法律实现，这种法律建立在具有指导性的、理想的法律基础上，建立在自然法的基础上。然而，这种理想的法律只在历史的社会规则中体现出来，社会形成了其自身所遵守的规则。当人所在国家的成文法生效时，人的自由也随之开始。

这种自由被称为**政治自由**。通过法律保证自由的国家被称为**法治国家**（Rechtsstaat）。法治国家即只能通过法定途径制定和修改法律的国家。在民主国家，这条途径是从人民之中穿过的。人民通过经可靠、自由的选举选出定期更换的代表，或直接或间接地参与其中发挥作用。

如果一个国家在面对其他国家时拥有**主权**（Souveränität），我们称这个国家是自由的。然而，当我们谈到政治自由的时候，我们指的是一国人民的自由，是其所处政治条件下的**内部自由**。

一个国家的外部自由可以与其内部的专制和不自由并存。而一个国家外部的不自由虽然在大多数情况下会使其丧失主权，但并非必然导致内部的不自由。这是因为，如果支配他国的国家权力希望政治自由，它可以使政治自由在其附属国不断得到发展，直至附属国人民成为这种外来国家秩序中的自主成员。

虽然，内部政治自由的力量最初只源于人民的政治自我教育，在这种自我教育中，人民结成了政治民族，但从此开始，这种政治民族可以唤醒、解放他国的人民。然而，被解放的人在政治上仍是学生。在接受这种赐予的同时，他们必须放弃对自身创造感到的骄傲。

这一切听上去很简单，就好像人们只要具备敏锐的目光和善良的意志，就能够通过自然法以及发源于自然法的法制而生活在理想的自由之中。但是，首先，具体权力始终要根据不同的历史关系而定，因此法律随着历史条件的变化而变化；其次，人们必须驯服时刻准备破坏法律的暴力，因此，法律引导下的暴力是针对犯罪的。

凡有暴力之处，我们都会感到畏惧；凡是法律治理的地方，我们就会生活在安定之中。暴力是不可预测的、任意的，面对暴力，个体是缺乏防备、束手无策的。法律是可预测的、有秩序的，个体通过法律保障其此在。在法治条件下，人们是无所畏惧、自在、自由和安定的。而在暴力条件下则笼罩着畏惧、沉默、隐瞒、胁迫和混乱。在法治国家中我们看到信任，而在以暴力统治的国家中则是普遍的不信任。

信任需要坚固的支柱、不可侵犯的基础，需要受到所有人尊重的东西，并且以其所受尊重的程度，人们能够将损害这种东西的人毫无阻力地作为犯罪者驱逐出去。这种不可侵犯的东西被称作正当性（Legitimität）。

马克斯·韦伯区别了正当统治的三种类型：**传统的**——相信古来有之的传统的神圣性；**合理的**——相信法律秩序的合法性（Legalität）以及通过法律获得统治权的人；**个人魅力的**——相信个人的神圣性或英雄力量或典范性。统治者也分为以下三种情况：由法律规定的**上级**；由传统（如世袭）决定的**君主**；由个人魅力造就的**领袖**。

费列罗提出了以下或许老套，但却能阐明我们时代的二项选择：由正当性产生的自由以及由不正当性产生的专制和畏惧（在他这里，凭借个人魅力的领袖是不正当性的典型）。费列罗认为，君主制下的世袭，或是在人民选举中通过多数人支持而获得的效力体现了正当性。正当的统治在执政时无须畏惧，因它相信人民对它是认可的。不正当的统治则畏惧人民，它本身的暴力激起他人的暴力，在畏惧之下，它必须通过不断升级的恐怖统治来保证自己，而通过这些恐怖手段，畏惧又会变成所有人的基本状态。正当性就像一种魔法，它通过信任创造出必不可少的秩序；不正当性具有暴力性质，它通过不信任和畏惧到处制造暴力。

以批判的目光来看，正当性的基础始终是不可靠的，比如世袭是不理性的，因为它也使蠢人或无主见的人获得正当性；少数服从多数的选举也是值得疑问的，因为判断错误、偶然事件以及短时间内受煽动的群众情绪都可能成为其决定性因素。因此，一切正当性都是处于危险之中的。知性可以毫不费力地质疑它。但是，因为人只能在正当性与专制主义中做出选择，因而正当性是人唯一的道路，沿着这条路，人能够无须畏惧地生活，更能够纠正过去发生的错误。因此，知性总是回避正当性的源头。我们的时代认为选举和投票表决具有正当性。

在正当性条件下，依然会存在无限的不足、不公和不恰当。当选者可能是愚笨的人。法律可能是错误的、有害的，并可能招致反抗。正当性保护当选者和法律，但这种保护并不是绝对的。新的选举能带来新的当选者，新的正当决议能改变法律。两者都是通过正当途径完成的，这使错误在非暴力条件下也可以得到修正。正当性意识容忍了巨大的弊端，这是为了避免专制主义下的恐怖统治和畏惧造成的绝对弊端。政治自由并非通过纯粹的知性而存在，而是与正当性紧密结合在一起。

为了不使暴力统治一切，我们需要正当性。只有在正当性之下才有自由，因为正当性给暴力带上了镣铐。正当性销匿之处，自由也会随之消亡。

政治自由理念的基本规定是在西方形成的（其最初源自英美，

自法国大革命后，法国和其他一些国家接受了这些基本规定，在哲学上，启蒙运动时期的思想家对其进行了彻底的思考，如康德）。我将尝试简明地阐述这一理念的要点。在内部政治自由的意义上，政治自由具有以下特征：

（1）如果所有个体都应该是自由的，那么只有当个人自由**与其他人的自由能够同时**存在时，个人自由才可能实现。

从**法律上**说，个体可以保留专断的空间（消极自由），通过这样，个体在面对他人时可以将自身封闭起来。但从**道德上**说，自由恰恰产生于人与人相互间的开放性，这种开放性无须强制便可以从爱和理性中发展起来（积极自由）。

只有在消极自由得到法律保障的基础上实现积极自由，以下定理才成立：人在这样的范围内享有自由，即他看到自己的周围也处于自由之中，换言之，在人享有自由的范围内，所有人都必须是自由的。

（2）个体有双重要求：他既要求受到保护以免遭暴力，也要求他的洞见和意志能够发挥作用。**法治国家**为个体提供了保护，而**民主**使个体得以发挥其作用。

（3）只有在通过法制克服了暴力的情况下，自由才能实现。自由为了服务于法制的权力而斗争。它在**法治国家**中达到了目标。

法律对所有人具有同等效力。变更法律只能通过合法途径。

在法律效力的引导下，暴力只在必要范围内使用。因此，警察不能在以法律形式确立的范围之外对违法者采取暴力措施，这是为了防止执法者任意使用暴力。因此，也不存在特殊的政治警察。

个体的自由以人身自由、财产自由、居住自由的形式得到保障。只有在法律许可的前提下才可以对这些自由加以限制，并且这些前提必须对所有人都一视同仁。即便满足了这些条件，干涉这些自由的同时也必须保障人的基本权利。例如，在不说明理由、在不进行审问的情况下不能拘捕任何人，审问必须在确定的、不长的时间段内完成，并且必须为被拘捕者提供在公开场合申诉和辩护的法律手段。

（4）个人神圣不可侵犯的权利还包括其参与集体生活的权利。因此，自由的状态只有通过民主才可能实现，因为通过**民主**，每个人才都有可能参与到集体意志的形成中。每个人都有机会发挥其作用，作用的大小取决于个人政治自我教育程度和他的洞见令人信服的程度。

在选举中，每个人都拥有同等的权利，每个人的投票都具有同等的效力。投票的不记名性必须得到保障。候选人由源于人民的各团体推举，推举谁为候选人是不受限制的。政府由选举产生，选举每隔一段固定时间举行。

因此，在民主政体中，人们能够做到无须诉诸暴力，通过法律途径推翻、改变或重组政府，并且这也成了事实。在自由民主的状态下，同一批人不能无间断地持续执政。

保护个体不受暴力侵害与保证所有人免受个人权力危害是相一致的。无论一个人为国家立下多大的功劳，都不能使他拥有神圣不可侵犯的个人权力。人始终是人，如果没有任何限制，即使是最优秀的人也会造成危险。因此，人们对永久的权力有原则上的不信任。因此，即便是最有权力的人也必须在换届选举中至少离开权力一段时间。对于在时机成熟时没有抵触地交还手中权力的人，人们不会将他神化，但却会对他充满感激与尊重。

（5）集体意志通过建立在对话基础上的决断而形成。

因此，自由要求公开、不加限制的**讨论**。为了让讨论在尽可能全面的知识基础上，在最开阔的视野中进行，自由要求了解一切可以了解的事物、了解各类信息、了解各种意见的理由，而且是让全体民众都了解。因此有新闻自由、集会自由和言论自由。人们可以说服他人，或进行宣传，这是允许的，但必须要在自由竞争中进行。唯有在战争中才可以对讨论加以限制，但即便如此，也只能限制信息的公开传播，而不是意见的传播。此外，刑法也会对讨论进行限制（保护人免受诽谤、侮辱等）。

每个人都在对话的基础上做出决断。政治对手并非敌人。只有当人们时刻准备好与对手共事时，自由才能持续下去。协商原则上没有界限——面对犯罪者时除外——人们寻求在协议与妥协中达成合作。

（6）政治自由即是民主，民主以一定**形式**，在一定**层级**中实现，其形式与层级是在历史中形成的。民主排除了群众统治[暴民政治（Ochlokratie）]，群众统治总是与僭主制（Tyrannis）联系在一起。因此，一种贵族式（aristokratisch）的阶层受到推崇，它依据成就、功绩、成果不断从整体民众中得到补充，因而人民在这个阶层中认出了他自身。这个阶层不是一个社会阶级或等级，而是政治精英。

政治精英是自由民主的条件，它通过教育、考察和挑选产生，这些步骤只在部分上可以进行有意引导。民主要求任何精英都不能固定下来成为独裁的少数派。政治精英必须始终通过自由选举登上政治舞台，并在持续不断的监督下经受考验，这样，执政者才会换届、复出、新上台或最终退出政治舞台。

（7）**党派**的作用在于引导选举和培养政治精英。在自由的条件下，必须要有数个党派——至少要有两个党派。不论是根据概念还是语义，党派（Partei）都是一个部分。在自由的条件下，党派想要求成为唯一的党派是绝无可能的。要求极权的党派与自由相悖。它的胜利意味着摧毁自由。因此，自由的党派愿意看到其他党派存在。它们不希望消灭其他党派。那些暂时处于劣势的党派会构成反对派，但它们任何时候都共同承担着对整体的责任。因为反对派考虑的是，它们会在选举结果改变时接掌政府。自由状态不可缺少的标志是有效的反对派的此在。

（8）民主的技术与**民主的生活方式**相关联。两者相辅相成，缺一不可。只有当广大民众的自由意识始终保持敏锐，警惕一切威胁到自由的现实以保护自由，才能保持自由的政治状态。人们知道，在历史进程中，在全体人民的自我教育中，人付出了何种代价才获得了这份自由。

没有自由，民主也无可能。民主必须有意识地与自由相结合，否则它将陷入暴民政治和僭主制之中。

（9）政治自由应该使其他一切人类自由成为可能。政治的目的在于建立**此在的秩序**，它是**人类生活的基础而不是最终的目标**。因此，政治自由同时具备两方面特点：对自由的热情和对当前目标的冷静。为了使秩序能够让人获得最大限度的自由，法律的秩序必须被限制在此在的必要范围之内。如果其他动机干预了自由的政治，自由的政治就会变得不再纯粹。政治的不纯粹是不自由的源头。

（10）政治自由状态的标志之一是**政治与世界观的分离**。随着自由的程度不断增长，宗教（教派的）和世界观的斗争从政治中分离出来。

政治处理的是所有人的共同事务，是不依赖于信仰内容的此在利益，在这些共同事务上，所有人都能够相互理解，以便通过秩序、法制和契约相互提供空间。

问题始于那些并非全人类共有的事务：世界观、历史决定的信仰、一切想要得到施展空间的特殊趋势。它们的共同之处只在于，它们都需要施展空间。

人的内心有一种强烈冲动，认为自己的生活方式是唯一正确的生活方式，这使人厌恶所有与他拥有不同生活方式的此在，感到他们是对自己的指责和妨碍。于是，人产生了将自身生活方式强加给所有人的倾向，最好是能够按照自己的方式塑造整个世界。

从这些趋势中汲取养分的政治会急切地走向暴力，使暴力成倍增长。它至多只是扮出倾听和协商的样子，从不真正地那样做，相反，它选择征服。

但是，从人类的自由意志中产生出来的政治会自我克制，它是知止的。这样的政治希望为所有人类可能性提供空间，只要这种可能性不与人类绝对必要的共性相悖，并以此将其目标限制在此在利益之上。除了那些因偏狭而涌向暴力的人之外，它对其他所有人都是宽容的。它沿着不断减少暴力的道路前进。

这样的政治是在追求自由的信仰中建立起来的。这种信仰的内涵可以是无限多样的，但信仰它的人们在这一点上是相同的：对于人类社会状态及进程的合法性（Rechtlichkeit）和法制

（Gesetzlichkeit），他们保持无条件的严肃性。只有虔信这一信仰的人们才能够实现崇高的知止克己，在道德和政治行为中才是可靠的。

由于政治关涉到此在——它仿佛人性的低级层面，因此，虽然其他一切都依赖于政治——因而人们拥有政治责任感和政治热情，但政治并不直接触及内心自由、信仰和精神的高级财富。对于这些财富来说，政治只创造条件。

一个例子：基督教是信仰问题。而基督徒本身可以选举任一党派，也可以属于任一党派。假使涉及世俗事物，那他可能拥护共产主义，也可能拥护资本主义；可能支持共和制，也可能支持君主制。因为，维护世俗事务秩序的方式并非源自《圣经》信仰本身，而是源自教会决定的信仰的特殊表现形式。唯有恶是基督徒不能要的。本身政治化了的基督教，作为信仰就很成问题了。

然而，虔诚的基督徒已创造出了自由的现代世界，因为只有信仰才有可能产生出将自身清醒地限制在其意义之内的政治热情。信仰形成的不是政治内容，而是政治意向。

再举一例：作为科学的马克思主义，马克思主义是带来极为丰硕的成果的认识方法；但作为绝对化了的历史哲学和社会学的全面直观，它成了科学可以证明的误解和使人狂热的意识形态。使大企业的生产资料社会化，以消灭私人占有剩余价值——这是一个非马克思主义者也可以为之奋斗的公正政治目标。

作为政治缰绳的信仰直观对自由是灾难性的。因为其排斥其他观点，要求绝对唯一性的真理要求会趋向极权，因而会趋向专制，因而会趋向废除自由。因此，在政治自由的状态下，人们会本能地抵触以世界观划分的党派，并且这些党派事实上也不会产生什么影响。以世界观划分的信仰运动是有害政治自由的。因为与信仰斗士无法进行讨论。但对政治来说至关重要的是，所有人都要学会相互对话和相互协调，以解决此在问题；在此在问题中，所有的人都能超越一切信仰、世界观和利益分歧而联合起来。

（11）使**共同生活的伦理**成为理所应当的自然，这是保持自由的前提条件，这种伦理即：对形式与法律的理解；自然的、人道的交往方式；体谅他人、乐于助人；始终尊重他人的权利；在纯粹的此在问题上始终做好妥协的准备；不暴力压制少数派。自由状态下发挥作用的所有党派都能通过秉持这种伦理保持一致。即便是保守党和激进党也能够和衷共济，只要它们保持住将它们联合在一起的共性。

（12）自由通过成文的或不成文的**宪法**得到保障。然而，能够绝对可靠地维持自由的机制是不存在的。因此，在自由状态下存在着一种关切，即，即便要反对暂时的多数派，也要将一些本质性的东西，像是自由本身、人权、法治国家等作为神圣不可侵犯的东西保护起来。同时，这些不可侵犯的东西必须始终处于选举或表决的决议范围之外。当多数人一时忘记其政治自由的共同基础时，必须有行之有效的制度发挥作用（在间隔足以充分思考的时间后重复进行表决、公民投票、审查决议是否合宪的法院）。然而，只有当这类制度与人民的政治伦理统一起来时，它才能够可靠地发挥作用。这两者结合起来，可以防止以民主手段破坏民主，以自由废除自由。民主技术抽象的、绝对的效力并非在任何情况下都是表达持久的、真正的人民意志的可靠路径，因此，机械性的多数派本身也不是。即使这些民主技术大多数情况下是有效的，我们仍然必须做出一些限制，并且这些限制只存在于人权以及自由本身受到威胁之处。在极端情况下，必须放弃原则以拯救原则。

决不能以宽容（Toleranz）包容偏狭（Intoleranz），除非这种偏狭是一种可以置之不理的无害的私人怪癖。破坏自由的自由决不能存在。

（13）**令所有人满意的最终的、民主的政治自由状态是不存在的**。如果个人受到的限制超出了保证机会均等的限度；如果在制止明确不正当行为的范围之外对自由竞争加以限制；如果人的自然不平等和人通过成就获得的功绩无法得到公正对待；如果许多公民都不承认其生活范围内的国家法律公正性——那么张力将不断出现。

民主意味着每个人依据其能力和功绩发挥作用，法治国家意味着保证这种机会，并同时根据情况和经验，在必要的情况下改变这种法律上的保证，但这样的改变不是通过暴力，而是以法律形式完成的。

公正意志从未得到完全满足。在政治自由遭遇危险时，公正意志做出了许多让步。政治自由始终要求人们付出一些代价。个人常常需要为此做出不少放弃，保持很大的克制和忍耐。只要人们能够通过法律为公正性斗争，即便这种斗争旷日持久，甚至常常失败，但只要这种斗争的可能性存在，那么自我之自由（die Freiheit des Selbst）就不会因为丧失依赖于政治的公正性而受到限制。

在事态进程中，**民众进行的选举**必然始终处于决定性位置。然而，**形式的民主**——自由的、平等的、不记名的投票权——并非自由的保证，反而同时构成了自由的威胁。只有在前文述及的前提下——共同生活的伦理；在对话中进行自我教育以完成具体任务；无条件地捍卫基本权利和人权；将基础建立在信仰的严肃性中——形式的民主才是可靠的。否则——尤其是当形式的民主在缺乏自我教育的准备下突然需要承担起义务的时候——它不仅会带来暴民政治的后果并最终导致僭主制，并且在这一切发生之前，它就会使利益集团（Klüngel）偶然地上台，因为民众根本不知道他们选的是什么。然后，政党就会失灵。它们将不再是人民的器官，而会变成安分守己的组织。它们将不会把精英带向顶点，而是将老练的“议会雄辩家”以及精神上的属下（Subalterne）推上前台。

如何保护民主的意义不受暴民政治与僭主制侵害，不受党派小集团和属下阶层（Subalternität）影响，这对自由来说是攸关生死的问题。必须有**阻碍性的机构与法规**阻止形式民主的自杀趋向。任何暂时的多数派的至高权力都需要通过一些稳固的东西进行限制，而这些稳固的东西最终还是要依赖于民众中形成的人道及其真正的自由意志，因为行使这些职能的始终都是人。最终，阻碍性的机构与法规还是必须由民众选出，这些机构与法规应防止党派独裁。

（14）一切依赖于**选举**。人们熟悉对民主的讥讽与对投票表决的轻视；人们也不难看到明显的错误和失控，很容易在个别情况下宣称某个选举结果或某项多数派决定是荒谬的。

为了反驳这种讥讽和轻视，我们首先必须一再地指出以下这点：自由之路必定经过民众，除此之外再无第二条自由之路。只有极端蔑视人类的人——当然，蔑视者会将自身及其志同道合的人排除在蔑视对象之外——才可能更喜欢僭主制之路。沿着僭主制之路，个别集团自命自封，并将建立起奴隶统治。在这种统治下，奴隶被认为还不足以形成自己的意见，虽然统治者宣称他们是自由的，但却利用宣传去塑造他们，用虚假的布景将他们围绕起来。这样，或许在最好的情况下能产生仁慈的独裁，但这是极偶然的。

民主主义者与暴君都要借助人民的力量。世界已进入这样一个时代，任何想要掌权的人都必须利用鼓动性的讲话方式。罪恶的、愚弄人的和高尚的、为自由服务的鼓动者（Demagoge）都要诉诸人民。谁能取得胜利，只有人民才能决定；在人民做出这个决定的同时，他们同时也决定了自身的命运。

如果最终决定掌握在人民手中，那么所有可能帮助人民做出正确决定的事情我们都必须去做。僭主制发明了种种方法，使公民投票在嘈杂的公众呼声下变成纯粹的假象，使人们学习到许多东西（以使他们成为可用的工具），但却不具有判断能力。与此相反，由于投票表决是唯一还保有正当性的途径，民主探求促进正确投票，以使真正的、长久的、基本的人民意志得到表达。

长久看来，只有一种方法能实现这一目的，那就是教育所有人，使其在思考中意识到自己真正的意志，从而唤醒这种意志。并非所有人都必须接受系统的技术知识和能力的教育（假如这对人们来说是唯一仅存的教育，那这种教育就会使人们变成奴隶制度下可用的工具，并顺应法西斯的要求：相信、服从、斗争）。我们需要在具有批判性的思考和理解中接受教育，需要历史和哲学的世界，才能变成独立且具有判断力的人。整体民众都需要在一个持续升级的教育进程中不断登上更高台阶，从一知半解上升到全面理解，从偶然思考当下上升到方法论的思考，以使每一个人突破教义学（Dogmatik），跃向自由。这是我们的希望，我们希望多数人能够得到发展，从而在投票决定和决议中有意识地、审慎地选择更优选项。

第二条路是使大多数人参与到具体任务中去，在实践中完成人民的自我教育。因此，对于民主伦理的形成来说，一个自由的、负责任的当地政府是不可或缺的。人们只有通过在生活中时时刻刻进行小规模、身边的民主实践，才能使自己变得成熟起来，从而在更大的甚至是最大的空间中完成民主的任务。

第三条路是组织安排选举过程本身。选举的形式具有最重要的重要性：例如投票表决的方式（选举个人或是一系列候选人），选举结果的评定（多数制或比例代表制），直接选举或间接选举等等。绝不存在唯一正确的选举模式。但选举模式可以决定事态进程。

对于维持自由与正当性，防止专制与恐怖来说，举行真正的选举具有决定性意义。专制主义的标志是借虚假的选举来废除真正的选举，它用虚假的选举对我们时代的自由意志表示虚假的尊重。取消真正的选举就是处死人民主权，这就好比在过去的时代处死国王一样。随着正当性的源头被摧毁，首先会出现最野蛮的暴力，然后就是自由的覆灭。

鉴于法国大革命的种种显象，托克维尔对服从多数的深刻意义有深入的理解。如果人们将人类理性捧上神坛，抱有对理性全能的无限信任，随意地调整法律、制度和习俗，那么这种理性在根本上远不是人类理性，倒不如说是个体自己的理性。“从来没人像这些人那样，对集体智慧表现出如此多的不信任。”他们对大众的蔑视，几乎与他们对上帝的蔑视一样深。“对他们来说，真实而恭敬地服从多数意志，就像服从上帝意志一样陌生。自那个时代以后，几乎所有革命派都表现出这样的双重特性。这样一来，他们就远离了英国人和美国人对其同胞的多数意见表现出的那种尊重。在英美人那里，理性是骄傲的，它充满了自信，但从不自大；因而英美人的理性通向自由，而我们的理性仅仅发明了奴役的新形式”。[①]

许久以来，我们总能听到这样一种反对选举的理由：一张选票几乎是毫无作用的。没必要为此白费力气。程序破坏了人们对公共事务的兴趣。它削弱了人们在进行有意义行为时的自我意识。事实上，在这种自我意识中存在着对现代民主人士的意向来说至为关键的重点。即使一张选票毫无作用，但所有选票的总和构成了最后的决定，这个总和中的每一份子都只是单个的一张选票。因此，今天的意向是：我以完全严肃、负责的态度投出我的一票，同时我也知道，个人的一张选票是何等微不足道。了解自身的渺小对我们来说是必要的，我们必须在这种认知下做我们可能做到的事。几乎完全无用的个人选票是与全体意志相结合的，所有这些个人选票的总和形成的决断将会决定一切。

（15）但是，如果一个民族确实**不想要自由、法制和民主**呢？在意愿清晰的情况下，这似乎是不可能的，只有当人们被需求和热情蒙蔽时才有可能发生。

但是，对自由的质疑始终存在。我们**所有人都必须关心自由**。因为自由是最宝贵的财富，它不会自发地落到我们身上，也不会自动地维持自己。只有当我们意识到自由，并承担起对自由的责任时，我们才能保护自由。

由于自由始终处于守势，因而它也始终处于危险之中。在民众无法再感受到这种危险时，他们便已几乎丧失了自由。不自由及不

① 引文出自托克维尔的《权威与自由》（*Autorität und Freiheit*），阿尔伯特·萨洛蒙德译本。——译注

自由状态下的暴力活动极容易获得优势地位。

（16）对于任何一个理想，我们都能从现实中找到它的反面例证，自由的政治理想也不例外，有人说：自由似已证明是不可能的了。但是，人的自由本身就是一种起源，那些在至今为止的经验基础上被判定为不可能的事物，都有可能从这一起源中产生并在经验上成为现实。

而不同在于，我们是出于对上帝的信仰，在意识到人类尊严所肩负的任务后选择了自由之路，并且以无限的忍耐克服一切失望，坚定地走在这条道路上；还是我们放任自己在虚无主义热情取得的扭曲胜利中陷入灾难，看着人类毁掉自己的本质。

自由状态的决定性标志是**对自由的信仰**。我们尝试并成功地接近了政治自由的理想，即便之中还存在很大缺陷，但这已经够了。这使我们勇于面对未来。

* * * * * * * * * * *

如果我们观察世界历史的进程，便会发现，人类的政治自由是罕见的，甚至可说是特例。人类中的绝大多数、历史中的绝大部分都缺乏政治自由。雅典、罗马共和国、冰岛属于这类特例。而其中最大、最具成效、最有影响的特例是英国和美国。这里产生了使大陆国家变得自由的影响，但这种影响只涉及了部分大陆国家，并且不具备日常地、审慎地维持自由的力量。

政治自由是一种西方的现象。如果人们将这种现象与**印度**和**中国**的显象相比较，就会发现在这两个文化区域内，自由既缺乏原则，也缺乏在人民中的连续性，它是偶然的、个人的。因此人们会问，是否政治自由对任何高度发展的人性来说都是先决条件？从历史上看，人们必须在这个问题上给出否定的答案。即使在政治不自由的状态下也可能有高度的精神活力、创造力和深刻的精神生活。但我们认为自由是值得向往的，对我们来说，政治自由再也无法与人性的理念相分离。我们看到世界历史的问题：一些来自西方的东西，比如政治自由，将来是否会成为一种对全人类的教育？并且我们知道，在西方，政治不自由如何一再被指责为精神衰落的原因，早在公元一世纪的罗马，当人们意识到自由的丧失及恺撒主义的专制君主制时，塔西陀①和朗其努斯②就写道：只有在政治自由的情况下，精神生活才有可能。但对于比较性的总体直观而言，历史的意义仍旧在于揭示，在最多种多样的权力秩序前提下，人能够成为什么样子。

权力意志和暴力始终在伺机进行干涉。它们肇始于人感到无力的处境，最初要求减轻此在受到的损害，然后要求权利平等和自由，接着要求获得优势、保障和统治（总是以某种普遍利益的名义），最终则要求专横任意地行使自己的至高权力。

在日常生活中，暴力不断与自由的理性进行斗争。每一个专横的、使讨论中断的词语；违背理性、挑起不满的专横态度；单方面的决断；在协议和规定范围之外的命令——所有这一切都在家庭的

---

① 普布利乌斯·科尔奈利乌斯·塔西陀（Publius Cornelius Tacitus，约 55—120），古罗马历史学家，著有《历史》和《编年史》等。——译注
② 盖乌斯·卡西乌斯·郎其努斯（Gaius Cassius Longinus），生活在公元 1 世纪的古罗马执政官。塔西陀曾记录他在一次辩论上的讲话。——译注

私人氛围中，在办公室的共同工作中点燃了暴力，而暴力终将以战争的形式爆发，因为在这样的条件下，人已经在事实上使自己适应了战争，并为此做好了准备。

在面对权力和暴力时，我们不能自欺。无视现实，而在理论上构建组织世界的正确方法是没有任何意义的。然而，当人们看到这一事实，又会倾向于在错误的二项选择中做出抉择。

要么依照“不要反抗恶”的箴言非暴力地生活——准备好承担一切后果，准备好忍耐，甚至丧命，而不去进行任何斗争。

要么承认暴力是此在事实上的前提条件，将暴力理解为政治中的因素，因而就连暴力的恶都接受，并赞同政治的不可避免性。

两种立场在逻辑上都是清楚明确的，并看似具有一贯性，但以人类肩负的任务来衡量，则两种立场都是一种逃避。因为这样的意志——使暴力服务于公理，使权力受到法律的约束，在政治中唤醒实现飞跃的冲力而不仅仅追求利益，用人最高尚的力量探寻道路——在逻辑上根本就不是明确的，人们也无法将它完整地描绘出来。这样的意志只能历史地找到它的道路。

固化的片面性永远意味着错误。但是，真相并非一个正确的、带来综合法（Synthese）的组织世界的方法——这样一种正确的、最终的组织世界的方法并未赐予人类。真相是意愿在开放空间中的自由，这个开放空间是由实现世界的无限可能性构成的。我们或许能说，没有成为权力的精神是有缺陷的，而没有与人性的深度相结合的权力也一样。精神变得软弱，而权力则变得邪恶。但在这样的张力中，使权力成为公理的元素，将此在作为人类自由的土壤，并为它奠定基础，这是历史上永无止境的道路。

我们在下文中将探讨社会主义和世界统一，它们已经命运般地交织在权力实用学（Machtpragmatik）中了。而信仰则拥有另一种意义。假如信仰使自己卷入权力实用学当中，那它就已不再是真正的信仰了。只有在没有暴力的自由空间中，信仰才能作为真理逐渐形成。而在其形成之后，就成为产生严肃性（Ernst）的关键原因，人们带着这种严肃性理解实践，并在实践中把握社会主义和世界统一的理念。

2. 基本趋势

2.1 社会主义

2.1.1 社会主义的源头和概念

数个源头哺育了社会主义思想，并在一百余年来导致了只有将这些源头相互结合在一起才能满足的要求：

技术要求劳动组织。机器技术需要大企业对它进行操控，需要集体合作。

必须为所有人供应必需的消费品。每个人都要求生存的可能性。

所有人都要求公正性，并且在意识觉醒的今天，人们能够理解和表达自己的要求，并为之辩护。公正性既涉及劳动的方式，也涉及可支配劳动产品的分配。

今天，无人可以回避这些要求。困难不在于证明其合理性，而在于实现它们的方式。

今天，以公正性为尺度，以否定特权为前提，旨在建立所有人共同劳动和共同生活秩序的一切意向、趋势和计划，都被称作社会主义。社会主义是当今人类的普遍趋势，它趋于对劳动和劳动所得的分配进行组织，以使全人类的自由成为可能。就这点而言，今天每个人几乎都可说是社会主义者。所有党派都提出过社会主义的要求。社会主义是我们时代的基本特征。

然而，上述内容对于确定真正的现代社会主义来说是远远不足的。虽然，社会主义从公正性原则出发进行思考，但在马克思主义（共产主义）形态下，它思考问题的出发点同时是人类事物进程的全面知识。它以所谓科学的历史辩证法将实现共产主义理解为一种必然性。共产主义者自己的行动就是在对这种必然性的确信中做出的，他的行动只是加速了这种必然性的发展。然而，根据共产主义信仰者的洞见和意图，共产主义的实现不仅可以为人类实现秩序的公正性，并且会使人性本身发生变化。人将不再遭受由阶级划分导致的自我异化，并将伴随着前所未有的自由和精神成果，伴随着所有人团结产生的和谐幸福，在无阶级社会中获得自己真正的本质。

科学的共产主义是一个典型的现代显象，它将人类的拯救建立在它所理解的科学基础上。除此之外，它不需要其他任何东西。

根据辩证的历史观，在通往目标的道路上必然经过一个极为艰难的过渡阶段。阶级统治决定了资本主义当权者的精神状态，因此，想要通过资本家主动放弃权力，通过自由的、在谈判中达成的一致来构建新社会，从而和平地实现目标是不可能的。无产阶级专政是建立公正和自由的转折点。

为实现这一目标，首先需要权力，在资本主义危机中，权力将归于无产阶级专政。其次需要在科学的基础上进行计划。

2.1.2 权力

思想可以使我们产生错觉，仿佛那些合乎真理的、公正的事物都必定会实现。认为自己合乎真理的思想可以错误地以为，其正确性必会促使其实现。思想虽然会唤起动机，但只有在拥有权力的实际条件下，它才能在事物的实际进程中发挥作用。社会主义只能通过权力来实现，在遇到反抗时，这种权力能够使用暴力。

社会主义思想的能量如何与权力相结合，如何利用权力、耽于权力或主导权力，这对于人类未来的自由具有决定性意义。为了在公正性中赢得自由，社会主义必须团结在暴力面前挽救人类的各种力量，既反对专制者的独断专行，也反对群众在一时的多数派中任意妄为。这历来就只能通过法制实现。

在西方发展起来的政治自由原则正处于危险之中。只有吸收了这些原则的社会主义，才是自由的社会主义。只有这样的社会主义才能变得具体、人性化；才能避免教条的抽象化。而根据抽象的教条采取行动意味着踏上通向不自由的道路：由于公正性要求所有人共同统治，它会不知不觉地导致由煽动者掌控的群众统治，而这些煽动者随即变成专制者，他们使所有人成为奴隶，将生活的基础奠定在畏惧之中。在这条道路上，专制者不断增长的恐惧会迫使他们加强政治恐怖，因为他们始终生活在不信任之中。而专制者的行为又反过来会使所有人生活在畏惧和不信任中，因为每一个人都始终处于威胁之下。

计划是社会主义的基本特征，假如权力通过计划不断增长，导致了全面计划（Totalplanung），那它就会主导社会主义，而不是为社会主义服务。

计划只有通过权力才可能实现，全面计划只有通过绝对权力才可能实现。只要法律允许资本任意积累，垄断就可能形成。垄断会导致凌驾于消费者之上的权力，并且也会导致凌驾于垄断企业的工人和职员之上的权力，因为在相关劳动领域内再无其他可能的选择：解雇就意味着毁灭。全面计划只有通过国家才能实现，更确切地说，它通过一个拥有绝对权力的国家实现；或者是这个国家通过全面计划获得绝对权力。在由国家实现的全面计划面前，任何一个资本主义经济下垄断集团的权力都无限渺小。这种全面计划是一种囊括私人生活，并对其拥有绝对控制力的权力，这在历史上是前所未有的。

2.1.3 计划和全面计划

计划的难题引起了全世界思想家的不安。巨型计划及其实行就在眼前。

每一种根据目的所做的安排都是计划。在这个意义上，计划历来就是我们人类此在的一部分。没有计划全凭直觉生存的是动物。为了在计划的多样性中找到我们的道路，我们来做一些区分：

谁来计划？要么，计划源于私有企业竞争中的私人自发性——其红线是某一领域内的得益者相互联合，以消除行业竞争，形成垄断。要么，计划由国家制订。国家或在制订计划时，受到法律保障的自由主动性秩序的限制；或是它自己采取一开始就带有垄断特征的行动——如果国家在全面计划中把一切都完全置于自己的领导之下，那么它就踩到了红线。

计划什么？一个企业，或是整体经济，或是一般人类此在的总体秩序。

* * * * * * * * * * *

现代计划始于经济，即便到今天，它真正的领域依然在这里。计划经济源于困境。经济领域内的人类合作最初并不是在有整体计划的情况下产生的。计划是为应对灾难的处境，为应对劳动过程及整个企业遭受危害的处境形成的：人们该如何才能改善处境？如何才能自救？

世界经济直到 19 世纪末才形成。从前，经济在地方上已经可以得到足够满足，因而是自给自足的（最多通过贸易为少数富人提供非必需的奢侈品）。与此相反，现在，日益富足的所有民族都通过交换原料和大规模产出的产品而相互依赖。

与新的依赖性一同到来的是大多数人起初都无法理解的经济紊乱（例如，当小麦价格依赖于加拿大或俄罗斯的收成时，甚至当小麦价格剧烈波动，整个农业的繁荣都依赖于斯时）。人们在困境中呼唤国家援助。所有得益者——他们之间存在诸多矛盾——都想要通过国家获得保护。其后果是竖起的壁垒、闭锁的状态，它们始于关税和出口规章，以极权政权下新的、有意为之的自给自足告终。这一切在和平局势下仍是有限度的，然而在两次世界大战中上升为全面计划。我们把目前可以看到的可能性做一个对照：世界经济使所有人变得富裕，其发展在整体上并无计划，而是通过自由市场上的商品流通，在应有的限度内理性进行的。它的发展以世界和平为前提条件，并且以和平为目标。——强制在整体上推行计划，这看似是理性的，但实际上伴随着不断增长的贫困。这种强制破坏商品流通，或是将流通置于国家监管之下，而其尺度只是某国自己的一时利益。它是两次世界大战的后果，并且产生新的战争趋势。

简言之，计划源于某种困境。作为最大的困境，战争是全面计划的源头。

而通过全面计划实现国家权力意志、防卫和征服意志，使当前力量达到最大限度，会改变这种困境中的计划的意义和正当性。全面计划包括以最严重的物资短缺为代价生产战争武器。总体此在全被孤注一掷地压在征服上，而征服唯一能做到的就是通过劫掠他人来挽救自身的破产处境。为了服务筹划中的战争，或是为了防范战争的到来，那些有利于战争行动的东西将得到长期确立。

于是，一种新动机随即产生：在战争时期被迫形成的绝对权力状态，应作为长期持续的绝对统治状态沿用到和平时期。如果说第一种动机将战争看作常态，和平只是为了做好战争准备，那么这第二种动机或许已经将和平看作常态。但是在和平中，所有人的最高幸福、公正性以及必要的自然需求，都应该通过长期持续的全面计划以及同时相伴随的绝对统治来实现。这里掺杂了一些错误的思想：

（1）在困境中，如战争或是自然灾害带来的困境，为筹措和分配食品进行全面计划显然是公正地应对短缺的唯一手段，它使每个人都得到不多但是均等的食品。而在这种非常规状态下，对有限的目的来说具有意义的做法，却被沿用到经济、劳动、生产、供应的总体当中，不仅如此，还被沿用到人类的整体此在上。帮助人们应对短缺的形式成了生活的一般形式。

（2）人们认为，机器技术从本质上要求一个拥有无限权力的国家来操控它。然而，技术所必需的大型劳动组织是有其界限的，超出了这个界限，技术的生产能力就会下降。巨型的劳动组织会变得僵化，它们只想维持自身，而不愿做出改变，并且在垄断化过程中敌视新发明。只有在竞争中，不受指令的束缚，人们才能充满信心地期待发展和进步，尝试新事物，把握机会。只有在竞争中，人们才能完全发挥所有精神力量并逐渐取得成功，因为如果这些力量不能发挥作用，人们就要面临破产的威胁。

（3）对公正性的要求针对的是贫困和骇人听闻的不公，而这被认为是在自由主义时代的自由市场经济中产生的。人们在这里指责自由主义（Liberalismus）的基本思想，而人们指责的问题实际上源于自由主义思维中的灾难性混淆，这些混淆服务于利己主义的利益。如李普曼所指出的那样，自由主义的理论混淆了法人团体（Körperschaft）的特权（人们事实上能够废除它）与不可侵犯的人权，混淆了法人的有限豁免权与自然人的神圣不可侵犯性，混淆了垄断组织的所有物与私人财产。反对自由主义思维错误的斗争是正当的，但它不能变成反对自由意向本身的斗争。

2.1.4 经济观：自由竞争还是计划经济？

计划经济存在于竞争及自由市场受到限制或被消除的地方。它始于以托拉斯形式建立起垄断的大企业，然后从垄断发展成国家经济。

人们提出以下关于经济的问题：市场经济还是计划经济？是在

竞争中，在自由主动性的相互作用下实现所有人的理性；还是在全面计划中，由少数技术人才的理性实现所有人的幸福——哪一种更有成效？是在市场上承担风险并在竞争中做出决定；还是由官僚机构通过委任、分配劳动与收益进行操控——哪一种更可取？是由竞争决定成败的市场，还是大人物们通过官僚机构做出的单方面指令？——法官应该是谁？

在自由竞争中，任何人都可以使他的产品、成就、思想、创造得到重视，只要它们能得到公众的认可。所有人极其多样的趣味、需求、意志都在发挥作用。做出决定的是全体民众，其中也包括少数派。自由竞争下的氛围不是千篇一律而是无限丰富的。独特的精神可以为自己塑造出独特的环境。在竞争中产生了动力。竞赛在任何时代中都带来了时代所能达到的最高成就。

虽然，关于这些问题的讨论首先发生在经济领域。在经济领域中，全面计划意味着关停市场，以利于统计估算，并根据相关负责人的知识、目的和趣味来决定劳动、生产和分配。支持全面计划的人称赞它是理性地满足需求的经济，与之相对，自由市场经济则被贬低为利润经济。

然而显然易见的是，全面计划从经济事务出发，间接地把操控整个人类生活，甚至是操控精神创造的世界当作目的，而精神创造比其他活动都更加依赖于最自由的个体主动性，它会在任何一种有计划的操控中窒息。在自由主义的世界里，就算是威廉二世[①]的趣

① 威廉二世（Wilhelm II von Deutschland，1859—1941），即弗里德里希·威廉·维克多·阿尔伯特·冯·霍亨索伦（Friedrich Wilhelm Viktor Albert von Hohenzollern），德意志帝国末代皇帝和普鲁士王国末代国王（1888—1918）。——译注

味在根本上也只是私人趣味，即便这种趣味通过财力和唯命是从的国家机构成为一种被过分吹捧的实在，但它也依然处于一种更加广博、不受这种趣味影响的精神生活内部，并且会因它的空洞而遭到这种精神生活的轻视和嘲笑。然而在极权的世界里，希特勒的趣味甚至决定了谁能够作画，而谁不能。

个人不再拥有优先选择某样东西来满足需求的自由；供应不再多样，人将不再有机会尝试某些东西是否会得到人们的喜爱。例如，康德著作的受众只是少数人，它们在计划经济中将不再有存在的位置，因为在计划经济中，除了掌权者的心情或国家领导人的教条之外，只有群众的长期需求具有决定性。或者只要国家领导人愿意，他们也可以下令大量印刷出版康德的“三大批判”。自由需求下无法估量的多样性除了可能产生大量刻奇[①]之作外，也使最优秀但尚不出名的创作者有可能获得良好发展，因为总会有一些群体响应、渴求、购买他们的作品。相反，计划经济必须以有限的商品清单为前提，这份清单遵循的是群众需求。决定什么精神产物应该得到发展的不是普通的人，而是官僚机构的首脑。

事实表明，经济上的全面计划无法只局限于经济领域。它会涉及人生活的方方面面。对经济的操控会带来与之相符的生活方式，并且它会通过这种生活方式继而操控整个生活。

如果一个人相信竞争会激发人类所有力量，信任事物在这种条件下的进程，并因而渴望经济自由，那么他就会不断要求进一步去

① 刻奇（Kitsch），指不具有高度审美价值的艺术作品，通常包括对现有艺术作品的大量重制（如蒙娜丽莎的复制品等）、将现有艺术作品及其元素转换到其他形式中（如将已有油画作品改作为版画等），以及对已有艺术风格欠缺品位的模仿等。——译注

除枷锁，开放国界，建立普遍而自由的世界交往。在由他设想的未来图景中，官僚政治会减弱。

如果一个人因为无秩序、不可预测的经济危机、劳动力的浪费和生产过剩、变得没有结果的竞争及失业和饥饿带来的不幸，在技术提供了致富可能性的条件下，将得救的希望寄托在全面计划上，他就会不断要求权力更进一步集中，直到所有的一切都由一个中心来操控。

一些人反对这种二项选择，认为两个选项都是不正确的：真相是排除极端后的中间道路。但关键的是，我们必须做出一个基本决定：两种可能性中的哪一个将拥有优先地位。在做出这个基本决断后，虽然我们在接纳另一种立场时会将它置于从属地位，但这样可以避免它在总体上成为唯一可能性。

在**自由市场经济**中，不论人们走什么道路都需要有深远的计划，但这种计划是有限的。人们会先将不干涉纳入计划之中，然后再将条件重新建立起来。在重新建立的条件下，竞争作为筛选和证明的方法得到保留。不计划的计划通过法律创造了架构和可能性。

此外，在一些领域中，计划在有限的范围被相对全面地推行——即消除竞争，例如：电力和自来水企业，铁路和邮政；开采完全按量计算的原料的行业，如采煤业等等。在这些领域中，自由以这样的方式保存下来：获取这些原料的可能性对所有人来说都是开放的、均等的，而不会将它们有选择地分配给受欢迎的买主。

生产资料供应充足的国家，其经济状况与饱受战争摧残的国家的短缺状态不同。在前者的前提下，问题在于，在哪些环境中，在何种程度上，由最庞大的组织实行经济指导计划才是有意义的。无论如何，效率最大化不是唯一的衡量标准。即便在困境威胁到此在，变得具有绝对迫切性时，为了有利于自由，我们也甘冒危机的风险、承受短缺的代价。但是，如果要制订计划，我们就要在私人组织的计划和由国家制订的计划中二选一。诚然，如果要保护整体利益，那么垄断组织就必须处于受法律限制的国家控制之下。但鉴于国有企业无法盈利以及劳动效率下降的经验，鉴于在官僚化中产生的办事懒散拖拉的风险，以下问题始终存在：私人垄断组织从自身经营出发进行自我调控引导，并通过这样而做出的计划，在何种程度上超越了国家计划，能够更好地达到目标？判断的标准应该是如何能够避免这种危险：自然竞争的刺激消失，取而代之的是强制劳动的国家恐怖措施，如剥夺罢工权利，禁止自由迁徙，消灭劳动者为争取从未最终实现的公正性而斗争的全部主动性。

如果技术机制要正常运转，那它将不可避免地在计划和组织方面产生一些影响，而这些影响与自由竞争、法治国家和人类自由似乎在根本上并非不可相容。

全面计划：它无法使人们通过竞争获得动力，因此它寻求制造这类竞争，例如效率竞赛。但这不具有自由竞赛的原则。裁判早已预定，裁决也不是由可以信赖的内行专家从人们职责的本质出发作出的。而某些与职责本身关系不大的品质，却在选拔中得到了优先考虑。本应得到激发的主动性，却在各种条件下受到了限制。整体趋向机械劳动导致的烦闷，人们感受不到任何通过自身成就开辟自身道路的希望。

我们眼前有两大趋势。在我们采取明确行动之前，我们必定已经在这两者之中选出了一个，它是我们各种决策的源头：

要么，我们在自由选择中面对有包容性的命运。我们相信，在各种力量自由的相互作用下会产生种种机会，即便这种相互作用也常常产生许多荒谬的事物，但是我们总有纠正它们的机会。

要么，我们面对由人们全面计划的世界以及它在精神和人道上的毁灭。①

2.1.5 计划的手段：官僚制度

凡是需要大量的人有序完成的事业，都需要官僚制度。因此，凡是存在这类事业的地方，官僚制度就会出现。在古埃及，在各古代世界帝国，在腓特烈二世②的诺曼人国家中，它都发挥着作用，但在希腊城邦里，我们看不到这种作用。现代技术为官僚制度的组织和影响提供了前所未有的可能性。现在，它可以真正极权化。

官僚制度是建立在公职人员（文职人员）发布的规章和指令基础上的统治。它就像是一部机器，通过公职人员的特性和意向运转。

我们可以简要地描绘一下公职人员类型层级的特点。

① 关于全面计划，参见：沃尔特·李普曼《良好的社会》（*The good Society*），1938 年；德译本，伯尔尼，1945 年。F.A. 哈耶克《通往奴役之路》（*The Road to Serfdom*），德译本（*Der Weg zur Knechtschaft*），苏黎世。威廉·洛卜克《当代社会危机》（*Die Gesellschaftskrise der Gegenwart*），苏黎世，1942 年第四版。——原注

② 腓特烈二世（Friedrich II,1712—1786），又译弗里德里希二世，后世尊称其为腓特烈大王，是普鲁士王国国王、军事家、政治家、作家。——译注

理想的公职人员几乎像一名研究者一样不断思考他的职责。就像120年前的一位高级行政官员一样，当他临终前被问到在想些什么的时候，他回答道：国家。理想的公职人员自觉自愿地遵从各项规定；明白官僚制度的职责所在，并谨守其意义；亲身体验必须由其决定的具体情况；拥有将官僚主义行为限制在最低限度的职业伦理，并不断问自己，官僚制度在哪里是可以避免的；力求使官僚制度快速明确地运转，且在运转中保持人性化和有益性。

更低一层级的是热心职务的公职人员。他们已在官僚制度中感受到乐趣，并通过自己勤奋的工作努力使官僚制度的运转扩大化、复杂化。他们享受自己的职能，但能够依据各项规定正直可靠地完成工作。

第三个层级的公职人员已经丧失了职业伦理——对国家与职务的忠诚和令人信赖的正直。腐败和心情成了他们的行事准则，空虚感和无意义感侵袭了他们的内心。他们变得懒散，工作对于他们来说就是坐满办公时间。谁要工作得勤勉些，反会被当作是搅乱平静的人。他们并不钻研具体事务，只是不断地进行程式化工作；并不解决困难，而是消除困难。他们办事犹犹豫豫，能拖就拖，把所有事情都弄得含含糊糊。这一类公职人员享受权力，因为权力使这些在其他地方软弱无能的人能够在某些方面决定他人命运。工作责任、公共利益、公正性等套话给他们沉闷乏味的氛围艺术般地镀上一层光亮的外表。他们把坏脾气发泄到无力自卫的人身上。在与民众打交道时，他们并不像一个企业对待自己的顾客那样，表现出友好且乐于助人的态度，而是像主人对待自己的所有物一样。这些“官方傲慢”的载体变得不礼貌；在与民众的交往中肆无忌惮、虚伪狡猾、摆出一副恩主似的面孔；让人等待、推迟、回避、拒绝是他们的拿手好戏。

官僚制度最开始是有意义的、自我节制的，由人的人格支撑起来的统治形式，但后来则变成了普遍上具有阻碍性和强制性的空洞机制。从事实出发，官僚制度的这种堕落的特点可以用以下方式表述出来：

官僚制度是手段。但它趋向于将自己变成目的本身。在这种转变中，关键的一步是作为服务工具的官僚制度变成逐渐独立的官僚制度。于是，变得自主的（autonom）官僚制度已不具备自我节制的伦理，取而代之的是无限自我扩张的趋势。

首先，这在于规章管理的天然性质。如果官僚制度的措施酿成了灾祸和混乱——成为民众的负担，牺牲了民众的利益，这时官僚制度不会再有责任意识去纠正自己的错误，反而这一切只会成为制定新的、范围更大的规章的导火索。官僚制度相信规章管理是一剂万灵药，这种信念使它力图消灭人在自由活动空间中的主动性，以及通过灵活的头脑实现的自助（Selbsthilfe）。如果遇到困难，那便只有一条出路——新的规定。这条道路意味着官僚们的属下阶层特点是将把所有缺乏具体建设性理念的人全面同化为属下阶层。法令不断地复杂化加之对民众权利的剥夺，这同时迫使民众不断为实施官僚制度的法令提供更多劳动力。最终，所有人都将陷入对这一非生产性机制的服务当中。

此外，这种转变还在于官僚机构中所有公职人员利益的一致性。官僚机制必须持续存在，并不断扩张，因为就其中所有人的价值和意义而言，它都是一个生死攸关的问题。这一机制本应服务于民众的利益，然而现在它却服务自身。它要求巩固自身，要求保障自身。

这是有可能发生的，因为这一机制的不断复杂化使它摆脱了公共监管。它变得令人捉摸不透，针对它的批判越来越无从下手。最终，除了这个机制内的人之外，任何人都无法再看清它，并且即便是这些内部人士，也只能看清他们自己的那一块领域。无论是民众，还是最高行政机构，都无法攻击这一机制。它的存续依靠其内部人员的利益一致性。

即便一个独裁者用上所有恐怖手段将这一机制转化为他手中的工具，它的这种状态也依然会保持下去。在这种情况下，这个机制虽然会因其内部人员的氛围而发生变化，成为实现政治恐怖的手段，在这个过程中，一些人和团体不断受利或受害，但不会有任何人拥有绝对权力。通过参与政治恐怖，这个机制的自主性得到新的增强，甚至是命令它的独裁者也必须顺应它内部的利益一致性，必须容忍因他而进一步加重的腐败。

2.1.6 有意义的计划界限

只有当下列问题出现时，我们才会把计划当作一个难题来讨论：计划是否应该局限在明确的单个目的上？是否应该由各种力量的自由作用来决定事物的整体进程？或者，是否应该通过一个计划为所有人安排好所有的行动？我们应该采取有限的计划，还是全面计划？

关键的问题在于，在有可能进行计划的事物和不可能通过计划获得成功的事物之间是否存在一条界线？如果这样的界线存在，那么我们能够确定它吗？

全面计划必须以全面知识为依托。在决定是否制订全面计划之前，我们必须首先确定是否存在真正的全面理解以及一种对整体的知识。

全面知识看上去有可能描绘出未来的蓝图。而这种蓝图将变成人们行动的纲领：人们要求通过自己的行为促进那些确定会到来的事物；人们要求通过知识指导的行动参与到事物必然的进程中去。因为人们了解整体，因此人们同时想要积极地掌握整体。

但是，作为前提条件的全面知识并不存在。即便只对经济领域而言也是如此。

没有人能够通观各种经济实在交织而成的错综复杂的关系网，我们永远只了解一些简化的方面。我们始终已经生活在一个无意间创造出来的世界里。在这个世界中，当我们从有限的知识出发追逐有限的目的时，我们会带着这些目的引发料想不到的后果。任何意志都不能从整体上创造世界，任何认识能力都无法认识世界的全部。这就如同我们可以照料有机的生命，但假如我们对它进行全面干涉，就会摧毁它，并且无法将之复原。人历史地创造出来的此在世界也是一样。在一个兴旺发达的经济中，有几乎无限多的因素决定了它的繁荣。任何知性都无法从总体上将这些因素计算出来。经济科学本身是一种尝试的手段，而不是整体的认识体系。

然而，我们现在所掌握的关于人和历史的知识，与关于自然以及经济关系的知识具有不同的特点。我们所有的是一种直观性的认识，它不具备可应用性：我们看到一种文化的精神世界，并去理解它们，通过分析和研究使它们呈现在我们眼前；我们进一步看到人格的意义，设想与超越有关的可能的人的生存。但我们无法将这些作为目的：形成一种人格，创造一种文化，生产一个精神巨作。我们的意图总是会成为这些可能性的先决条件，或是通向它们的道路，但这些可能性本身在根本上是无意中实现的。不仅如此，假如我们恰恰将那些究其本质无法有意为之的东西作为我们的目的，那么我们反而会毁掉它们——比如，形成一种人格，但我们的人格只能是被赋予的，即便我们的意愿和行为始终带有这样的目的，我们持续不断的活动是这种赋予的条件。在这方面，如果我们由于直观性的或是设想出来的知识，而想要采取有目的的行动，便会造成一种根本上的颠倒。只有当目的有限的时候，我们才能凭借认识和手段有计划地达到目标。但在有生命之物上，情况又不同：将他们作为我们的意图，并去计划他们，恰恰会使他们灭亡。因此，有可能实现的事物并不意味着我们可以在不干扰它、不摧毁它的情况下，带着目的去谋求它。

尼采说过："无论如何，如果人类不想通过一种有意识的总体治理而毁灭自身，就必须事先获得一种对文化条件的认识，并以此作为普世目标的科学标准，这种认识必须在程度上超越此前一切相关认识。"①这之中包含着对当前所有过早的尝试的警告——但是这里也存在一个错误：尼采认为，全面认识有可能成为全面计划的充分前提，全面计划取决于它，或以它为手段。然而，由于统摄的整体

① 引文出自尼采《人性的，太人性的》(*Menschliches, Allzumenschliches*)。——译注

具有非对象性，因此全面知识是不可能的。

* * * * * * * * * * *

我们可以确信：一种全面计划根本不可能是有意义的方式。它的前提是对我们自身知识和能力的错觉。制订所有计划的关键都在于始终要在具体情况中看到界限，一旦越界，我们制订的计划就会从有意义的局部计划，变成有违本意的、破坏性的整体计划。因此，我们会提出这样的问题：有效、有意义的计划的范围是什么？原则上，以下事实证明了计划的界限：

（1）我们从不了解整体，而是永远身在其中。

（2）一切行动都会产生出乎意外且无法预料的影响。

（3）我们只能为机械的、符合理性的事物制订计划，而不能对有生命之物、精神上具有理性之物做出计划。

尽管全面计划是不可能的，但这样的倾向却依然存在。这种倾向的主要源头有两个：技术的典范作用以及历史上所谓的全面知识的诱导。

* * * * * * * * * * *

技术领域中的全面计划源头：当技术出现紊乱时，人们便会尝试通过有目的的计划来消除它们。为了利用技术反过来克服技术造成的弊端，技术的发展要达到非同凡响的地步。人们改进机器，创造尽可能舒适的劳动条件。但在这些有意义的举措之外，人们还借助一些看似合理的措施来帮助自己。

比如，人们通过买断新专利来应对快速变革带来的危险。人们尝试通过有计划地规划休息时间、安排住房、组织私人生活来抵消人们的不满、疲乏和空虚。

不仅如此，人们想要将领导本身技术化，从而防止技术在整体上缺乏领导：在国家社会主义中，人们认为对整体的组织可以使正确的道路通过监管和计算，在确凿的认识下几乎自发地显现出来。

在技术领域内，人们通过计划取得了十分杰出的成果，这使一些人由于技术的魅力和思维的鲁莽走上一条通向技术统治思想的道路——即通过技术本身来领导技术，并相信这将克服所有弊端。坚信科学无所不能的科学迷信催促人们走上全面计划的道路。技术时代寻求以技术实现重建整体人类此在的理念。

然而，利用技术本身并不足以将技术引上造福人类的道路，甚至必定会使情况变得更糟。说到底，以恶除恶是行不通的。

从整体上重建人类此在是无法计划和安排的。首先，人必须不间断地生存。人一刻也不能中断他的生存以使整体从头开始。人必须始终将每时每刻的既定现状作为他的出发点。其次，人们无法通过技术来实现对技术的控制，也无法通过技术统治来克服技术弊端。相反，技术统治也许恰恰意味着最终的均质化、瘫痪和奴役。

在技术界限之外的自由正是人本身——是不让自己陷入纯技术的强制性，而从更深层的起源中获取力量的人。一切计划以及行动的界限，都在于人必须自由才能把握机会之处。在这里，人能够实现什么样的可能性，从本质上来说是无法预测的，但假如人将这种可能性作为目的去追求，便恰恰会阻碍或是毁掉它。这种可能性从未来迎向我们，它是出人意料的、简单的、具有压倒性的，它超然于一切技术之上，并将技术本身包含于其中。如果人面对的是这样的开放性，如果他的生活出于这种开放性，又趋于这种开放性，那么他就会从世界观的技术化中解脱出来，摆脱当今如同理所当然般发挥作用的存在意识的技术主义形式。

* * * * * * * * * * *

历史上所谓的全面知识中的全面计划源头：作为世俗的全面知识，历史哲学源于基督教历史思考的世俗化——由创世、原罪、圣子降临、世界末日和末日审判构成的唯一的人类历史。奥古斯丁的全面历史观源于宗教天命思想，它逐渐转变成概念的必然性思想。这种思想在黑格尔那里辩证地支配了历史；而在马克思主义认为的必然性中，这种全面历史观作为辩证思想，与因果思想不明确地联系在一起。最终，因为相信历史进程中存在可以认识的必然性，科学的因果思想在历史学者庸俗的理解中被推广到历史进程的整体之上。

从这样的精神世界里产生了一种在今天几乎是十分自然的错觉——人们能够理解历史的全部。在这种错觉下，人们怀有不确实、不明确的观念：事物的总体进程是必然的，是从根本上已经规定好的；假如人们进行充分的研究，便能在这种必然性中认识事物的总体进程；过去的事物会以无可抗拒的必然性决定未来；从过去发生的事情中可以推导出未来的进程；错误预测的根源不在于原则上错误的前提，而在于不够充分的认识，这种认识必须在原则上加以改进，以达到充分的程度。

个别的准确预测似乎证实了这种基本观点，如伯克惊人准确地预测了法国大革命的进一步进程，以及布克哈特对未来状况的描绘和尼采对虚无主义的预言。然而，这一切都是通过洞察，对现已存在的事物做出的预测。

历史的世界在细节上充满了人们能够研究明白的因果关系、动机关系、形势关系、背景关系，但历史的世界在整体上是无法预知的。所有我们能够通过直观而清楚认识的关系，都是部分上的关系。对它们的认识永远不会变成有根据的整体认识。

对历史的全面理解的错误表现在：通过将某一种可以明确认识的因果因素绝对化（例如历史中的经济因素），或是通过将所谓从本体上得到把握的单一进程全面化（例如黑格尔的客观精神辩证法），在单一因果关系的思维中把所有事物归结到一个原理之上。

我们的任务是：在历史可能性的空间中生活，看到开放的世界——人处于这个世界之中，而非超然其上。我们可以通过构想，通过描绘连贯的发展图景，通过尝试从当前和过去的实在中牵出种种线索并将其延伸向未来，而使这个空间变得明亮起来。但是我们不能让这些图景、思想和构想来驾驭我们。它们是一些方向，并且仍是悬而未决的问题。如果将它们当作对现实的认识，那么对真理和行动来说都是灾难性的。只有保持整体开放的可能性，我们才能保持自己在部分中的行动意义。

当然，说明意义和通过因果关系认识历史是不同的。我们可以指明那些在我们没有意识到的地方发生的、产生促进或阻碍作用的事物，同时将它们与对我们而言历史最为重要的东西联系起来：成为人意味着获得自由；成为真正的人，这就是历史的意义。欧洲的希望在于——会有一些东西出现，它们迎合我们的这一意义，并帮助我们去实现它，然而，只有当我们积极地去把握这些东西，它们才会对我们有所帮助。因为如果没有自由、功绩和过错，一切如自然般发生，那么历史中就不会有任何对我们来说至关重要的事情。

* * * * * * * * * * *

所有全面计划都是在处理人的问题，这就好像人熟知人类，才在这一基础上有所期待。对此，有两种相反的立场。

人是始终如故的。把握人一时的样子，便可以建立起社会的结构，以便为所有人——人的本质是不变的——谋得尽可能多的财富和自由。

或者，人并非永远如故，而是会随着他所处状况的变化而变化，并因此走上不可洞察的变化之路，代代不同——因而，人应该建立起社会的结构，以使人朝着真正的人性的方向变化。人性的理想成为计划追求的目标。伴随着人的改变，一些新的社会状况会有实现的可能；而只有通过新的社会状况，新的人才有可能产生。这就好似制订计划的人能够清楚地通观人类，并想要创造人类，如同一名艺术家从已有的材料中创造出他的艺术品一样。这是一种自大——人将自己摆在了超越人类的位置上（如在青年马克思的理念和尼采的超人理念中）。

然而，两种立场都是不合事实的。它们都没有指明正确的道路。更确切地说，我们只能把这样的决心作为我们生活的出发点：为自由而发挥作用，并且在克制自己不去探究这一决心能够带来什么结果的前提下，使这种决心本身成为一个因素。这是现代的问题如此迫在眉睫的原因：计划什么才是有意义的、有可能的？我们制订计划以及采取行动的界限在何处？

* * * * * * * * * * *

我必然在不了解整体的情况下采取行动，因此也不了解我行动的所有后果——同时，这种行动会成为整体的一个因素，在整体中，我想要通过行动来获得真相和最佳效果。

如果不论是对我的认识而言，还是作为未来可能实现的事实而言，都不存在一种组织世界的正确方法，那么我就必须放弃将组织世界的正确方法、圆满和已理解的整体作为自己不自觉的知性标准。相反，我们每个人都必须在自己位于世界整体中的位置上进行思考、采取行动。我们必须在整体的环绕中计划和打算，在此同时，整体并非作为可知物，而是作为理念存在于我们的当下。

因此，对未来保持开放是自由的条件，而见解的广度则是人们在当下做出明确决断的条件。人们寻求通过衡量可能性与机会做出正确的决断。推测未来不是洞察某种明确的必然性，而是洞察一个开放的可能性和或然性（Wahrscheinlichkeit）空间。

2.1.7 社会主义和全面计划

作为共产主义的社会主义确信必将拯救人类，在拯救人类的满腔热情中，它以暴力通过全面计划塑造未来；而奉行在自由民主的共同作用中逐步实现自身理念的社会主义，与前者是不相通的。前者用以科学面貌出现的信仰消耗献身于它的人们，将不信仰它的人们当作可以用暴力支配的材料。后者并不使人陶醉，它立足当下，需要清醒的理性和不间断交流的人性。

当社会主义在实现进程中碰到界限时，只有镇定的理性才能有所帮助。比如会有这样的问题：有计划的劳动组织必须达到什么程度，能够到达什么程度？在它超出这种界限时，是如何毁掉自由的？另一个问题是，公正性在何种程度上取决于平等，又在何种程度上取决于职能的不同，取决于不同职能决定的不同生活方式？仅仅依靠数量和计算无法赢得公正性。在质量的千差万别中，公正性是一个无限开放的任务。

有别于社会主义，共产主义的特点是将起初真实的趋势绝对化。这些趋势由于绝对性而变得偏激，为了实现均等而无法在实践中进一步塑造历史。试举几例。

第一，社会主义置身于个人主义的对立面。它以集体反对分化，反对固执己见、利己主义和个人的独断专行。

而将这种立场明确地绝对化，则意味着完全否定个人权利。社会主义的本意是给予所有人实现个性的机会，然而通过将不同个体均质化，它就会成为个性的破坏者。

第二，社会主义反对资本主义。它要求以生产资料的公有制取代生产资料私有制。

当这种趋势绝对化之后，它质疑的就不再是机器技术和大企业的生产资料私有制，而是要求废除一般私有财产。财产是使环境成为供个体支配的消费品、居住空间和精神作品的一种方式，它为个体及家庭创造了此在基础，个体与家庭赋予这一基础以灵魂，并且其本质在这一基础上得到反映。财产遭到废除，即是说，人被剥夺了他的个人世界及其在历史中发展出来的存在的生活条件。

第三，社会主义反对自由主义。它要求计划人类事务，反对保持各种力量在竞争和自由市场中的相互作用，反对面对危机漠不关心——这种危机形成于各种力量绝对自由的相互作用之中。

将其绝对化之后，则意味着：这种趋势想要制订的计划，不再服务于明确的特定目的，相反，它想要制订整体计划。本来是合理地反对自由放任主义，现在却变成了反对自由。而我们只有在对无法预估的可能性保持开放的前提下，通过在交往中尝试运用主动权，才能实现自由。

如果人们比较这些例子，那么人们在每种情况下都会首先对社会主义表示赞同。然而，每当列举的路线变成一种排斥选择的绝对化立场时，便会产生不具体的因素。我们在每一种情况下都应该提出这样的问题，而不是陷入绝对化——

对个体的领导、命令和服从必须达到何种程度？公有制必须达到何种程度？私有制必须达到何种程度？有意义的、必要的计划必须达到何种程度？对于通过人的自由主动性进行的、无法洞察的事物进程，我们的信任必须达到何种程度？

只要社会主义的要求是经过具体设想和深思熟虑的，那么它们就始终处于界限之内。只有当具体的情况从人们眼中消失，想象的人类幸福世界被假定可能实现的时候，社会主义的要求才会变得抽象和绝对。社会主义由一种理念成为一种意识形态。

正确组织世界的方法是不存在的。公正是一项无穷尽的任务。如果将人制订的计划当作所谓的正确组织世界的方法而用暴力确定下来，则必定会失去公正性。因为假如没有自由，公正也不可能实现。

然而另一方面，在始终保持开放的历史道路上，如果彻底放任所有人或是个别人专断妄为，这一任务同样会失败。因为这样会导致不公正，而没有公正，自由也不可能实现。

社会主义从其起源起便保有人人享有自由和公正的理念。它防止自己绝对化。每个人都能通过洞见而接受它。它能将所有人联合起来。然而，如果它变成狂热的信仰，变得暴力，并且由于绝对化而变得教条时，这一切就不再可能了。

今天，社会主义看到通过把人组织起来以实现所有人共同解放的伟大任务，在这种组织下，人们服从必要的安排，但会因此而变得更加自由。这是一种不同寻常的处境，在这种处境下，人似乎有可能在历史关系中奠定此前从未有过的新起源的基础。此在的秩序是时代悬而未决的巨大任务。社会主义是所有趋向这一秩序的趋势的代言人。如果采取这样的方式，社会主义便会接近它的目标：在不使用暴力的情况下取得全体一致，逐步地、历史地前进，并且不因想要直接、全面地实现自身的意志而坠入深渊。在这个深渊中，假如人没能克服一切困难从其本质的深处重新找到出路，那么历史就会在这里终结。[①]

① 沃尔特·李普曼和F.A.哈耶克从根本上说明了全面计划的问题。根据李普曼的观点，全面计划的后果可以用几句话来表达：

随着计划规模增大，灵活性和适应性会降低。

通过全面计划来控制物资匮乏和无序事实上会使这两种情况更加恶化。想要通过强制来克服混乱，会越发引起混乱。

劳动组织的强制性会不断增强，直至成为恐怖。因为强制性会促生不满，而只有不断增强强制性才能阻止这种不满爆发。

全面计划挂连着军备和战争，它是中断自由交往的冷战。

全面计划被移植到最小的团体中。这样的趋势会逐渐增强：树立壁垒，借助政治力量的帮助毫无顾忌地发展一切形式的小团体。

即使人们并没想要积极参与计划经济，这些计划经济的趋势依然会出现，依然会不断增强，这是事物的自然。此外，计划经济中还存在改变整个人类此在的趋势，包括精神状况；存在理想主义的计划先锋们看不到的趋势。哈耶克令人信服地概述了这些趋势的特征：

1. 计划经济破坏民主。如果民主是政府和通过议会、讨论及多数派表决实现的政府监督之综合，那么它只可能存在于把国家任务限制在特定领域的地方。对于这些领域来说，可以通过多数派的自由讨论制定出决策。但议会绝不可能控制一个全面计划。相反，议会会通过所谓的授权法走向终结。

2. 计划经济破坏法治国家。法治国家依靠法律维系，即使多数派的专制也不能随随便便废除法律，而是必须要经过一套法律程序，这套程序需要时间，并且允许其他多数派来控制这个多数派。但是，全面计划需要通过支配、命令、全面授权实现统治。这些做法具有一种所谓的合法性，但却以官僚和被授予权力的人不受控制的独裁为基础，它们可以被随意更改。

法治国家保护人免受多数派的独裁统治，而这种多数派的绝对有效性仅源于他们是民主选举程序的产物。但是，这样的多数派可以和个别人一样独裁和专制。防止政权走向专制的，不是它的源头，而是对它施加的限制。这种限制遵循固定的准则。这些准则对于法治国家的国家权力同样有效。但是，全面计划导致了诉诸群众的呼吁，而群众在投票表决时完全不知道，他们到底在决定什么。

3. 计划经济要求绝对的整体性。这是一种幻想：人们可以把极权引导局限在经济问题上。纯粹经济的目标是不存在的。全面计划的尽头是废除货币，废除这个自由的工具。“如果一切劳动报酬，都不以货币，而是以公开表彰、特权、高于他人的优势地位、更好的居住条件、更好的饮食条件、旅游或受教育机会的形式发放，那么这就意味着，报酬的接收者不再拥有选择的权利，而规定报酬的人不仅决定着报酬的高低，还决定着它们的具体形式。”问题在于，“决定什么东西对我们来说较为重要，什么不那么重要的，应该是我们自己，还是计划经济当局”。

4. 全面计划带来由领导者进行的选择，并使那些低级的特征在选择中占据上风。极权主义的纪律要求一致性。这种纪律在较低级的精神和道德层面上最容易实现。最小公分母中包含着最大的人数。顺从的人、轻易就相信的人被优先挑选出来。他们不清晰的观念很容易被引导，他们的激情很容易被鼓动。在仇恨和妒忌中，人们最容易达成一致。

尤其有用的是那些勤劳、遵守纪律、精力充沛和没有同情心的人，他们有秩序意识，工作时有责任心，时刻准备着牺牲奉献，有不计后果的勇气，永远绝对服从当权者。另一方面，不能用的是那些宽容、尊重他人和他人的意见、在精神上独立、不屈服的人，他们即使面对上级也坚守自己的信念，拥有表达自己信念的勇气，乐于照顾体弱病残者，不接受并且蔑视纯粹的权力，因为他们秉持个人自由的古老传统。

5. 全面计划需要宣传，它使真理在公众中消失。充当工具的人必须要相信一个目标。因此有导向性的宣传就是极权者的必要条件。新闻和意见都是提前准备好的。对真理的尊重，甚至是对真理的意识都必须摧毁。有引导性的学说不断为其自身辩护，将其他学说排除在视听之外，这必将导致精神生活瘫痪。为了控制一切，全面计划的思考始于理性，但它却终将毁灭理性。因为理性的发展依赖于具有不同认识和不同看法的个体之间的相互作用。而这样的进程是全面计划的思考所不能掌握的。

6. 全面计划破坏自由：“建立在竞争基础上的市场经济是唯一通过分散化而使人对人的权力降到最低程度的经济和社会体系。”“经济权力向政治权力转化，会导致一种始终受到限制的权力，转变为一种没有任何事物能够摆脱的权力。”为了在它招致毁灭的道路上维持自身，全面计划必须摧毁一切威胁到它的事物：真理，即自由的科学和作家的自由言论；公正的裁决，即独立的司法制度；公开讨论，即媒体自由。

李普曼和哈耶克似乎阐明了全面计划的趋势，人们很难有力地驳斥其必然性。我们的时代经验和理想型构想（idealtypische Konstruktion）在这幅图景中相结合。今天，每一个行为者至少都应该把它作为一种可能性看在眼里。——原注我们不知道，政治自由是否会随着社会主义的实现而在世界上得到增强，又是否会随之消失。舍弃了全面知识的自大念头的人，都只知道：自由既不会自己到来，也不会自发地停留。它遭受着如此巨大的危险，因此，只有当所有想要获得自由的人，都在言语和行动中时时刻刻全心全意地为自由而努力，它才能够不断发展。对自由漠不关心，认为拥有它理所当然，这就是失去自由的开始。

自由的理念属于人性的真理。但是，我们也看到人类中其他因素的力量和自信，看到不自由的此在的权力。我们的知性可能会感到惊慌，在黑暗的时刻低估自由的机会。但如果我们回忆起我们的人性，那么信仰就会重新充满生机。我们更加信任能够清醒地——自由的人必是如此——看到危险的人，而不是那些认为人性注定无力、身处自身蒙昧和教条的野蛮重压之下而不自知的人。

2.1.8 全面计划的动机与克服全面计划

不清晰的认识会在困境中导致人们相信能够通过全面计划获得拯救。这就好像一种伟大的知识能够把善带到任何地方，就好像这种知识已经存在一样（对科学迷信来说是这样的）。这种能够救助人们的知识以领袖或超人的形态出现，他们许诺完成一切，而人们只可以服从他们。对这种知识的渴望使放弃启蒙和自主思考的人自发地产生幻想。人们期待从不可能的源头中获得一切拯救。

很多人将全面计划看作是使人脱离困境的唯一方法。对一些人来说，不加疑问地将全面计划当作最佳方案已经如同意向一般。带有强制性的安排组织将会战胜困境和无序，将会带来幸福。[①]

于是，人似乎要通过全面的乌托邦蒙蔽自己，使自己看不到在整体上真正发生的事情，以便在更加狭窄的空间中把握他能够把握的目的，完成权力责成他完成的任务。但他必定会在某一时刻看清他对自己行为所抱有的幻想。因为在服务隐藏的权力时，他仅仅是在自掘坟墓。那些披着成功的假象出现在他眼前的东西，只是他毁灭之路上的一串串脚印。他不想直视戈耳贡[②]之颜，却反而更加彻底地沉溺其中。

全面计划常常由明显的唯心主义支撑，如果人们看到它是如何以其迷惑性一步步引导人通过自己的行动更深地陷入那些恰恰是他想要战胜的东西之中，陷入困境、不自由和法律真空之中，人们不禁会感到害怕。然而，只有当人们逾越界限，当有意义的计划变成破坏性的计划，当部分的、总体范围明确的计划变成全面的、总体范围不明确的计划之后，这一切才会发生。

当人意欲通观整体，而不是追寻世界上可以具体把握的目标时，他便仿佛使自己成了上帝，于是，他失去了与超越的联系，给自己戴上了驴碍眼，而如此一来，他就看不到起源的经验和事物的根本。这便有利于这些假象：世界中的单纯运动；实现永恒正确的组织世界的方法；他失去了飞跃的可能性，因为他沦为恐怖及专制

① 试图通过暴力直接实现公正性，会带来就连最基本的公正性都无法实现的状况。托洛茨基（转引自哈耶克）指出，从公正性方面看，俄国的贫富差距情况一点也不好于美国：在俄国，最低收入与最高收入之间的比例为 1∶50，这个数字与美国一样。在俄国，占总人口 11%—12% 的高收入人群得到了国民总收入的 50%；在美国，10% 的高收入人口占有大约 35% 的国民总收入。——原注

② 戈尔贡（Gorgon）三姐妹是希腊神话中的蛇发女妖三姐妹，任何看到她们的人都会立即变成石头。戈尔贡三姐妹的名字依次为丝西娜（Stheno）、尤瑞艾莉（Euryale）、美杜莎（Medusa）。——译注

的工具；他将可以说是有关人类目标的最高理想主义颠倒成挥霍人类生命的暴行，颠倒成前所未有的对所有人的奴役；他消灭推动人类向前的力量；当他在失败中感到绝望时，就会渴求愈发低劣的暴力行径。

没有任何一个全面计划能给人提供足够的帮助。我们必须寻求另一个起源，它源于人类本身。这取决于一种形而上地建立起来、在伦理中显现出来的基本态度，它引导了组织上的计划。一种无法完全客观化的、广泛的良心的监督，必须防止为解放人类建立新基础的意志逐渐导致奴役。

* * * * * * * * * * *

了解整体的不可知性后，可能会产生以下问题：难道无为（Nichthandeln）不是最好的办法吗？

通俗地回答：为了生活，我必须行动，无为是一种幻想。行动本身是进程的一个因素。

此外，我们还听到一种值得怀疑的二项选择：要么选择全面计划，要么生活在充斥着偶然因素的狭小空间中；要么成为创造自己幸福的人中的一员，拥有高深的认识和尊严，要么就是被动的、无关紧要的怪人！

实际上，全面认识（Totalerkenntnis）和以其为基础的全面计划会导致一个奇异的后果：人们不再懂得，也不再需要去钻研、去思考。

人在困境中欺骗自己，要么是为了给自己的行为找些虚假的把握——他相信自己在必然会到来的事物中是安全的；要么是为了给自己一个绝望的理由——以放弃努力、放弃在可能性的空间中无止境地保持耐心。在这两种情况下，人都处在通向错误的失败之路上。

另一方面，处在偶然因素构成的狭窄空间中的生活，会轻易失去参与到历史之中的意义，历史开放地穿过时间的长河——无人知道它将去往何方。

我们可以通过知止（Bescheidung）来跳出这种二项选择。我们意愿的真实性和纯正性取决于我们对知识及能力界限的认识。

2.2 世界统一

技术实现了前所未有的交通和通信速度，它带来了地球的一体化。人类的共同历史开始了。人类在总体上陷入同样的命运。来自世界各处的人都能相互从对方身上看到自己的影子。

由于交通和通信技术，整个世界变得更加容易支配，甚至比从前中央帝国支配东亚、罗马支配地中海世界还要容易。因此，地球的政治统一可能只是一个时间问题。其路径看起来始于民族国家，经过大陆区域管理，通向世界帝国或是世界秩序。这条路将首先由权力和统治意志强制向前推进。我们在一切历史的类比中都能看到这种意志的存在，它始终以建立尽可能大的世界帝国为目标，并且对于这个目标，它或多或少是有意识的。然后，这条路会在和平意志的驱使下，在一种世界秩序中寻求没有恐惧的生活。

事实上，各种地方历史在今天已经形成了大陆历史。各普遍趋势首先趋于建构起巨大的大陆生活区域，且各大陆生活区域间处于相互联系之中：美洲大陆范围、东亚范围、俄罗斯帝国范围。欧洲—西亚—非洲各地区不可能彼此毫无关联、漠不关心地并存。它们不仅相互看到彼此的此在，并且处于实际的物质和精神交流之中，或是处于加剧张力的自我封闭之中。

导论　与轴心时代末期的历史类比

人类的自我意识形成于轴心时代。在向非神话时代或至少是不再幼稚的神话时代过渡的过程中，产生了令人信服的想象和思想。在权力政治上，世界处于分裂状态，在这样的背景下，从自由的精神斗争中发展出无限的可能性。每种力量都唤醒并刺激了其他力量。

然而，通过这一最高的飞跃，人类第一次体验到了他的全部困境，洞察了他的不圆满和圆满的不可能性。那时的目标是获得救赎。

合乎理性的思考逐渐形成了，讨论随之逐渐发展起来。人们在讨论中相互启发，经过一代代的继承发展，意识不断得到进一步的增长和深化。对于任何一种立场来说，都有与其对立的立场。在整体上，一切都是开放的。人们意识到了变化无常。前所未有的不安侵袭着人们。对于人的意识而言，世界似乎越来越使他迷惘。

最终，轴心时代崩溃了。自公元前 200 年左右，政治和精神上的统一大潮以及教条主义形式开始起到主导作用。轴心时代以大国形成而告终，这些大国以暴力实现了统一（秦始皇的统一的中央帝国、印度的孔雀王朝、罗马帝国）。从多国并立到大一统帝国——世界性帝国的巨大变革同时发生在这三个地区。这里之所以称其为世界性帝国，是因为它们各自包罗了这三个当时几乎完全互不了解的区域中已知的全部世界进程。这一剧变在所有区域里都很不寻常：思想家之间的自由斗争似乎停滞了。其后果是意识的丧失。只有少数适宜的思想可能性及精神人物得以从过去的轴心时代中攫取出来，用来给新的国家权威提供精神上的一致性、荣光和社会规范。帝国思想以建立在宗教基础上的形式得到实现。伴随着精神均质化导致的群众文化，伴随着保守的贵族统治高尚但不自由的精神本性，精神上稳固的、长时间延续的大帝国时代兴起了。伴随着庞大系统死气沉沉的绝对权威，世界仿佛陷入了长达数世纪的昏睡。

大一统帝国是在地理上幅员辽阔的大帝国。大帝国对其辖下绝大多数民族来说是外来统治，这与希腊城邦和范围有限的、自治的部落及民族共同体是不同的。城邦、部落及民族共同体的自治基础是在贵族政治的民主形式中，建立在对政治思考和活动的积极参与上的，这种形式曾经在雅典和罗马以不同的形态存在。而随着这种形式向大帝国消除差异的民主假象过渡，它逐渐地消失了（随着伯里克利的死，这种形式在雅典已经在很大程度上消失了；而随着向恺撒主义的过渡，这种形式在罗马完全消失了）。哪里为了有利于纯粹的顺从和臣服，而使个体对政治活动的参与消失，哪里的个体意识便会将一切统治本身当作外来统治，这至少适用于帝国人口中的绝大部分。

因此，当人所处的形势转变为大帝国的同时，在人身上也发生了一种深刻的转变。政治上的软弱无力改变了人的意识和生活。与大帝国似乎密不可分的专制暴力让个体完全依靠其自身，它使个体孤立，并使所有个体均质化。哪里的人们不能为整体承担任何真正的共同责任，不能自由地为整体付出，哪里的人便都是奴隶。从自由的过去中攫取过来的套话以及徒有其表的活动将这种奴役遮掩起来。就在人们几乎从未如此频繁地谈起希腊自由的时候，就在胜利者几乎从未如此不厌其烦地宣称将保证自由的时候，为了有利于帝国政体，自由最终遭到摧毁。在希腊城邦中，为了从既有的实际秩序中创造出更好的秩序，人们不断于内外斗争，并在这种斗争中联合起来共同保卫他们的此在。在他们身上发生的这一切，此时已经丧失了。这之后形成了另一种完全不同的联合，无力的人们在上帝的国度中，在对复活和救赎的信仰中团结起来（基督徒）。另一方面，在统治者中间（罗马人），一种在人类普遍利益范围内负责任地领导国家的全面意识和一种高度的管理艺术得到了非凡的发展，并逐渐建立起一种世界范围内的权威。

这一类比或许为我们的未来投下了一束光亮，尽管我们的未来看起来将会完全不同。而对于所有想要自由的人来说，这一类比同时也是一个警示。

统一将会是怎样的？当前的发展也许有一个并不遥远的初步结局，假如这一结局将会是一个世界性国家，那么，这个国家要么是通过征服建立的、服从统一统治的帝国（其形式或许是承认许多国家的伪主权，而实际上进行中央统治），要么是通过协调一致以及条约产生的、各个国家联合而成的世界政府，在其中，每个国家都放弃了自己的主权，以利于人类的主权，人类会在享有统治地位的法制秩序中寻找自己的道路。

推动世界统一进程的动机首先是权力意志，它永不知休止，直到一切都屈服于它，权力意志在任何时代中都发挥着作用，当今也是如此；然后是强国林立的局面下巨大的全球性困境，由于在这种局面下，任何一个强国都不敢冒险以暴力做出决定，因此，困境将会迫使它们相互协商达成一致以及在这二者之上的人类团结一致的理念。

当前的一切看起来就像是在竭力拉开建立全球秩序的最终斗争的序幕。当前的世界政治在寻找最终冲突的理由，这一冲突或是战争的，或是和平的。直到那时为止，所有状况和力量对比都是暂时的。因此，我们的现在似乎是走向最终秩序的过渡时期，尽管会暂时出现一些完全相反的情况：如地球上大多数人之间的交流因极权主义政权而彻底中断。现在我们来具体看看，哪些趋势将从这个过渡时期通向未来。

2.2.1 世界帝国和世界秩序

问题是，人将沿着哪一条道路走向统一的世界秩序。人有可能沿着绝望的暴力之路实现它，如俾斯麦①所说，只有“以血与铁”才能赢得德国统一；或者，人也有可能在不断成熟的相互理解的基础上，通过协商产生的秩序来实现它，如18世纪北美诸邦结成联邦，它们为了整体主权而各自放弃了其单独主权的核心部分。

在第一种情况下，秩序的形态是专制主义下的和平安定；在第二种情况下，则是由所有人组成的和平共同体，它在持续的、民主的不安定和自我修正中不断发生变化。如果将这两种可能性

---

① 奥托·冯·俾斯麦（Otto von Bismarck，1815—1898），德意志帝国首任宰相（1871—1890）。——译注

简化，并用一个反题来表示，那么即是世界帝国之路与世界秩序之路。

世界帝国，是通过唯一的暴力实现的世界和平，这一暴力从地球上的某一处开始征服所有人。世界帝国以暴力维持自身。暴力通过全面计划和政治恐怖打造出均质化的群众。世界帝国将统一的世界观的简要特点通过宣传强加给所有人。它对精神活动加以审查和操控，迫使其服从随时都有可能调整的计划。

世界秩序，是非暴力形成的统一。在协商中通过共同决议而产生的强制力，是实现这一统一形式的唯一强制力。决议通过的秩序只能以法律确定的途径，经过新的决议通过才能进行修改。人们共同服从这种程序以及多数票通过的决议，并保障所有人共有的权利。这些权利同时保护各种不同情况下的少数派，并且在运动和自我修正中始终是唯一的人类秩序。

与某一强权奴役全体相对立的是全体的秩序，这是在每个国家都放弃自己绝对主权的情况下实现的。因此，通向世界秩序的道路要经过强国的自我放弃，这是实现全体自由的条件。

哪里存在一种不属于整体人类秩序的主权（Souveränität）[①]，哪里就保留着不自由的源头——因为这样的主权必须通过以暴制暴来维护自己。然而，组织暴力、征服以及通过征服建立帝国，都将导

① 现代主权（Souveränität）概念最早由法国哲学家、政治学家让·博丹（Jean Bodin，1530—1596）提出。在他的《国家六书》(1576）中，博丹将这一概念定义为一种超越法律和臣民意志的最高决策权，它是绝对的、至高无上的、无法分割和割让的、只属于君主的权力，但只能应用在公共领域而非私人领域。因此，君主拥有对国家暴力的最高支配权。其后，主权概念经过了长期发展，其内涵也发生了变化，例如今天有国家主权（国家独立自主处理自己内外事务，管理自己国家的最高权力）、人民主权（国家中绝大多数人拥有国家的最高权力）、个人主权（个人自主自决权），等等。——译注

致独裁，即便其出发点是自由的民主。这样的情况发生在罗马，发生在它由共和国向恺撒主义过渡的时期。也是因为这样，法国大革命转向了拿破仑[①]的独裁。征服他人的民主等同于是在放弃民主。与他人协调一致的民主，则会为所有人奠定权利平等的团结基础。对完全至高权力的要求是在缺乏外部交流、固执己见的劲头中逐渐形成的。在专制主义时代，当主权的概念确定后，这种要求已经以言语、以行动毫不留情地使人意识到它的后果。

如果大国之间在做出共同决议时仍保留否决权（Veto），那么对绝对主权的要求也会随之保留下来。所有人都无条件地想要拥有和平，如果人们为了和平而聚集在一起，那么他们之间就会达成协定，共同服从多数票通过的决议。改变这些决议的可能性是存在的，人们能够通过说服他人，在新决议中废除旧决议等工作实现这种可能性。但不能使用否决权或暴力。

放弃否决权和绝对主权的动机源于期盼和平的人性；源于清醒地看到，不与其他所有国家联合起来，自己的权力也会落空；源于预先看到，即使是战争中胜利的一方也会蒙受惨重的损失，因而战争带来的灾祸超过其他一切不幸；源于在精神斗争和建立世界秩序的过程中与他人协调一致的乐趣；源于与彼此平等的人们共同生活的乐趣，以及对施加于失败者和奴隶的统治的反感。

世界秩序意味着为了有利于人类而废除绝对主权，并随之废除过去的国家概念。其结果不是世界性国家（这会是世界帝国），而

① 拿破仑·波拿巴（Napoléon Bonaparte，1769—1821），即拿破仑一世（Napoléon I），法国军事家、政治家，法兰西第一帝国皇帝。——译注

是一种在磋商和表决中不断建立起来的各国之间的秩序，这些国家在法律限定的范围内进行自我管理。这是一种广泛的联邦制度。

★ ★ ★ ★ ★ ★ ★ ★ ★ ★ ★

世界秩序会是内部政治自由的延伸和一般化。而两者都只有通过将政治秩序局限在此在问题之上，才有实现的可能。此在层面上的关键不在于发展、塑造和实现整体上的人性，而在于那些所有人天然共有的或是可能共有的东西，它们超越一切人类差异、超越信仰和世界观分歧将人们联系在一起，它们是一般的人类特性。

一直以来，**自然法**力求突出这些将人普遍联系在一起的东西。自然法奠定了人权，并或许会在世界秩序中建立一种制度，这一制度通过有效的法律程序保护个人不受来自国家的暴力行为侵害，而这些法律程序在人类主权的条件下才可能实现。

所有人都可以理解的原则是有可能形成的（如康德的永久和平原则）。自决权（Selbstbestimmungsrecht）、平等原则（Gleichberechtigung）、国家主权这些概念将会保留其相对意义，失去其绝对意义。极权国家和全面战争是与自然法相悖的：因为它们将人性的手段和前提变作最终目标；或是通过将手段绝对化，而摧毁了整体的意义和人的权利。

自然法只限于此在秩序。它的最终目的永远是相对的，并且同时是此在秩序的目的。但这一目的的动机源自世界上真正的、完全的人性的绝对最终目的。

* * * * * * * * * * * *

无论我们对世界统一的时代抱有多么浓烈的兴趣，我们都始终无法预先对它进行描绘。但我们或许可以探讨将会出现的可能性和界限。

（1）一切进程都将是**“内部”的**。在过去，即便是对大一统帝国来说，也始终存在“外部”，而此时则再不会有任何外来力量、野蛮民族从外部侵入。既不会存在罗马界墙，也不会存在中国长城（除非是在过渡时期，当大片区域暂时地相互隔绝时）。世界统一将是单一的、无所不包的、封闭的，因此，我们不能不加限制地拿它与过去的帝国做比较。

如果再无来自外部的威胁，那么也就不会有对外政策，再不需要因为防范外来攻击的必要性而对秩序进行调整。对外政策优先于对内政策的定律也就失去了意义，正如这一定律的有效性在一些历史情况下也曾不断减弱，如当外部威胁微不足道的时候（如在英国）；以及在大帝国时期，至少是在其中一段较短的时间内（如在罗马、中国）。

此时，全部生产可以服务于此在，而不是战争的破坏性。

军事的组织（针对外部威胁或是为了征服的目的）、全面计划、暴力和不自由之间的必然关联被打破了。但在世界帝国这种建立在政治恐怖基础上的国家中，这种关联仍有存在的可能性。

然而，如果此时的人类生活普遍崩溃，或是出现隐蔽的无政府状态（Anarchie），那么整体不会再因外部威胁而被迫重新振作，如迄今为止我们所看到的那样。

（2）一种将要来临的**世界秩序**并不能作为一个完美的整体建立

起来，而是会在自由的多个阶段中逐渐建立。这一秩序会一步步地实现。那些将所有人团结到一起，作为保障和平延续的共同职责的事物，它们可能只限于几个因素，但在任何情况下，它们都必须消除所有单独的主权，以利于唯一的广泛主权。这一主权可以局限在那些基本的权力因素上——军队、警察、法律创制，并且全人类都可以通过选举和协作参与到这一主权当中。

然而，人类的生活秩序比包罗万象的人类法制还要丰富得多。在普遍的和平状态内部，人类的生活秩序将会是什么样子？——它必定脱胎于许多历史形成的秩序，在经历了技术生活条件的重塑后，以多样的形态出现。

在通向世界秩序的道路上，有限的秩序将会是在习俗（Sitte）基础上形成人类公共精神的起点。

只有不实行全面计划；只有仅计划适用于所有人的法律和协定；只有在自由的、在基本领域里仍然起决定性作用的市场经济中；只有在自由竞争、精神竞争、自由交往，尤其是自由的精神交往中，这一切才能发生。

（3）有别于世界秩序，人的心灵与精神将在**世界帝国**中发生怎样的巨大变化，我们可以根据罗马帝国和中央帝国中发生的类似情况进行推测：有很大可能会出现前所未有的人性均质化、一种忙碌空洞的蚁式生活、精神的僵化和干瘪、因权威在精神上不断僵化而导致权力等级固化。但是，在人类中，这些危险不会是绝对的。在帝国式的世界统一中，将会有新的运动方式，有再度分化和革命的可能性，整体可能重新分裂成新的、相互斗争的部分。

（4）人类是否有可能通过一种政治形式，以及将人们联系到一起的伦理来实现一种法定的世界秩序？只有实现了世界秩序，并在其中享受了一段时间和平以及创造力的时代，才能在未来给出这个问题的答案。提前预知这一答案意味着从思想中创造它。这是不可能的。人们期待古老的真理将会在新世界秩序的现实中扮演重要的角色，但这种期待并不说明这一新事物的任何内容。因为那些在未来作为共同伦理而在公众中承载人性的东西，并不会通过重建已经消失的现实而产生，相反，它们会通过重新点燃这些旧现实的内涵，以不可预知的形态产生。

对于以下问题：一种世界秩序是否有可能作为自由的条件和结果，在对话和表决的基础上实现？其回答只能是：它还从未存在过。但这并不是在驳斥它实现的可能性。它类似于资产阶级自由在民主秩序中的发展；类似于用公理与法律克制暴力，虽然这种对暴力的克制是少见的，并且始终是不完善的，但它确实在事实上于一些特殊情况中取得了成功。那些出现在少数国家中的事物，那些曾经基本实现了的事物，它们在原则上并非不可能在整体人类中实现。但是，这种思想虽然很容易把握，它实现起来却是极为困难的，困难到总有许多人倾向于将它看作不可能实现的事物。

无论如何，这条路都要历史地经过事实上的政治强国。

2.2.2 政治强国

（1）通向世界秩序的道路必会**经过主权国家**。这些国家已经组织好力量，并准备好在发生冲突的情况下将力量投入军事行动。它们将如何通过谈判或是战争来消弭它们之间的紧张状态，并达成共识，这将决定人类的命运。

各国实际情况的图景展示出世界政治形势图景。位于阶梯顶端的是超级大国——美国和俄罗斯，其后是结成同盟的欧洲国家，然后是中立国，最后是战败国。底部国家的完全软弱无力与只有顶端国家才拥有的完全主权是相对应的。处于这两阶之间的是独立的国家，但它们在做出决断时往往要或多或少地看超级大国的眼色。

从整体上看，民族国家（Nationalstaat）的时代显然已经过去。今天的世界性强国囊括许多民族。要成为这样的世界性力量，欧洲自然民族意义上的单一民族是不够的。

因此，当今的关键在于各民族如何凝聚在一起，以构成世界性力量：它们是为某一民族所征服；还是在一个国家共同体中彼此平等地联合起来，并为之牺牲各自单独的主权。从国家和社会生活的政治原则出发，若干自然民族联合而成的这一国家共同体又可在政治意义上称为民族。民族意识的意义从自然民族层面转向政治层面，从天然形成转变为一种精神原则。然而，由于往日幽灵仍旧存在，今天依然有关于民族主义的讨论，甚至还要更多，但它已不再是政治进程的决定性因素。

今天，除了通过工业发展而获得强大影响力的大国以外，还有未来的强国，其中首先是中国，通过原料、大量的人口、才能、传统和世界形势，它或许在并不遥远的将来就已经能够成为世界政治进程的一个关键。此外还有印度，它就像一块属于自己的大陆，这块大陆建立在印度各民族传承下来的独特精神传统的土壤上，显示出力量增长的潜力，然而，尽管印度出现了种种解放运动，它的这种潜力事实上还在沉睡之中。

从世界历史的整体上看，当今两大最有影响力的国家，美国与俄罗斯，在历史上都是相当年轻的产物。虽然它们已经占有了几千年的文化发展成果，但相对来说，这一文化发展只是嫁接到了它们的身上。基督教传入俄罗斯；欧洲的精神存在于美国。假如以古老的创造世界的几大文化来衡量，无论美国还是俄罗斯，它们都有缺乏根基的特点，但同时也因此具有不受束缚的特性。观察它们对我们来说具有很大的指导和解放意义，但也会使我们感到震惊。我们的传统遗产只对我们欧洲人来说是无与伦比的宝贵之物，就如中国和印度的传统遗产也只对他们来说具有独特价值一样。不论在何种形势下，传统都给予所有传承它的人们一种对源头的情感、安全感以及对自身的要求。与此相对，令人惊讶的是，今天地球上两个最强大的国家是如何不时地默默受到一种自卑感压迫，并且以一种特有的稚气和各种充满愤怒的要求来遮掩这种感觉。

各种政治力量之间如何博弈，伴随着各国在错综复杂的权力机会中采取的策略，这种博弈如何发生变化；而在这些变化之下，某些主要基本特征是如何保持下来的——将这些问题看清楚或许是最为有益的。因为精神上的政治秩序思想只有通过在这一博弈中赢得的权力才能付诸实现。

在日常生活的表面，许多事情看起来就像是偶然发生的。所有抗拒融入更大的关系网的事物，都会酿成灾祸，比如绝对化的民族要求，比如所有地区或小团体为自己谋取特殊利益而使用的诡计，比如在大国之间挑拨离间，以期坐收渔利的一切尝试。

（2）如今在地球上生活着的超过二十亿的人口，都已卷入了这场大国博弈之中。但领导和决定这场博弈的民族，相对来说在总人口中只占极小的一部分。大多数人是被动的。

自历史之初，世界上就存在着人类的**原始分布**。自16世纪起，这种原始分布发生了唯一一次最大规模的变化，这种变化涉及那些广大的、人烟相对稀少的地区，或是无力反抗的原始民族定居的地区。白种人强占了美洲、澳大利亚和直抵太平洋的北亚地区。这奠定了地球上新的人类分布的基础。

如果我们能避免走上通向暴力的世界帝国之路，那么，这种新的人类分布，作为一种现实，就必定是即将来临的世界联邦的起点。在暴力之路上，民族的灭绝、驱逐、整个种族的毁灭以及随之产生的对人性的否定，似乎都有可能发生。

欧洲人不可能长期统治中国和印度顽强不屈的庞大人口以及近东的各民族，即便只是控制他们也不可能。而巨大的困难在于，所有这些民族都必须首先在政治上成熟起来，这将使他们能够从暴力状态进入相互协调的状态，并将政治自由的本质作为生活形式去把握。

这些虽然强大但很大程度上仍处于被动的国家向我们抛出一个问题：意识到自由的各民族至多只有区区数亿人口，他们能否在精神上说服超过二十亿的人，并与他们一起进入一个自由法治的世界共同体？

（3）通向世界秩序的道路是**从少数几个历史起源**，以及在数量上几可忽略不计的少数人类中延伸出来的。建立世界秩序的动机与建立资产阶级社会秩序的动机是相同的。由于世界上只有少数几个地方通过各自独特的历史进程赢得了资产阶级自由，于是这些地方就仿佛是政治自由的学校，世界必须在大范围内，实行那些地方在小范围里示范过的东西。

自700年余前起，典型的政治自由在英国发端了，它对所有人来说都至少具有导向性，对很多人来说具有示范性。在这一精神和政治基础上，美国成功地重新创造了自由。瑞士在最小的空间内，在其联邦制下实现了这种自由，这种联邦制看起来像是有可能实现的欧洲和世界统一模式。

今天，政治自由几乎已经在战败的民族中完全消失了。在这里，当维持恐怖秩序的制度宣称要保护政治自由的时候，它就已经被摧毁了。

通向世界秩序之路要求政治自由在尽可能多的国家中苏醒过来并得到接受。这种形势与轴心时代后向早期世界性帝国过渡的状态毫无类似之处。那时候，几乎没有人意识到这种理念和任务，在逐渐建立起统治的大国之下，不存在自由国家的现实。

如果世界秩序将会实现，那么今天它将从已经自由的国家的联邦制迈出第一步。只有当这种精神具有强大吸引力，使其他国家出于信服而追随，并且和平地加入，带来自由、财富、精神创造以及实现丰富、多样的人性可能性的法律秩序，世界秩序才能获得成功。

（4）如果交通会迫使地球统一，那么从交通的角度产生的**地球感和权力感**将会是具有决定性意义的因素。

数世纪以来，英国通过掌控海洋，立足大海，将世界看作是它的海岸线。这些海岸线仿佛将所有人都围拢在海上霸权掌管的隐蔽王国之中。

今天又增加了空中交通，虽然空运载货及载人的运力在数量上还不能与海运相当，但它是海运一种相当关键的延展，使地球在政治视野中从空中也连成一个整体。

对地球统一来说，制海权和制空权似乎要比制陆权更加关键，尽管在战争中，不论何处都必定由陆上力量完成最终的决定性行动。

受法律指挥的世界警察很可能将通过空中运输最为快速安全地到达任何地方，实现无处不在。

2.2.3 通往世界秩序之路上的危险

在一种可靠的世界秩序建立之前，我们必定先要经过一段危险的过渡时期。虽然，所有人类此在在任何时期都是过渡，但如今人性的根基正摇摇欲坠，我们必须为未来奠定根本基础。

我们希望能够描述我们所面临的过渡时期的特点。它是我们直面的未来，而伴随着世界秩序或世界帝国开始的一切，都将在这一时期之后发生。

世界秩序不可能直接实现。因此，认为群情汹涌、谩骂和构想能够直接带来秩序，就如同期待它们能够点石成金一样，是毫无意义的。

相较于世界秩序本身，我们能更加清晰地看到通往世界秩序之路上的危险。如果我们能够意识到这些危险，就会发现其内部蕴含着克服它的契机，每一种危险都是如此。如果人类能够依照其本质获得自由，那么在人类事物中就并不存在绝对致命的危险。

★ ★ ★ ★ ★ ★ ★ ★ ★ ★ ★

（1）**急躁**。只有当这条路上的积极参与者拥有无限的耐心，这条路才能通往它的目的地。

想要立马贯彻那些认为是正确的事物，遭遇失败便不想继续参与，出于固执中断对话，诉诸暴力或准备诉诸暴力，这些都是毁灭性的。

炫耀自身优势，以暴力威逼胁迫——通过这样，或许能够得到一时的优势，但长此以往，这种优势必将显示出疲弱无力，并且无论如何都要对造成这条道路延长或是失败负上责任。面对暴力时不懦弱，虽然不完全放弃暴力，但要把使用暴力推延至最后时刻，这是一项艰巨的任务。

对于负责任的政治家来说，不存在任何为了威望而使用暴力的理由，任何进行预防性战争的理由，任何中止谈判的理由。在任何一种形势下，都始终存在对话的可能——直至能以暴力应对形势的某一方中止对话，而就其他各方一直以来所保持的克制而言，这一方现在就是犯罪者。

在这方面，我们无法预料未来将会出现什么样的促进或阻碍因素。形势不断在变化。即使面对心怀恶意和口蜜腹剑者，我们也不能放弃进行对话的尝试。我们必须耐心地引导偏狭走向宽容。要通过人类唯一的合法暴力，将其他所有暴力都当作犯罪行为并使之无害化，只有彻底地完成这一任务，我们才算实现了目标。

在此之前，我们必须小心、耐心地应对拥有强大武力的国家（假如其使用武力，那么其与犯罪者的区别仅在于其所运用的暴力远超一般犯罪者），这样或许能够与其建立友谊。如果这种可能性确实存在，那么只有当其他各方保持冷静，不放弃任何一个哪怕是最渺茫的和解机会，它才能够实现。

渴望将正确的想法立刻变为现实，也可能成为一种错误，下面这个例子或许可以对此加以说明：否决权本身是灾祸之源。但废除它的前提是，所有参与决议者都已做好准备，即便在危急时刻也服从多数决议；并且他们确确实实出于其伦理放弃了主权，如同公民在一国之内一样；此外，基本的人类共同体也是前提之一，它会在交往中在各方面得到实现。但在这些前提条件达成之前，废除否决权必会失败。因为在这种情况下，当一个大国反对某项多数决议及其执行时，便会引发战争。

当人们看到，在参与政治谈判时——倘使它对公众公开——耐心如何创造交流的机会、寻找解决的途径，不断通过新的想法一再促成对话，人们会对此感到振奋。而当人们看到，至高的否决权如何违背一切理性，罔顾事实和理由，不断中断对话，击碎其他各方都希望建立起来的东西，人们会感到沮丧。

当人们在历史研究中——特别是在研究英国人、美国人和瑞士人的历史时——看到，那时的人们如何怀抱耐心，如何克制自我，即便在仇恨中也从理性出发相互达成谅解；又是如何找到途径，在时机成熟时和平地实现革命目标，人们会为之赞叹。

耐心、坚持、不动摇——对于政治实干者而言，这是不可或缺的品质。这种耐心在于道德态度——它使人不会沉湎于个人屈辱，并始终看到事情的整体，它会做出评估，将本质事物与非本质事物区分开来。这种耐心在于专注——即便在等待和看似劳而无益的行动中它也始终不减分毫：就像猎人要在隐蔽之处守候数个小时，但在狐狸跃过林中小径的一瞬间，他必须在一秒之内举枪、瞄准、射击。不知疲倦地时刻戒备，保持专注不错过任何事物，但并不是为了一头野兽或是其他个别事物，而是专注于所有不可预见的良机——这对实干政治家来说是必不可少的。对于人的行为而言，巨大的危险在于急躁、倦怠和认为自己劳而无功的情绪。

（2）**独裁一旦建立起来，就无法再从内部废除它。**德国和意大利是从外部得到解放的。一切从内部发起的尝试都失败了。这可能是偶然。但如果我们仔细回想一下以全面计划和官僚制度为手段的恐怖统治方式，就会发现，这部机器几乎自动维持着自身，它在原则上是无法战胜的，一切从内部反抗它的事物都会遭到绞杀。如果实际统治者肆无忌惮地利用一切手段，那么现代技术手段就会给予他巨大的优势。推翻这样的统治就像囚犯推翻监狱管理部门一样困难。当恐怖笼罩所有人，使那些不想同流合污的人也被迫投身其中，为了不被残杀而去杀害他人，假如这部机器发展到了这种地步，它便达到了不可战胜的顶峰。

至今为止，这类独裁的恐怖统治都是局部的。如果不能从内部消灭它们，那还可以从外部实现这一目标。但假如各民族不能意识到这一威胁并对此保持警惕，假如他们全部不知不觉地陷入全世界范围的独裁之中，那便再不会有任何解放可言了。假如人们感觉自己相对于这种独裁统治是安全的，例如觉得只有奴性的德国人才会卷入其中，那么陷入这种统治的危险还会加剧。假如其他人也遭遇了同样的不幸，那便不再有什么外部了。整体会在全面计划中僵化，这种僵化将由恐怖统治巩固，它会摧毁自由，并且无论对谁而言，它都意味着一条通往毁灭的道路。

（3）**彻底毁灭的危险**。在通往世界国家的秩序之路上，或许会发生一些事件，这些事件能够在这一目标实现之前就毁灭人类，其程度之深，可以使我们几乎无法想象历史的延续。在那之后，仍然存活的零星人类会分散在地球上，就像几千年前那样，一切将从头开始。人与人之间的联系将会再次断裂，技术会终结，而生活依赖于原始的、当时当地的生存可能性，在极度的匮乏之中，即使凭借旺盛的生命力和年轻的活力竭尽全力也仅够维持生命。假如一场战争摧毁了技术结构；假如原料耗尽，且未找到替代品；假如战争不会终止，而是像被揉碎一样变成越发密集的局部军事行动，就像史前永不停息的战争一样，那么这一毁灭的结局就会出现。

随着历史演进，战争的意义也在发生变化。过去曾有作为贵族的骑士比赛的战争，且战争依照这种比赛的规则进行；曾有为裁决某个问题而发动的战争，战争适时结束，且交战方并不投入全部可组织的力量；曾有过灭绝战争。

有过内战；有过欧洲民族间的内阁战争，由于同为欧洲民族，他们依然能在某些方面保持团结；也有过彼此陌生的文化和宗教之间更为残酷的战争。

今天，战争似乎因其手段之多，后果之大而发生了深刻的转变。它的意义已变得完全不同了。

（1）那些最极端的因素在过去的历史时代中就已经形成了，将其综合来看，似乎战争中根本就没有任何缓和的趋势。在技术时代，希特勒时期的德国第一个从原则上走上了这条道路，于是其他国家不可避免地跟随其后。伴随着技术时代，在废除一切束缚的情况下，如今威胁着人们的战争在性质上事实上已变得如此不同，以至于灭绝和驱逐——亚述人和蒙古人过去已在一定规模上实行过——远不足以完全描述这一灾祸的特征。

在毫无节制地利用手段的情况下，全面计划和战争之间的相互关系导致不受控制的全面战争。全面计划推动了战争，战争又要求全面计划。如果权力想要获得绝对优势，则必定会倾向全面计划。但由于全面计划会削减经济繁荣，军工业便会迎来绝佳发展条件，内部的发展迫使国家发动战争，因为这样的发展在持续和平的状态下会导致国力衰减。

长期看来，财富、进步和力量是在自由的条件下取得的，然而全面计划和恐怖统治的暴力可以在短时间内或是暂时性地带来绝对优势。它们可以为了一场毁灭性的赌博将全民的力量组织起来，而赌注是无限的。

世界的道路似乎通向灾难，其结果之混乱与悲惨无法描摹。只有世界的法律秩序可以挽救世界，它有保卫和平的权力，因为任何暴力行为在它的优势力量面前都不会有一丝一毫的发展机会，并且会被当作犯罪来对待处理。

（2）如果战争必然存在，那么世界历史的兴趣则在于，什么样的人能够获得胜利？是纯粹使用暴力的人，还是依靠精神和自由原则生活的人？决定战争的因素是技术。而这里存在一个危险的事实：技术具有普遍可利用性。不是每个人都能获得技术，但一旦获得了，那么即便是原始民族也能很快学会利用它来操纵机器、驾驶飞机和坦克。因此，对于精神上具有创造性的民族来说，那些不发明技术的民族所掌握的技术会变成巨大的危险。如果发生战争，那么唯一的机会就是有发明能力的民族通过新发明赢得战争中的优势地位。

仅仅通过精神斗争虽然无法使人们决定建立新世界秩序的方式。但如果在通向世界秩序的道路上，自由的、具有创造性的精神在最后关头将技术带上一个新高度，且这种技术使人做出了这样的决定，那么技术的胜利也可以拥有精神价值。在相互角力的大国中，促使其产生建立自由秩序意志的东西，同时也可以通过这些大国变成解放世界的力量——如果越来越多逐渐觉醒的人们在胜利者本身的促进下理解了自由的意义的话。

（3）作为毁灭手段，技术以原子弹的形态展现了一种完全不同的前景。今天的每一个人都在考虑原子弹给人类生存造成的威胁：它的存在不容许再有战争。由于核战争会给所有人造成无法量度的危险，因此，原子弹成为一个保卫和平的动机，虽然这一动机至今还很微弱。

事实上，技术还不能带来可以预见的毁灭。如果人们指责技术释放了自然力，并使其产生毁灭性效果，那么早在人类学会如何取火时，这就已经是它的本质了。今天，普罗米修斯思想在原则上没有给技术带来任何新的东西，但却使危险在数量上上升到不可估量的程度，即达到了思考地球在宇宙中炸成粉末的可能性的程度——也因此，普罗米修斯思想现已发生了质的变化。

随着原子弹的产生，太阳物质来到了地球上。直至其产生之前都只在太阳上发生的事情，现在出现在了地球的表面上。

迄今为止，核裂变自动扩散的原则在应用上只局限于从铀矿中极为艰难地得到的物质。至于担心这种裂变可能扩散到其他元素、其他物质上，就如同火会蔓延到所有可燃物一样——物理学家已断言，这是没有根据的。然而，一条永远适用的明确界限并不存在。人们可以轻易地凭其幻想力作如下想象：

人们无法确定，超出什么样的界限爆炸就会像火灾一般席卷其他所有元素和地球上的全部物质。整个地球可能都会爆炸，无论人们是否有意为之。然后，宇宙中可能会出现一颗新星（Nova），短暂地照亮我们的太阳系。

我们可以提出一个奇特的问题。我们的历史只延续了大约6000年，而宇宙和地球已经走过了难以估量的漫长时期，那么为何恰恰在今天产生了历史？——难道宇宙中的其他地方不存在人或者其他理性生物吗？难道探索宇宙不是精神发展的自然趋势？为何我们从来都没有通过射线收到宇宙传来的消息？没有收到在技术上无限领先于我们的理性生物传来的信息？或许，这难道不是因为至今为止，所有技术高度发展的生物都会走到通过原子弹毁灭自己星球的地步？对拥有技术的理性生物来说，新星是否就是他们的最终结局？

认清这一危险的严重性，真正严肃地对待它，并引导人类的自我教育——完成这一巨大任务是否能在始终存在的危险下规避这样的结局？要克服危险，唯有有意识地看到它，有意识地防止其威胁，并使其不可能实现。而只有当人的伦理足够做到这些时，这一切才能发生。伦理本身无法通过技术实现，人自己必须可信可靠地保护他所创立的制度，并使其发挥效力。

或者，我们是否正面临一种必然性，在它面前我们只能选择投降——面对它，各种热切的梦想以及非现实的要求对人来说都变得毫无价值，因为它们消除了人的真实性？不，就算这种危险已经在世上发生了千次——当然这只是纯粹的幻想，但每一次它出现时都会重新提出阻止灾难的任务，即采取一切只要有可能的直接措施来阻止灾难。但由于这些措施本身是不可靠的，为此它们需要在所有人的伦理和宗教信仰中奠定自己的基础。只有这样，这些措施才能赢得对原子弹的无条件拒绝，因为只有对所有人都生效时，这些措施才能发挥其作用。

如果有谁认为地球的灾难始终是逃不掉的，那么他必须在这一背景下看待他的生活。是什么样的生活必定会走到这样的结局？

诚然，以上全部都是思想的游戏，它的唯一意义就是使人意识到实际存在的危险，并使人看到法制的世界秩序决定一切、唤起人全部严肃性的重要性。

2.2.4 反对世界秩序之可能性的思想

世界秩序这一欧洲理念，是有争议的。一些人认为它是一个乌托邦。

有观点认为，人们没有能力建立起共同秩序。世界秩序只可能由一个发号施令的独裁者通过其手中的权力树立起来。纳粹的计划——征服欧洲，然后举全欧洲之力征服世界，从而使世界欧洲化——作为一种思想是好的，是恰当的，只不过这一思想的载体是不好的。

并非如此。那些蔑视人类的基本思想，那种最终越发恐怖的暴力，与那类人恰恰是一体的。

但是，这一观点进一步认为——从空间、人和原材料的数量优势中自然而然产生的世界统治，对处于不利地位的人而言，其暴力性与独裁究其根本殊无二致。在看似和平的道路上，一些人通过经济扩张将其意志强加于其他所有人。

如果人们将这种情况与战争造成的毁灭性后果相比，无疑是夸大了它的弊端。如果人们忘了经济权力导致的不公正存在原则上的、和平的可修正性，那便会出错。事实上，这是真正的世界秩序能否成功的问题。如果世界秩序的理念会实现，那么即便是经济权力也必须在法律规定下进行自我限制，并且服从于各项条件；即便是经济权力也必将服务于世界秩序的理念。

这一观点继续提出，世界秩序根本不是什么值得向往的目标。一旦它固定下来，那么很可能会将认识和评价强加给所有人；会带来一种满足感和人性的终结；使精神在越来越缺少理解的记忆所带来的安宁中重新陷入沉睡；所有人想要的东西都已实现，并且变得普遍，但与此同时，人的意识会退化，他们会经历一种变形，变成一种很难再称之为人的生物。

然而，以上一切或许对生活在世界帝国里的人们而言是确实的，只要这种状况可以成百上千年地延续下去。然而对于世界秩序来说，却恰恰并非如此。在世界秩序中，始终存在不安定的因素。因为它永不圆满，永在变化。它始终需要新的决议和行动。于是，已经实现的事物又会产生出何种需要掌控的新形势，这是人无法预料的。不自满和不自足将会不断促使人寻求新突破和新飞跃。

这一观点最终谈到，世界秩序是不可能实现的，既因为人的本性，也因为就某些形势下的事物性质而言，协定是绝无可能达成的，通过战争来裁决——“诉诸天意”——是避不开的。人是不足以实现这个秩序的。在占有；在对他人的漠不关心中；在从秩序逃向困惑，然后逃向缺乏思考的暴力斗争时；在因中断交流而自作主张，提出“不容商讨”的要求时;在毁灭意愿的冲动中，人是有过的。

2.2.5 世界秩序的理念

一些人否定公正、法制的世界和平秩序有建立的可能性，而与所有此类否定相对的是这样一个问题，它从对历史的观察以及我们自身的意志中不断地牢不可破地形成：难道不可能在某一天产生一种新的局面，所有人都聚集在一个和平的国度中吗？当人们建立国家形式的共同体，在自己中间形成一种秩序时，通向这一国度的道路就已经展开了。问题只是，这样的和平共同体曾达到了多大的规模？在这种共同体内，以暴力解决争端是犯罪行为，并会受到严厉对待。即便只是在有限的时期内，即便伴随着始终存在的威胁，但可靠性和承载法律秩序的意向在这样的大共同体中已经存在了。对于拓展这一共同体来说，并不存在原则上的界限，人们能够努力将其拓展为全人类的共同体。

因此，在历史中，与暴力冲动同样永恒的，是放弃和妥协的决心；为彼此牺牲的决心；权力自我限制的决心。这并不仅仅出于利益的考量，也出于对权力的认可。这样的态度或许最有可能出现在高贵的、有节制的、有精神教养的人身上（如梭伦）；较少出现在这样的普通人身上——他们总是倾向认为唯有自己是正确的，他人观点全都是错误的；完全不会出现在热衷暴力的人身上——他们彼此间根本不会协调一致，而只想拳脚相向。

鉴于人与人之间的这种差异性，这一怀疑是合理的：在世界统一中——无论是世界秩序还是世界帝国——将不会有长期延续的安宁，它就像在至今为止的国家形式中一样少有。为赢得永久和平而欢呼喝彩，这是虚假的、具有迷惑性的。变革的力量将有新的形式。

人是有限的，在人有限性中，基本本能和各种阻力始终伴随着人类。它们使人不大可能去期待世界中出现这样一种状态：所有人的自由紧密地交织在一起，以至于自由会成为一种绝对权力，它将最终抑制一切威胁自由的东西，如有限的权力争夺、有限的利益以及个人意志。相反，人们必须考虑到，野蛮的激情会以新的形式重新出现。

然而，个体任何时候都能够通过自身完成的转变，与政治秩序的共同体在历史进程中所能够实现的转变，这二者之间首先是有本质差别的。个体能够成为生存，这种生存能够在时间的显象中找到其永恒的意义；但人类群体以及人类只能成为一种秩序，这种秩序是经过许多代人形成的共同历史作品，它为所有个体的可能性和限制创造空间。但秩序只能通过精神存在，个体以精神赋予秩序灵魂，精神给一代代新生的个体打上烙印。一切制度都依赖于人类，而人类是由个体组成的。在这个意义上，个体具有决定性——只要有许多，或多数，或绝大多数个体支撑秩序——然而作为个体，他同时也是无力的。

一切秩序都是极其脆弱的，这种脆弱性再加上承载秩序的精神足以使我们毫无把握地望向未来。虽然幻想和乌托邦是强有力的历史因素，但它们却并非那些为自由和人道创立秩序的因素。相反，对自由本身来说具有决定性的是，在设想世界秩序的可能性或是不可能性时，我们不能将任何对未来的想象、任何虚构的现实定为目标，认为历史必然驶向这一目标，并将这一目标纳入我们自身的基本意志之中，认为达成这一目标便会使历史圆满。除了在一切作为在场性本身的当前之中，我们永远无法找到历史的实现。

历史可能性的界限在人性之中有深刻的基础。在人类世界中，圆满的最终状态永不会实现，因为人是不断寻求超越自身的生物，他不仅是不圆满的，而且是不可能圆满的。如果人类只想要做自己本身，那么他就会在自我局限中失去人性。

如果我们想要从自己在共同体内的生活中找到意义，那我们就能够在历史中把握理念并且也必须这么做。对永久和平的构想或是对永久和平前提的构想仍是真实的，即便理念无法作为具体的理想实现，或更确切地说，即便它始终是超越一切现实形态的无限任务。我们既不能在一种理念和预想中有可能发生的现实图景之间画等号，也不能在其与现实本身之间画等号，即便它就是计划的意义所在。

然而，理念的基础是无法论证的信任，即因信仰而确信，确信并非一切都是无用无价值的，不会仅仅是一种无意义的混乱，不会仅仅是从虚无走向虚无。理念就在这样的信任中显现出来，并且在我们古往今来的进程中不断引导着我们。对于这种信任而言，真理就在以赛亚的愿景中。在那，理念成为象征性的图景，成为所有人和睦一致的愿景："他们要将刀打成犁头，把枪打成镰刀；这国不举刀攻击那国，他们也不再学习战事。”

3. 信仰

导论

在这个时代的主要趋势——社会主义和世界秩序中，我们已经意识到主导技术时代以利于真正人性的任务。

但把科学、技术和文明作为这两种趋势的基础仍然是不够的。科学、技术、文明并不能可靠地承载社会主义与世界秩序。因为它们既可服务于善，也可为恶效劳。人类本身必须依靠其他起源生活。因此，对科学的信任今天已现裂痕：科学迷信、变得错误的启蒙、科学内涵的瓦解，都产生了反对科学的依据。

就连那些传承下来的强大精神力量也无法再承载生活。人们对人文主义已不再抱有完全的信任：它似乎处于生活之外，就好像不存在一样。

在群众中间，已经不可能再有对教会本身的完全信任；在恶欢呼胜利时，教会太过软弱无力。

但科学、人文主义和教会对我们而言是必不可少的，我们永远不会放弃这些力量。这些力量虽然不足，其内部虽然隐藏着向恶反转的可能性，但其所具有的潜力使其成为人类整体必不可少的条件。

今天的形势要求：我们必须回到更深层次的起源当中，回到所有人的信仰泉源上去。所有人的信仰起初以特殊历史形态从这一泉源中流淌而出，如果人们做好回到这里的准备，无论何时它都会奔涵。当我们对世界上显现的和既有的事物的信任不再承载我们的生活时，那么对所有人起源的信任就必须奠定一个基础。迄今为止，我们除了感受到这个任务之外几乎没有取得任何进展。看起来，我们所有人在这点上似乎依然无能为力。

问题在于：在技术时代和所有人类共同体的新秩序下，要如何保存传统的内涵——个人的无限价值、人的尊严和人权、精神的自由以及数千年的形而上体验？

然而，制约这一切且包含这一切的真正的未来问题是：人将如何信仰，将信仰什么？

我们不能以探讨社会主义、全面计划的趋势及反趋势、世界统一以及世界帝国或世界秩序的趋势的方式来探讨信仰。信仰既不是意志的目标，也不是合乎理性的可以成为目的的内容。因为人们不能要求信仰，它不存在于人们必须加以选择的命题之中，它不受计划的影响。但它是统摄，社会主义、政治自由和世界秩序在其发展道路上都必须得到信仰的支撑，因为从信仰中，它们才获得了自己的意义。如果没有信仰，人会失去从人性的泉源中产生的引导，陷入凭空构想、主观臆断和想象的产物中，陷入教条之中，并随之陷入暴力、混乱和毁灭。信仰虽然是看不见摸不着的，但我们或许可对此进行一些探讨。人们可以围绕着它的可能性谈一谈。现在我们就来尝试这样做。

3.1 信仰与虚无主义

信仰是统摄，即使知性看起来是独立的，信仰也依然对其具有引导作用。信仰不是特定的内容，不是教义——教义可以表达信仰的一种历史形态，但它也可能具有迷惑性。信仰是充实人之根本，并在其中运动的东西，人在信仰中超越自身并与存在的起源相连。

信仰的自我理解只在其历史形态中进行——任何一种形态都不能把自己当作适用于所有人的唯一的、排他的真理，否则就会变得偏狭，并且同时变得虚假。然而，在所有信仰者中隐藏着一些共同的东西。所有信仰者的共同对手唯有虚无主义，而这个对手已经存在于每个人的内心之中。

虚无主义就是沉入信仰缺失。人看起来似乎可以作为生物界内的一类动物直接依靠本能生活。但人不能如此。正如亚里士多德所言，人只能或多或少地作为一种动物存在。如果人否认这点，并且想要像动物一样理所当然地自然生活，那么只有当他与虚无主义的意识相结合，并也因此与良心的不安和迷失自我的预感相结合时，才可能踏上这条道路。然而即使在虚无主义中，人依然通过挖苦嘲讽和仇恨，通过一种否定的思维和行动，通过一种长期愤懑不满的状态，表明他仍然是人而非动物。

人不仅是具有本能的生物，也不仅是一个供理解的点，而是一种仿佛超越了自身的生物。生理学、心理学和社会学的研究永远无法将人穷尽。人能够在统摄中赢得一席之地，通过统摄，人才真正地成为他自己。如果人是精神，那么我们就将这种统摄称之为理念；如果人是生存，那么我们就将其称之为信仰。

人的生活无法离开信仰。因为即便是与信仰对立的虚无主义，也只有与可能的，但被否定的信仰相关时才存在。

如今在社会主义、计划以及世界秩序的倾向中所发生的一切，都绝不会仅仅通过合乎理性的认识和人的本能得到实现或是获得其意义，而关键在于人的信仰方式以及人的信仰内涵——或是人如何以虚无主义的立场站在信仰的对立面。

对事物进程来说关键的是，我们在实践中实际认同哪些伦理准则，依靠何种起源生活，热爱什么。

3.2 现状

当罗马把整个古典世界囊括其中时，它便完成了自亚历山大[①]时代起不断推进的均质化进程。民族和习俗上的关联被削弱了，地方历史传统无法再承载拥有自主力量的骄傲生活。在精神上，世界在两种语言中（希腊语和拉丁语），在一套变得浅薄的合乎理性的伦理体系中被拉平。因为这种伦理体系在群众中并没什么作用，反而为享乐本身，为奴隶、穷人和被征服者无法得到安慰的痛苦创造了空间。个体在把自己与这个糟糕的世界隔绝起来时才最终获得自己的真理。个人所坚信的哲学——无论是带有教条学说还是怀疑论（Skepsis），都不会有太大差别——为许多人提供了庇护，但却无法渗透到群众之中。当人们不再真正地信仰任何东西时，最荒谬的信仰就会占据主导地位。形态多样的迷信，各类怪异的救世说，聚集在云游传道者、治疗师，诗人和预言家周围的各种圈子，它们在流行、成功和遗忘交织出的极其混乱的情形中，展现出一幅充斥着

① 亚历山大大帝（Alexander der Groβe，公元前 356—前 323），即亚历山大三世，马其顿王国国王，世界史上著名的军事家和政治家。——译注

狭隘狂热、激情膜拜、兴奋献身，以及冒险主义、诡计和欺诈的色彩斑斓的图景。如奇迹一般，基督教最终在这一派纷乱混杂中获得了优势地位。虽然它那时还完全不具有明确的形态，但却拥有其他信仰无法比拟的最深刻的内涵。无条件的严肃性是它所特有的，并且在之后的时代一直如此，其他所有信仰都在这种严肃性面前消失了。这一切并非源于计划，也非人为造就。一直到康斯坦丁大帝起，人们才开始将计划和意图用于基督教。但在基督教被滥用之前，它就已经从其深刻的起源中形成并存在了，在一切曲解和颠倒中，它始终与这一起源联系在一起。

在我们的时代中或许可以找到一些与这一古老世界相类似之处。但其中的巨大差别在于当今的基督教与那时已经完全不同，在于我们在那时新兴的、改变世界的基督教身上完全看不到解决当今问题的办法。因此，我们只能在部分显象上比较当今时代与那个世界，如类似的巫术师、围绕着他们形成的团体，以及荒谬的救世说。

* * * * * * * * * * *

我们可以用完全不同的眼光审视我们时代的信仰方式之图景。当人们谈到时代的信仰缺失时，谈到教会事实上的无力和无足轻重的作用时，把虚无主义作为我们世界的基本特点时，对他们的答复如下：这种毁灭的图景形成于一种错误的标准，它以过去事物和不可挽回的已失去事物作为评判的准绳。有说法称，今天从新的起源中产生了一些力可移山的强大信仰。法国大革命的雅各宾派及其信仰的德行（Tugend）、恐怖以及由最极端的暴力所实现的理性已经可以算在其中。于是，人们将19世纪的伟大自由运动称作一种自由的宗教（克罗齐[①]）。于是斯宾格勒断言，具有宗教性质，以不可辩驳的说服力得到普遍接受的基本观念是文化的最后阶段；如同佛教之于印度，斯多葛学派之于古典时代，对西方而言，最后阶段则将会是社会主义。社会主义宗教推动着现代群众。

全面计划、和平主义等等看上去仿佛社会宗教。它们看起来如同无信仰者的一种信仰。人不在信仰中生活，反而生活在对世界现实、对未来以及对事物进程的幻想中，在他的信仰里，他以为自己了解这种进程。[②]

有一种论点从虚无主义出发为这些幻想辩护，其内容如下：人始终依靠幻想生活。历史就是幻想更迭的进程。对这一论点的反驳如下：蹚过历史长河的，不仅有许多幻想，还有为真理而反对幻想的斗争。诚然，无力者尤其倾向于幻想，而今天的个体或许比以往任何时候都更加软弱无力。但个体同样能够在无力中抓住唯一的机会，即无条件地为真理而奋斗。

虚无主义者称，这又是一种幻想。因为据他所言，真理是不存在的。因此，虚无主义者以这一点作为结论：人一定会相信，无所谓信什么——无法避免的幻想会自发地占据人的内心，这种幻想可

① 贝奈戴托·克罗齐（Benedetto Croce，1866—1952），意大利历史学家、哲学家，著有《美学原理》等。——译注

② 关于马克思主义、心理分析、种族理论，参见我的《时代的精神状况》（*Geistige Situation der Zeit*），柏林，1931年；《格申丛书》（*Sammlung Göschen*）第1000卷，第六版，柏林，1948年，第135—137页。

我把早前这本书看作是对此书的补充。早前那本是在非历史学框架中写就的，而现在这本书则是在历史学框架中进行思考。两本书都与当前有关。——原注

能会说：我不相信这些，但是人们一定会相信。

如果我们从心理学角度探讨信仰，而不是探究内涵、真理和客观性，那么这种探讨就会普遍地涉及各宗教信仰的类似之处：要求自身真理具有排他的有效性、狂热、缺乏对其他一切的理解、绝对的要求、牺牲的决心和奉献生命。

一些图像可以像宗教象征一样发挥作用，例如当青年马克思在他的著作中思考一种新人时——一种从不曾存在过，但现在将要觉醒的真正的人，一种会制止他的自我异化的人，这时，这样的图像就逐渐形成了。或是在今天，当依靠机器作业的新人——一种冷酷、带着假面、工作可靠却失去个性的人，当这种新人在他的主权中被神化时，也会形成这样的图像。

但心理学上的标志不能确定一种信仰的特征就是宗教信仰的特征。不如说这些标志恰恰表明了宗教替代品和非哲学的特征。通过以合理性为媒介，通过在科学迷信中将科学滥用为教义学，一种关于可能实现的世界圆满以及正确的组织世界方法的、可以证实是错误的思想，被颠倒成信仰内涵。但这些颠倒是有力的，它们交织遍及全世界，将事物的进程推向不断扩大的毁灭危险之中。事实上，伴随着这些颠倒并没有产生新的信仰内涵，倒不如说这种信仰的空洞性看起来就如同与人的丧失自我相呼应。这种信仰的代表除了暴力与权力之外什么都不尊重，这是很反映其特点的。他们再听不进去任何理由，源于精神的真理起源对他们来说不起任何作用。

我们再一次从原则上提出这一问题：如果没有超越，信仰是否可能？设定这样一种纯粹内心世界的目标——由于这一目标的内容关乎未来，因此它对现在而言仿佛是超验的，因此拥有信仰的特征；它与当下的痛苦、不谐以及自相矛盾的现实形成对照——是否能够支配人？对这样一种目标的想象——它如同一些宗教信仰般具有粉饰当前、慰藉当前，并在非存在、非当前的事物中寻找补偿的趋势——能否支配人？——这样的目标是否能够成功地要求人，为幻想出的未来事物做出牺牲，做出放弃？

如果在一种信仰中，一切魔力都已丧失，并且事物的通透性也与超越一并不复存在，那么这种信仰会不会导致人类精神和创造的衰退？——只余下熟练度，高强度劳动和机缘巧合下做出的正确决定，只余下一种对技术事物及学习非精神事物的普罗米修斯式热情？或者这里会不会有一条道路通向存在新的深处，我们仍看不到这样的深处，因为尚未有只言片语从那里传来？

我们认为这是不大可能的。更确切地说，与所有这一切相对立的是对人类永恒起源的意识，对人的意识。尽管人身披种种不同的历史外衣，但通过其信仰的内涵，人在本质上是相同的。这一内涵将人与存在的基础联系在一起。人能掩藏自我和他的起源，能由于他的意识而遗忘一些事物，能颠倒自身。但是，他也能重建自身。

对人来说，这在任何时候都是可能的："于此在中找到自我"，从这一谜题中形成人深刻的存在意识——这需要思考，并且在思考的产物中获得可传播性——人的存在意识在爱中确定自身——存在的内涵从爱中显露出来。从交往、对话和交流中人对人的态度里，人逐渐认出真相，发现无条件要做的事。

观念、思想、语言不断轮替，我们在其中确定永恒的东西。永恒的东西本身不会变化。它存在。但是无人了解这样的永恒存在。如果我们现在尝试设想永恒的信仰，那么我们就会意识到，这些抽象化是几乎变得空洞的暗示；并且就连这些抽象的表达也仍然是一件具有历史性的外衣。

3.3 永恒信仰的基本范畴

我们将冒险用几句话来表述信仰的内在关联：对上帝的信仰，对人的信仰，对世界上的可能性的信仰。

（1）**对上帝的信仰。**

人所产生的关于上帝的想象不是上帝本身。然而，我们只能通过想象的媒介——将其作为一种语言——意识到神性。这些想象是象征，它们具有历史性，并且始终是不适当的。

人总会以某种方式确信超越——如果这是虚无（Nichts）的空间，而在虚无中有一切，那么这种虚无可以忽然成为充实，成为真正的存在。

神性是起源和目标，它是安宁。人于那里获得安全感。

除非人不再为人，否则对人而言，超越不可能遗失。

对此的否定与想象有关。其源于将一种深刻的上帝思想具象化，或源于遥不可及的无限渴望中。

我们生活始终与象征相伴。在象征中，我们体验并把握超越和真正的现实。而当我们将象征实在化，使之成为世界上的一种此在时；或是将象征审美化，使之成为不受约束的情感导线时，都会失去这种现实。

（2）**对人的信仰。**

对人的信仰即是对自由的可能性的信仰；如果人的图像中缺少

了以下这一人的生存的基本特征，那么这个图像就是不完整的：人从上帝那里得赠了自我，他将会变成什么样子，都应归功或归咎于其自身。

当我们探究我们的先祖，直至上溯至人类起源时，先祖对自由的追寻使我们感到振奋。他们如何实现自由，他们发现了哪些自由的形态？渴求哪些自由的形态？这是从历史中传来的回响。在先祖有能力做到的事情中，在他们的历史现实带给我们的启发中，我们重新认识了自身。

自由包含真正的交流，这种交流胜过接触、约定、同情，以及因利益和享乐达成的联合。

自由和交流都是不可证实的。凡是开始以经验证实二者之处，便不存在自由和关乎此在的交流。但是，二者都可以产生能够成为经验对象的东西，而这些东西作为显象是无法充分说明的；二者的产物是对自由进程的提示，这一进程本身是可以理解并令人信服的，我们参与在这一进程之中。

对人的信仰即对人从自由中获得的可能性的信仰，而不是信仰某个被神化的人。对人的信仰以对神性的信仰为前提，人通过神性而存在。如果没有对上帝的信仰，那么对人的信仰就会陷入对人的轻视之中，不把人当作人来尊重，并最终导致人对他人生命漠不关心，甚至利用、毁灭他人的生命。

（3）**对世界上的可能性的信仰。**

只有对错误的认识来说，世界才是封闭的，才会沦为一种所谓可以认识的机械性，或沦为一种不明确的、无意识的总生命体。

批判性认识的极限所表明的，以及与在这个谜一般的世界里寻找自我的直接体验所相符的，是开放性，是整体的不可预测性，是永不枯竭的可能性。

对世界的信仰并不是将其作为自足之物来信仰，而是意味着牢牢把握在世界上找到自我这一基本谜题、任务和可能性。

世界是任务的场所，它本身源于超越。在这个场所中回荡着语言，如果我们理解我们真正想要什么，就会倾听这种语言。

* * * * * * * * * * *

对于社会主义和世界统一的道路来说，信仰（对上帝的信仰，对人的信仰，对世界上可能性的信仰）的影响是至关重要的。如果没有信仰，那么就会只剩下知性、机械性、不合理与毁灭。

（1）**源于信仰的力量**。只有信仰可以发动各种力量控制人的动物本能，剥夺它们的主导权，并将它们转变为促使人性飞跃的动力——统治欲催生的血腥暴力的欲望；以暴力、以残酷为乐；无意义的表现欲；对财富和享乐的渴望；情欲。只要有机会，这些本能就会奔涌出来。

驯服纯粹本能的第一步始于外部暴力，它施以恐怖，引人恐惧；然后是禁忌，它施加的已经是间接的暴力；之后是信仰，人从自己的信仰中获得行为的意义，通过这种意义控制自我，克制本能并使其为己所用。

历史是人在信仰的培育下走向自由的进程。出于信仰，人起草了压制暴力的法律，构建了合法性，不信任任何不具备合法性的事物。人通过服从绝对要求才成为他自己。

（2）**宽容**。只有当宽容占上风时，通往世界秩序之路才能实现。偏狭意味着暴力、排斥和征服。

但宽容并不意味着漠不关心。漠不关心产生于自以为占有真理的傲慢自大，以及偏狭的最温和的形式：隐藏的轻蔑——他们愿意相信什么就去信什么吧，这与我无关。

相反，宽容是开放的，它了解自身的局限，渴望在多样性中与他人联系在一起，但它不将信仰生发出来的观念和思想统一成一种绝对的普遍适用性。

或许每个人身上都蕴含着一切可能性，但却永远只有受到限制的现实。现实之所以受到限制，首先在于此在的有限性；其次则在于，在显象的起源中存在历史性的多样性，我们不仅因这种多样性保持差异，并且同时通过它获得了我们的本质和绝对性。在显象方面，人绝不应只有一种类型，而是应该在多样性中面对自身。因为在历史的特殊起源之外，我们共同根源于一个唯一的起源，它囊括我们所有人。这一共同起源要求无界限的交流，在显象的世界中，真理会在交流的道路上显现出来。

因此，不仅对我们政治秩序中的此在问题来说，对话是不可或缺的途径，并且它在我们存在的一切意义上，都是不可缺少的。但是，只有从这样的信仰出发，对话才能拥有动力和内容：对人及其可能性的信仰，对能够引导所有人联系起来的一体性（das Eine）的信仰，以及坚信只有在他人实现自我时，我才能同时实现自我。

宽容的界限只在于绝对的偏狭。但所有活着的人，无论他做出怎样偏狭的举动，在他身上都必然有宽容的可能性。因为他是人。

（3）**赋予一切行为以灵魂**。将会在社会主义、计划以及世界秩序的道路上实现的东西，无论是制度、作品、交往规则还是行为方式，都会根据其所涉及的人的特性而发生变化。人的思维方式、信仰和性格将决定它们实现的方式及进一步的影响。

由知性所拟订，作为目的设立起来，作为手段拿来利用的一切，都是理念。由于它们都要由人来完成或承受，因此最终会由知性没有想过的动机来引导，这些动机要么源于本能和激情，要么源于信仰的推动力。

因此，如果人在与知性相关的事物上穷尽自己的意识，就会是一个灾难。意识只会更加隐蔽地陷入自然因素中。

在批判性意识中，信仰使下列有限的事物进行自我限制：权力和暴力、知性制订的计划、科学、艺术。这一切都处于信仰的范围之内，并由一种非计划的引导来决定。这种引导源于一种更深层次的秩序，人会在信仰的启发中意识到这种秩序。通过这样，有限的事物仿佛获得了灵魂，成为无限事物具象化的方式。如果有限事物没有忘却自身的有限性，那么它就仿佛是容器或者语言，并通过它的作用成为无限事物在当下的载体。

因此，即使在制度、官僚机构、科学和技术中，也存在向人发出如下号召的可能性：从人的理念出发，在一切或大或小的转折点中找到使整体的精神显现出来的途径，并在自我限制下，找到从无限之中创造意义和人道的途径。政治家、公职人员、研究者——他们通过对自身权力的自我限制，展现了源于统摄的引导，并因此赢得了地位和意义。

3.4 未来的信仰

当前的状况与永恒信仰的范畴看上去具有彻底的差异性，乃至相互排斥。这样的差异性使未来的问题更加尖锐：人的信仰将以何种形态显现出来？

我们首先听到彻底的悲观主义观点：一切都将消失在巨大的困境中，信仰也将随文化一同消失；余下的只有无思考无意识、灵魂与精神的瘫痪；因为这种困境就是在肉体毁灭之路上灭亡。这些句子包含着一个残酷的真理。因为在最大的困境中，揭示灵魂深处的时刻看上去在世界上也不产生什么影响，它们不带来交流，或是消失在最亲近的人之间最亲密的交流世界中。伴随着压倒性的困境，几乎没有必要提出未来的信仰问题。在毁灭的上方只余有沉默，可怕的沉默。从这种沉默之中好像有一种假象在向我们逼近，但不再有任何东西向我们诉说。

★ ★ ★ ★ ★ ★ ★ ★ ★ ★ ★

但是，如果在未来，信仰将依然存在、传播，把人们联系在一起，那么这一点是肯定的：那些凭借信仰实现的东西，是绝对无法计划的。我们只能做好准备去接受它，并在生活中不断完善这种准备。我们不能把自身的转变作为我们意志的目标，相反，转变必须是被赠予我们的。如果我们以这样的方式生活，那我们就可以体验这种赠予。因此，适当的做法似乎是在未来信仰的问题上保持沉默。

然而，如果这一点是真实的，即信仰任何时候都在场，那么即便一类公众相信“上帝已死”是真理，并且受到其影响，他们也不能完全磨灭永远存在的东西。随后，信仰的残留，或是它的萌芽便会寻找它的语言。哲学可以设想出这种语言可能存在的空间。这种语言源于两种动机：

（1）如果一个人有信仰，那么无论他在何处遇到有信仰者，都会待之以爱。就如自由力求使所有围绕着它的人们都变得自由，信仰也力求使所有人获得他们的历史信仰。在此过程中，有意义的不是逼迫，也非强加，而是通过一种语言引起人的注意，不论以何种方式，这一语言寻求召唤超越。

虽然，在信仰中我们不能为彼此提供决定性帮助，而只能彼此相遇——即便超越能够帮助人们，它也只能通过个人的自我存在来帮助个人——但是，我们可以在对话中鼓励彼此，并依靠每个人与生俱来的东西获得发展。

（2）即便有计划的劳动永远无法产生一种信仰，但它却能从信仰出发，为信仰设想出甚或创造出可能性。

* * * * * * * * * * *

对未来而言，这将是不可避免的：精神进程和人类命运会涉及**所有人**。那些不为所有人所接受的东西，便没有什么机会存留下来。如同任何时候一样，精深的发展和创造性事物将是高贵少有的。但是，它们的基础和一切精神产物都涉及的简单性，则必须在大多数人的意识中得到实现，或是必须成为一种不言而喻的要求。

在这个过程中，掌握了读写的人们——在此之前仍是沉睡且不起作用的群众——现在实际在阅读什么，这个问题在今天将比以往任何时候都更加具有决定性意义。在许多个世纪里，《圣经》曾是每一个阅读者自孩提直到老迈始终细细体悟的书。而今天，这种传承和教育的方式似乎会在大范围内消失，取而代之的是各人不同的阅读选择。报纸对每一个当代人来说都必不可少，它们中的一些由时代最聪明的人撰写，具有很高的精神水平。然而，如果报纸成为报刊读者的唯一读物，并且这类读报者很快就将报纸的内容抛诸脑后，那么报纸就会变成一种危险。未来，在人的教育上，什么将会成为影响人一生的读物，这是无法预见的。

由于这将取决于所有人，因此，在决定未来的问题上，诉诸全体民众的努力会具有优势地位，前提是这些努力确实成功地渗入人的内心之中，而不仅仅只是带来了矫揉造作的产物。由于矫揉造作的产物无法在人的内心扎下根基，因此，它们会在现实的灾难中立刻支离破碎，就如同法西斯主义那些徒有其表的产物一样，即便它们曾经得到过热烈的赞同，也曾有人为之辩护，也曾鲜活地存在过。

* * * * * * * * * * *

无人能知道，**教会**的革新可能会带来什么。人们看到源自教会信仰的力量，这些力量以个人形态出现，具有强烈的无条件性。但人们今天在整体上无法看到巨大而具有广泛影响力的、令人信服的显象。

教会的信仰在观念、思想和教义中得到表达，成为信仰告白。教会信仰可能会失去其起源，而等同于这些特殊的内容和客观化，到那时，它必会衰弱。但是，它需要这些外壳来保存传统。

似乎多数人的信仰依然束缚在一种明确的现实方式上。人渴望可感知的实在以及明确的宗教教义，除此之外其他一切似乎都无法在群众中扎下根基，因而那些想要拥有对各民族的控制力，并且同时想要帮助所有人的制度始终机智地借助于人们的这种渴望。

与此相反的是一种远离教会的信仰方式的转变。一个意识到自身自由，不把自身信仰固定在可以表达的一般内容中的人，他在其历史性中，在对个人生活的决断上，都是坚定明确的。这样的人检验自身，使自身保持开放，并将全部历史传统的权威作为自身的基础。时代首次使所有人学习读写，并带来了一种或许可以越来越好的思维教育。而问题是，时代能否仅仅通过这样，而为一种自由的、不固定在可表达性中的信仰提供新的可能性，并同时不减损信仰的严肃和无条件性。这样的信仰方式在任何时代都没有在多数人中取得共鸣。

那些秉持建立在信条、教条和制度基础上的信仰方式的职权人员，因其归属于强大、具有世界影响力，并在较广范围内有时无所不能的组织而产生的权力感，便轻蔑地看待这一种信仰方式，认为它是私人的、无力的。但由于群众最终由大量喧闹的个体组成，因此，私人的东西会普遍地发挥作用。对于事物的进程而言，这会具有决定性：那种看得见摸得着的帮助——即便其以迷信的形式出现——其内部是否蕴含着一些东西，而我们可以从精深的精神发展中重新辨认出它们；从人作为个体所包含的起源中，即从他与上帝直接关联的生活中重新辨认出它们。

* * * * * * * * * * *

即使人们因为对当今教会及其变革能力抱有怀疑而不愿对其做出任何积极的预测——这也许是非常错误的——但人们绝不需要对圣经宗教抱持这种怀疑。未来的信仰仍然极有可能在轴心时代的基本立场和范畴中变动，而圣经宗教也源于其中：因为对一种历史的总体直观而言，那些起源的世纪占有极大的精神优势；因为科学、技术连同它们所产生的精神内涵，都无法与崇高的信仰内涵和那一起源中的人性相匹敌；因为现代思维的瓦解使其已无法从自身起源中提供任何精神内涵丰富的东西来战胜那一起源；因为深奥事物所具有的简单特性并未以新的形态存在，并且即使它的新形态会出现，在不保存其旧形态的情况下，这种新形态也几乎不可能维持自身。

因此，今天看来，在圣经宗教的重建当中仍然很有可能发生变革。

与分隔化、封闭化和团体内部狂热化（与全面计划意向所产生的封闭范围相一致）的时代趋势相反的是，联合起来走向伟大而简单的真理的各种趋势。

但又有谁能够在个别情况下揭示，什么事物如今已在根本上枯萎，什么事物意味着徒劳地依附于已失去的东西，以及什么事物具有起源性，并将承载生活！

然而，这一点似乎是肯定的：对于我们西方的人性未来的决定，最终存在于我们的信仰与圣经宗教的联系之中。

* * * * * * * * * * * *

如果人们想到这样的可能性，即圣经宗教的转变已不会再成功，相反，它会在僵化的信条中枯萎（而不是在具有保护性的外壳内世世代代鲜活地延续下去），并因此有可能在即将来临的政治灾难中遭到彻底扼杀——如果真是这样，由于人无法停止为人，因此必定会出现一些在起源上完全不同的东西。这种我们无法想象的新事物或许会使圣经宗教消失，变成单纯的回忆，就像我们看待希腊神话那样，甚至或许连这样的回忆都会失去。圣经宗教在很长时期内产生过影响，就像今天处于相同形势，面临同样问题的儒教一样长，但还及不上古老的埃及宗教。

与世界帝国的暴力性相关的动因无法促使这种新事物诞生，这样的动因只在表面上看似有些机会。如果这种新事物要确实地打动人们，那么一个类似新轴心时代的事物就必须发展起来。那时，人类的活泼生动会展示出——什么将会在精神交锋形成的交流中，在伦理的无条件性构成的张力中，在极大的幸福中不断发展，并承载起新的认识神性的揭示进程。

人们可以进一步思考：在接下来的数个世纪中，或许会出现这样的人，他们看到轴心时代的起源，并以此为支撑宣告真理，这些真理充满着我们时代的知识和体验，将会得到真正的信仰和践行。人类或将重新以全部的严肃性体验到，上帝意味着什么，并重新认识到驱策生命的普纽玛（Pneuma）[①]。

然而，期待这一切以一种新的上帝启示的形态出现，似乎是不妥的。启示的概念只属于圣经宗教。启示已经发生，并且已经完成。启示思想将始终与圣经宗教不可分解地结合在一起。在我们这个明明白白的世界里，如果出现一种自称是新的上帝启示的预言，那么它或许看上去总会像是疯话或是伪预言，像是迷信，而这种迷信会在数千年前发生的唯一伟大而真实的预言面前消亡。不过，谁知道呢?

无论如何，这样的新启示会在一种仅仅是篡夺来的、仅仅依靠暴力维系的绝对唯一性之中变得虚假。因为信仰的真理在于其历史显象的多样性，在于多样性通过不断深化的交流而彼此相遇，这是我们在近几世纪中获得的认识和经验，它们不容倒退。这种经验从其起源上看不可能是错误的。

但是，鉴于可能出现极权主义的世界帝国以及与之相应的极权主义强制下的信仰真理，留给个体的希望，留给那些自轴心时代起直至今日，从中国直至西方不尽其数的个体的希望，只有保存哲思之川，无论它变得多么狭窄。与超越相关联的人的最深刻的内在既独立于国家，也独立于教会，这种独立性与灵魂的自由都会在与伟大传统的交谈中获得勇气。这种交谈仍会是人类最后的庇护所，数千年来它已在恶劣的过渡时期中数度扮演过这样的角色。

如果人们认为，在缺乏信仰统一的情况下，世界统一将不大可能形成，那么我要冒险作出相反的断言：只有当多样的信仰内涵在

① 源于古希腊语，最初意为“气”“气息”，后多指精神、灵魂。——译注

其历史交流中保持自由，而不被一种客观的、普遍适用的信仰内容统一时，世界秩序中对所有人具有约束力的普遍因素（有别于世界帝国）才恰恰有可能实现。与世界秩序相关的所有信仰的共性，只能在于每种信仰都希望在一个世界共同体中形成作为此在基础的秩序，在这样的秩序下，信仰拥有精神的和平手段来发展自身的空间。

因此，我们所期待的并非一种宣告其绝对唯一性，并对全人类都适用的新的上帝启示。可能会有另外的一些东西。我们或许能期待某样东西，它就像一种揭示，而这种揭示通过今天看来可以相信的预言（在使用这个词时，我们所谈的不是某个未来事物，我们是在一种过去的范畴中进行探讨）实现，并以多样的形态出现；或者，它通过智者和立法者（再次在轴心时代的范畴中探讨）而使人性有可能上升到意气焕发、无私、通透而纯粹的高度。在我们身上有种不足，它就像是等待或是准备。哲学并不圆满，并且如果哲学不想变得错谬，就必须始终意识到它的不圆满。在抵御真理的敌人的同时，我们正漫步走向昏暗不明的未来之中，我们不能放弃自身思考的无知，而去顺从地接受某种强加于我们的知识——但我们首先要做好准备，当充实的象征和深刻的思想再次照亮生活之路时，我们要去倾听，去注视。

与此同时，哲思无论在何种情况下都将完成本质的任务。它回报我们的，是在思考中抵抗荒谬、伪误、颠倒、历史的真理对绝对唯一性的要求以及盲目的偏狭。沿着这条道路，它将使爱在现实交流中赢得深刻性。然后，在这种通过成功交流而实现的爱中，即便是那些就其历史起源的多样性而言，相距最遥远的人们，也会看到将我们彼此相连的真理。

今天，个人的存在是可以明确感受到的。谁想要生活在由真正的人所结成的开放，未经组织，也无法被组织的共同体中——从前，我们将其称作看不见的教会——那么今天，他实际上就作为个人，与散布在地球上的其他个人共同生活在一种能够经受住任何灾难的团结之中，这样的团结是一种可靠性，它不是在任何协定或是明确要求中确定下来的。

他生活在完全的不足之中，但这是一种共同的不足，他与其他人一同在这个世界之中，而非在这个世界之外执着寻找正确的道路。这些个体彼此相遇，唤醒彼此，并激励彼此。他们拒绝以现代的方式将古怪的信仰内容和虚无主义下的现实主义实践相结合。他们知道，人被赋予的任务是在这个世界中实现人可能实现的东西，而这样的可能性绝不唯一。但是，每个人都必须明白自身立场，明白自己想要为了什么而奋斗。这就好像是神性将任务托付给每一个人，为了无限的开放性，为了真正的理性，为了真理、爱与信任去奋斗，去生活，而不诉诸于暴力。暴力是国家和教会所固有的，我们必须在国家与教会中生活，但我们希望去反抗它们的不足。

第三部分

历史的意义

导论　历史思考的意义

对我们而言，普遍历史的直观（universalgeschichtliche Anschauung）意味着什么？我们想要从整体上理解历史，以理解我们自身。历史对我们来说是记忆。我们不仅拥有关于这种记忆的认识，同时，它也是我们生活的原点。历史是我们已经奠定了的基础，如果我们不想消失在虚无中，如果我们想要在人性中赢得一席之地，那么我们就要始终与它联系在一起。

对历史的直观创造出一个空间，我们从那里唤醒了对人性的意识——历史观成为我们意愿的一个因素。我们如何思考历史，这或为我们的潜力划定界限，或以其内涵承载我们，或诱导我们脱离现实。即使在可靠的客观性方面，历史知识也不仅仅是无关紧要的事实内容，它是我们生活的要素。如果这种历史知识变成某种权力的宣传手段，那么它也会成为历史的谎言。在整体上理清历史的任务需要严肃的责任感。

我们可以通过对与我们休戚相关的伟大事物进行直观，来了解我们的历史基础。我们依靠那些曾经存在、曾经塑造我们并且现在依旧是我们榜样的东西来提升自己。于是，一位伟大的人物生活在何时并不重要。一切都仿佛处在一个由有效事物（das Giltige）构成的唯一而永恒的层面上。历史传承仿佛非历史般地呈现在我们面前。

或者，我们可以在历史进程的时间顺序中有意识地、历史地发现伟大事物。我们探询“何时”“何地”。历史整体是贯穿时间的过程。时间是分出段落的。并非任何时候都存在一切，不同时代各具其重要性。过去的事物就重要性而言有高峰有低谷。有平静的时代：在这些时代中，似乎存在永恒不变的东西，这些时代感觉自己就是历史的最终形态。也有转折的时代：这些时代里发生了变革，在最极端的情况下，这些变革似乎要渗透到人性本身的深处。

* * * * * * * * * * *

因此，随着历史的变迁，历史意识本身也在变化。在我们的时代里，危机意识决定了历史意识。百余年来，这种危机意识慢慢增强，并在今天普遍成为几乎所有人的意识。

对黑格尔而言，欧洲世界已经显露出夕阳红。“弥涅尔瓦①之鸮只在黄昏时才振翅飞翔”——可见，黑格尔尚不是在一种没落意识，而是在一种圆满意识里理解他自己的哲学思考。

在克尔凯郭尔和尼采那里，危机意识在思想上达到了顶峰。自此以后，一种对历史转折、旧历史之终结和人性本身的彻底转变的认识传播开来。

第一次世界大战后，显露出夕阳红的不再仅仅是欧洲，而是地球上所有的文化。人们开始感觉到人类的终点，感觉到一场不遗漏

① 弥涅尔瓦（Minerva）是罗马神话中智慧、战争、月亮和记忆女神，对应希腊神话中的雅典娜。——译注

任何民族、任何人的变革——它要么导致毁灭，要么带来新生。虽然这还不是终点本身，但认为这种终点可能近在眼前的认识变得盛行起来。人们或充满恐惧，在惊慌失措中获悉这个预期的终点；或是从容镇定，冷静地对它进行说明，先是用自然主义的生物学或是社会学方法，然后将它作为从形而上到实体的过程。例如，在克拉格斯、斯宾格勒、阿尔弗雷德·韦伯之间，氛围是完全不同的。但在他们所有人眼里，历史上规模空前的危机现实都是无可置疑的。

在这种危机意识中，对历史的直观可以帮助我们理解自身以及我们所处的形势。

这一样东西看起来永远颠扑不破：人性本身及其在哲学思考中的自我反思。即使是在崩坏的时代——历史向我们展示了这点——高深的哲学仍可能存在。

从对普遍历史的直观中理解自我的意志，或许就是这种颠扑不破的哲学思考的表达。这种哲学思考在不断寻求自身基础的同时将目光投向未来。它并非以预言，而是以相信的方式，并非消沉沮丧，而是令人振奋地展望着未来。

* * * * * * * * * * *

我们无法把我们的历史记忆推向足够深远的地方。或许，我们最有可能从历史的界限处得悉历史作为整体意味着什么。当我们将历史与非历史的东西，与历史之前和历史之外的东西相对比时，当我们钻研具体的历史事物，并且更深入、更进一步、更好地领会历史事物时，我们就会获知这些界限所在。

但是，探询历史整体意义的问题是无法得到最终答案的。然而，这个问题本身以及不断深入的批判性回答这一问题的尝试，已经在帮助我们抵御轻率得到，但很快便又会消失的伪知识所产生的错误结论；抵御单纯贬低自身时代的趋势，我们往往很容易轻视自己的时代；抵御那些全面破产的宣告，这些宣告在今天差不多已经过时；抵御这样的要求：要创造一种全新的、奠定新基础的东西，它会从现在起拯救我们，压倒从柏拉图直到黑格尔或尼采的总体发展，并与之相对立。然后，自身思考的意义会在内涵匮乏时获得一种奇异的提升 [在尼采那里，这是在对一种极端，但有根据的意识状态的拟态（Mimikry）中完成的]。但是，过分夸大的否定姿态和空洞的宣誓并非自身的现实。只有在挥霍资本之前，人们才能依靠斗争的神经刺激过上一种伪精神的生活。

* * * * * * * * * * *

历史中的非历史因素，就是历史中那些仅仅是自然基础的东西，仅仅千篇一律地重复的东西，以及有规律的因果关系。

在只是单纯产生的事物汇成的长河中，真正的历史事物具有独一无二的特点。历史事物是通过权威实现的传承，其中蕴含着一种连续性，这种连续性是通过对过去事物的记忆实现的。历史事物是有意完成的各种意义关系下的显象演变（Erscheinungsverwandlung）。

在历史意识中，某种无可替代的、自身特有的东西会显现出来，这是一种个别性，任何普遍价值都无法充分解释为什么它会对我们产生作用；这是一种本质性（Wesenheit），具有倏忽即逝的形态。

历史事物是落空的事物，但它在时间中是永恒的。它是历史存在的标注，因此它无法永远延续。因为它与单纯发生的事物不同，单纯发生的事物是材料，其中只有一般形式和一般规律的不断重复，而历史则是跨越时间、消除时间，将永恒事物纳入自身之中的进程。

历史究竟因何而存在？因为人是有限的、不圆满的、无法圆满的，人必须从他在时间中的变化里领悟永恒，并且他也只有通过这种途径才能做到这一点。人的不圆满与他的历史性是同一样东西。人的界限排除了某些可能性：地球上不可能存在理想状态。不存在任何正确的世界组织形式。不存在任何完美之人。只有倒回到纯粹的自然进程，永久稳固的最终状态才有可能实现。由于历史之中永远有不圆满，因而事物必定永远处于变化之中。历史无法因其自身的缘故而终结。只有地球内部或是宇宙灾难才可能使它走向尽头。

然而，什么是在历史中实现永恒的真正历史事物？这一问题虽然推动着我们去发现它，但我们依然不可能对一样历史显象在整体上盖棺论定。因为我们不是进行审判的上帝，而是为了在历史事物中赢得一席之地而开放思想的人类。因此，我们对它领悟得越多，就越是感到触动地继续追寻它。

* * * * * * * * * * *

历史是曾发生的事物以及其自我意识之结合，是历史和历史认识之结合。这样的历史仿佛有深渊环绕。如果它落回这些深渊之中，它就将不再是历史。对我们的意识而言，历史必须将下述几点在其内部结合起来，并凸现出来。

第一，历史拥有将它与其他真实事物、自然和宇宙区分开来的界限。环绕历史的是一般存在者的无限空间。（第一章）

第二，通过不断变化的个别性及必然消逝之事物的纯粹现实，历史有了内部结构。只有通过一般性与个别性的统一，历史才成为历史，但这种统一是以这样的方式完成的：历史展示出不可替代的价值所具有的绝对个别性，一种唯一的一般性（ein Einzig-Allgemeines）。作为对存在的实现，历史是过渡存在（Übergangsein）。（第二章）

第三，历史的统一存在于何处？这一问题使历史成为关于整体的理念。（第三章）

各种深渊：历史之外的自然之渊，它是火山般的历史基础——作为倏忽即逝的过渡存在出现在历史中的现实，这种现实也是一道深渊——无尽的分散之渊，始终不稳固的统一想要从这种分散中得到实现。有意识地看到这些深渊，会增强我们对真正历史事物的感知力。

第一章　历史的界限

1. 自然与历史

对于人类历史，我们或有这样的想法，认为它是地球生命史中极微小的一部分。从时间上看，动物和植物历史完全占据了地球的历史图卷，与之相比，人类历史是一段非常短暂的历史（至多自第三纪末开始，但这不大可能）。同样的，相比人类历史中漫长的，延续数十万年的非历史阶段，我们所熟悉的、有记载的六千年历史又只是一个很短暂的进程。

这种想法并没有错。但它还完全没有看到真正意义上的历史。因为历史不是自然，而是以自然为基础。自然存在于历史之前无可量度的时间里，并且今天依然存在，它承载着我们的一切。

诚然，我们会说自然历史和人的历史。二者都是时间中一个不可逆转的进程。但是，二者无论在本质上还是意义上都是不同的。

自然的历史对自身没有意识。它只是单纯地发生，并不了解自己，只有人出现后才认识了它。意识和意图不是自然进程的因素。

以人的标准来衡量，这一历史的过程是极缓慢的。以人类生活的标准衡量，其首要方面更多的是相同事物的不断重复。在这个意义上，自然是非历史的。①

因此，以类比法根据自然进程来观察历史本身，这是我们停留在自然范畴内的思考所带来的误导：

（1）我们设想永不休止的来来去去，设想毁灭和重现——在无尽的时间之中，有发生任何事的可能，但却没有通贯时间的意义。在这样的设想中不存在真正的历史。

（2）生命的发展进程使人类作为动物的一个种类而产生。人类遍布地球表面，其他一些生命形式也一样，但并不是所有生命形式都如此。

（3）人类整体是一个生命发展进程。人类成长、兴旺，变得成熟、衰老，然后死亡。但人们不仅将其设想成不可重复的人类发展进程，并且还将其设想成人类文明多次、反复出现的发展进程，这些进程彼此相继或相互并存。作为历史躯干的各文明从蒙昧的人类所掌握的无定型的原材料中逐渐发展出来，它们有合乎规律的发展过程，有各生命阶段，有开端与终结。这些文明仿佛有机体一般，有自己的生命，它们互不关涉，但在相互接触中改变或干扰彼此。

然而，自然进程的范畴束缚了这类观点，它们没有揭示出真正的历史。

---

① 但即使是自然历史中那些不可逆转的、定型的、不可重复的事物，也不具有在人类中我们称之为“历史性”的东西。

从“生存”的“历史性”（Geschichtlichkeit der Existenz）中，人类历史才赢得了一种本质意义。人类历史在其基础上或许有与自然进程相类似的进程。但是，这种基础不是人类历史的本质。

某一自然进程的客观化范畴不适用于精神的存在和人类的生存，适合理解和体验它们的是完全不同的客观化范畴。

关于“历史性”，参见我的《哲学》（*Phisolophie*）第二卷，柏林，1932，第118—120页；第二版，1948，第397—399页。——原注

2. 遗传与传统

我们人既是自然，同时也是历史。我们的自然在遗传中显现，我们的历史在传统中流露。作为自然生物，遗传使我们数千年来以相同的样貌出现，而我们岌岌可危的传统则与遗传带来的稳定性形成了对照：意识可能消逝，我们数千年来获得的精神财富没有一样是我们可靠的财产。

历史发展进程可因遗忘，可因历史成果的消失而中断。虽然习惯和不容置疑的信仰使生活方式与思维方式获得了几乎不受意识控制的稳定性，这种稳定性日复一日地在普遍共同关系构成的总体状态下形成，并且看上去根深蒂固，但它会仅仅因为那种总体状态的改变而陷入动摇。那时候，日常生活会远离传统，历史地发展起来的伦理会终止，生活方式会碎片化，绝对的不可靠性会逐渐形成。极端割裂的人变成一团随意凝聚的非历史的生命，这样的人类生命在不安与恐惧中，或公开或隐蔽地，在其此在生命力的遮掩下浑浑噩噩地延续着。

简言之，遗传尚不足以使我们成为人，我们始终只有在获得传统内涵后才能成为人。人在遗传方面拥有一些几乎不可摧毁的东西，而在传统方面，人所拥有的则是完全可以遗失之物。

传统可以追溯到史前的基础。传统包含一切在生物学上不可遗传的，但却是人性的历史实体（Substanz）的东西。

漫长的史前，短暂的历史——这一不同可能意味着什么？

在历史之初，从史前获得的东西犹如人性的资本。它不是可以遗传的、生物学上的实体，而是历史的实体，是一种可以增长，也可以被浪费掉的资本。这是某种先于一切思想的东西，它不可能是制作出来的，也不可能是有意为之的。

通过发生在历史中的精神运动，这一实体才变得充实和清晰。在精神运动中，这一实体经历了种种变化。在历史中可能会出现新的起源，它们作为现实，构成新的前提条件——最鲜明的例子即是轴心时代。但是这一切并不发生在整体人类中，而只是在某些个体所达到的高度上繁荣，又再次被遗忘、误解和遗失。

历史中有一种方向，它趋于脱离实质的前提条件和传统，走向纯粹的思考，就好像这种缺失实体的理性中能产生出什么东西一样。这是自我颠倒的启蒙，它不再启迪，反而通向虚无。

3. 历史与宇宙

在无限的空间之中，我们为何恰恰生活在这里？为何恰恰在这里展开我们的历史？为何恰恰是在宇宙中这一粒几乎微不可见的尘埃之上？在无尽的时间之中，这一切为何恰恰发生在现在？发生了什么，拉开了历史的大幕？这些无法回答的问题使人意识到一个谜团。

这个谜团即是我们此在的以下基本事实：我们在宇宙中似乎是孤立的。在宇宙的沉默里，只有我们是能说话的理性生物。在太阳系的历史上出现了一种迄今为止只延续了极短时间的状态，这种状态下，人类在地球上发展并实现了对自身与存在的认识。只有这里存在一种自我理解的内倾性。至少，我们不知道还有其他实际存在的精神事物。在微不足道的数千年时间里，在无边无际的宇宙中一个小小的星球上产生了一些东西，仿佛这个星球就是统摄一切之物

（das Allumgreifende），是本真之物（das Eigentliche）。这个星球就是存在因人而苏醒之处，但在宇宙中，它渺小得近乎无。

然而，这个宇宙是统摄的存在者（das umgreifende Seiende）的一团迷雾，我们在它之中，从它那里通过它而出现，但就连我们自身的起源也是捉摸不清的。这团迷雾作为一个整体所展现给我们的，只有天文学和天体物理学所研究的无生命进程的显著方面。对我们来说，它数量庞大惊人，乍看之下就像是房间中一团被阳光照亮的尘雾。

较之我们所能够研究的那些显著方面，宇宙必定还要更加广博无际；较之那些开始显露自身的事物，即那些在我们人类历史进程中显现出的事物，宇宙必定还要更加深刻。

而我们地球上的此在又到达了另一道深渊。随着我们的星球作为一个整体变得畅通无阻，空间上的通路却封闭了起来。从前，人们可以漫游，可以迁去未知的远方，可以把这样的远方当作生活的背景，当人们无法忍受某地的时候，他的脚步仍可以迈向无边无涯的远方。现在，我们此在安身的屋宇已经闭锁，我们已确知了它的大小，可以为了作出计划或采取行动而将它整体纳入视野之中。但是，这一整体在宇宙中是完全孤立隔绝的。这样的处境使人类世界仿佛浓缩在地球之上。地球之外是一个在精神上似乎空空如也的宇宙空间，而人类世界看起来永远无法走入其中，孤立隔绝使人类世界成为一个只关乎自身的自我理解的现实。这种在宇宙中的孤立隔绝是历史的一道现实界限。直至今日，只有空洞的想象和无法实现的可能性带着这样的问题徒劳地跨过这道界限：宇宙中是否还有生命和精神，还有理性生物？

人们给出一些**否定**的答复：

（1）在这几乎空洞、僵冷，处处是相隔极远的灼热星体的宇宙之中，出现生命所必须的条件不过是一个偶然。在我们太阳系的其他行星上，要么不可能存在生命，要么就只存在植物性的低等生命。我们虽然不能完全排除其他太阳系中存在与地球具有相同特征的行星的可能性，但这是不大可能的，因为大量的偶然事件必须恰巧碰到一起，才可能造成这样的结果（爱丁顿①）。

（2）在犹太—基督的启示宗教所产生的深入人心的观点中，人的特点具有唯一性；上帝创造的人是绝无仅有的，他是上帝的相似形象（Ebenbild）；不可能存在许多“世界”（基督教与黑格尔的观点）。启示使人领悟到自身的渺小与伟大，而出于天然的倾向，人感到自己就是中心，是独一无二的，无论是启示，还是这种天然倾向，都导向上述结论。

人们也给出一些**肯定**的答复：

（1）或许这是偶然，但无尽的宇宙为这样偶然事件同时发生或以某种时间顺序相继发生提供了足够的空间。在银河系内数以十亿计的太阳中，在我们的银河系外不可胜数的银河系中，种种偶然性组合而成的偶然事件完全有可能多次出现。

（2）在过去任何时代，人都相信宇宙中除了自己还有其他理性生物：魔鬼、天使、星神。人以这种方式让神话中的亲眷把自己围绕起来。那时的宇宙并不空洞。而随着宇宙转变为由大量无生命体

① 亚瑟·斯坦利·爱丁顿（Arthur Stanley Eddington，1882—1944），英国天文学家，著有《恒星和原子》《恒星内部结构》等。——译注

组成的运行机制，这样的空洞就彻底出现了。宇宙中只有人拥有意识，只有人在思考，在全面的想象里这像是不可能的。这个庞大的宇宙仅仅是为人类而存在的吗？我们甚至不能将地球上的所有生命与人类关联起来进行理解。每一种生命都是为了自身而存在，漫长的地球史曾是没有人类的生命。

（3）人们或许会说，假如人类并不孤单，那么在无限的时间里，宇宙中的精神生物早有机会展示自己：某个地方早该“发现”我们的世界，并且新发展起来的理性生命应该会马上被吸纳到一个始终存在着的宇宙消息网中。然而我们从宇宙中只发现了无生命之物。

然而，这样的回答同样合理：带着消息的波束始终围绕着我们，就像无线电波那样，虽然它们就在我们身边，可如果我们没有接收器，就不会察觉到它们。我们还没有先进到能够捕捉不断穿过宇宙传播而来的波束，而它们属于一个早就存在的宇宙共同体。我们才刚刚在地球上启程。觉醒的时刻开始了。为何我们不会在某天发现一种实际存在于宇宙中的语言，或许首先只是截获它，而并不理解它，然后就如同破译密码一样地解读它，就像我们破译埃及的象形文字一样？或许直到我们不停地听到宇宙中理性生物传来的消息，直到我们有能力去回应他们的时候，才会发现这种语言？

所有对这种想象的进一步描绘，都如这想象本身一样缺乏实际内容——比如以光年计的遥远距离会对可能的交流产生什么后果。

一切此类思考至今都只有一个意义，即，使可能性保持开放，并使人在地球上孤立隔绝的处境变得清晰。只要我们还未发现任何表明理性生物在宇宙中实际存在的迹象，我们都不会得出任何结论。我们不能否定可能性，但也不能估算现实。但我们能够使自己意识到以下惊人的、始终令人不安的事实：在无限的空间和时间中，在这个小小的行星上，人类仅仅自 6000 年前，或是在有连续传承的 3000 年间，才在我们称之为哲思的探询和认识中觉醒。

不断思考的意识以及它所蕴含并造就的人性是一个巨大的历史现象，但这个现象整体上却只是宇宙中一个微不足道的进程，它是崭新的，它就发生在当下，它才刚刚开始——而对这个现象自身来说，从其内部看来，它已如此古老，就好像统摄着宇宙一样。

第二章　历史的基本结构

人类历史拥有一种自己的存在方式，这使它从世界中凸显出来。在各门科学里，与人类历史相符的是一种它所独有的认识方法。我们来挑选两个基本的历史特征。

1. 一般性与个别性

如果我们用一般规律理解历史 [因果关系、格式塔规律（Gestaltgesetz）、辩证的必然性]，那么我们将永远无法通过这些一般性把握到历史本身。因为历史就其个别性(das Individuelle) 而言，是完全不可重复的事物。

我们称之为历史的东西是可以从外部进行观察的，在时间和空间中，它发生在属于自己的特定位置上。然而，这一点适用于一切现实。自然科学虽然根据物质进程的一般规律在原则上认识了所有物质进程，但它却不清楚这样一些事情，例如为何在西西里岛积聚着大量的硫？对于物质在空间中实际分布的成因，它一点也不了解。自然科学的认识界限是个别化的现实，而它只可能被描述，无法被理解。

拥有自己在时间和空间中的位置的是个体，这是一切现实都具有的特征，还不足以表明历史的个别性。那些一再重复自己的，那些虽是个体但却可以被其他个体所替代的，那些相当于一般性的一个实例的，都还不是历史。某一个体要成为历史，那么它必须是不可重复的、不可替代的、唯一的。

对我们来说，这样的不可重复性只存在于人类及其创造之中，只存在于那些与人类有关的以及成为人的手段、表达和意图的现实事物之中。人作为自然生物尚不足以成为历史，只有作为精神生物时，人才是历史。

在历史中，我们可以理解作为我们自身的自己，但如果我们把自己作为研究的对象，便无法再理解对我们而言本质的东西。诚然，我们作为自然，作为某种一般性的实例和物质的个体能够成为我们研究的对象。但在历史中，我们遇到的却是作为自由，作为生存，作为精神，作为严肃决心（Ernst des Entschlusses）的自己，是独立于全世界的自己。那些在历史中对我们诉说的，是在自然中未对我们展露的事物——在自由中实现飞跃的秘密，存在于人的意识中显现的秘密。

* * * * * * * * * * *

我们的知性倾向把非常确定的所思之物和想象之物当作存在本身，并且似乎要在这种想出来的东西中把握存在；同样地，我们的知性似乎倾向在历史中把握某种只是考虑到一般性而设想出来的个体。

然而，那些凭借在时间和空间中拥有自身位置而被称之为现实的个体尚不是历史；那种出现在这些个体中的一般性，即也作为一般规律、典型形态、普世价值的一般性，也不是历史。每当我们以为在这样的一般性中看到了历史事物本身，都像是落入了一个陷阱。

历史事物是唯一的、不可替代的。如果个体仅仅是现实的，或更确切地说，如果它只是被真正的历史个体（das geschichtliche Individuum）所渗透、消耗或改变，那它就还不是历史事物。如果个体只是一般性的容器，或者是某种一般性的代表，那它也还不是历史事物。历史事物是那些赋予一般性以灵魂的现实。历史事物是自我存在者（Selbstseiende），它与一切存在者的起源相联系，并在其自我意识中，在这种基础上确定自身。

只有爱和在爱中形成的观察力与敏锐性才能发现这种历史的个体。当这种唯一的个体完全处于爱中时，就会在由爱引导的求知欲面前变得无限清晰。它显现在各种显象中，而这些显象不可预知地发生着变化。作为历史的个体，它是现实的；但对于纯粹的认识来说，它作为这样的历史个体却是不存在的。

当我们以爱面对历史个体的同时，与其相联系的存在的基础也就变得可以察觉了。在被爱的个体的无限性中（die Unendlichkeit des geliebten Individuums），世界变得清晰明了。因此，真正的爱通过其自身得到扩展和增强，它延伸到一切历史上的存在者，在存在的起源中成为对存在本身的爱。于是，对爱的直观（die liebende Anschauung）来说，存在——这个唯一的、独一无二的巨大个体——如何在世界上历史地存在，就会变得显而易见。但存在只会在个体对个体的爱的历史性中展现出来。

历史的存在与历史认识的特征是相符的。历史研究以真正的洞察创造了前提，通过这些前提及其界限，我们可以明白，哪些东西是研究本身也无法再涉足的，而这些东西又是如何在主题选择和本质与非本质的划分上引导研究的。在跨越我们认识一贯具有的一般性之路上，研究以其界限表明了历史无可替代的个体性，这种个体性永不会是一般的。当我们看到这种个体性，我们就会在一个超越认识，但又只能通过认识来达到的层面上与这种个体性联系起来。

我们作为历史上的特殊事物所赢得的东西，使我们向着作为唯一个体的总历史（Gesamtgeschichte）前进。一切历史性都根植于这种唯一的、广博的历史性的基础之中。

2. 历史的过渡存在

自然存在于历史的每时每刻之中。它是承载历史的现实，是不断重复自身之物，是持久稳定之物。如同所有自然事物一样，历史中的自然是极缓慢的、无意识的变化之物。然而，在精神出现之处，就会有意识、反思和不可阻挡的运动在无限开放的可能性下存在于对自身的认识和完善中。

不可重复的唯一事物越明确，相同的重复越少，历史就越本真。一切伟大的事物都是过渡中的显象。

如果历史是存在的显现，那么真理就时时存在于历史之中，但它永远不是圆满的，而是始终处于运动中。当人们认为，自己已经最终占有了真理，就会失去真理。运动越激烈，真理就能从越深刻的地方显现出来。因此，最伟大的精神作品是那些过渡时期的作品，那些产生于时代分水岭的作品。几个例子：

希腊悲剧处于从神话到哲学的过渡中。悲剧作家仍然从古老传统的核心中创造神话，并在形象化的表达中加深这些内容，尽管他们依然拥有原始的直观，但他们已经在疑问，在解释。他们在神话消解的道路上提升了神话的内涵。因此，他们创造了思想最为深刻的神话形态，同时也终结了作为统摄一切的真理的神话。

埃克哈特[①]**的神秘主义**之所以如此大胆而不受约束，是因为它既笃信教会，同时也是新的自由理性的起源。它尚未陷入不负责任地滥用谬论的堕落游戏中，不具有任何破坏性的动力。它打开了既通向最深刻的洞察，也通向瓦解传统的道路，因为它源于那些视野最开阔、思想最不受限制的人所拥有的可能性。

从费希特和黑格尔到谢林的**德国唯心主义哲学**处于从信神到无神的过渡中。在对精神所有深刻之处的理解所散发出的光辉下，歌德时代经历了一场美学信仰，它从过去基督教信仰的核心内容中撷取养分，这种内容在后来人中遗失了。

同样地，柏拉图、莎士比亚或伦勃朗或许也可以从过渡的角度去理解。在这个意义上，所有时代都是过渡——特别是从公元前 6 世纪到公元前 3 世纪的轴心时代。

过渡是永恒的。在过渡中，运动的深刻性使存在和真理最清晰地显现出来。当过渡弱化为某种持存（Bestehen）看似长久延续的状态时，就会使意识连同对时间的感知一起衰退，使人在外在事物的不断重复中陷入昏睡，陷入习惯和自然。

作为过渡，思想史上最伟大的显象既是结束，同时也是开端。它们是中间存在（Zwischensein），只在其自身历史位置上是原原本本的真相。这种真相随后在人们的记忆中保有无可替代的形态，但

① 埃克哈特，也称埃克哈特大师（Meister Eckhart，1260？—1327？），德国神学家、哲学家、神秘主义者。——译注

它是不可重复、不可模仿的。人的伟大性似乎处于这种过渡的条件之下。因此，人的作品虽然以其永恒的形象超越了时间，但它们对后人而言却绝非真理。即便我们自身也因这种“真理”而感到振奋，受到促动，我们也不可能变得与它相一致。

我们或许想要在历史的某处看到圆满的真理，看到从存在的深刻性中得到阐明的生命。然而，当我们以为看到了它们的时候，就陷入到了幻觉之中。

浪漫主义想象了一个远古时代，在这个时代中，人性所达到的高度是与上帝共在的生活。对我们来说，除了那些可以解释的痕迹，这个时代没有留下任何记载，它是一片引人遐想的沉默。那时曾存在真理。在它熄灭之际，我们捕捉到最后一丝光亮。从那时起，一切历史看起来都像是遗失某种原始资本的过程。——然而，以经验为依据的研究在遗迹中重新发现了远古时代，其中找不到任何东西能证实这类梦想。经验研究发现的远古时代是粗野的，那时的人类完全听凭环境，无限依赖于环境。通过那些变成精神，变得可以交流传播的东西，我们才理解了人性。

我们的历史知识和现实直观源于显象。但显象中也不存在任何绝对的圆满（除非在艺术上，但那是在表现和象征中）。一切伟大的事物都是过渡，那些意义和目的在于记录永恒延续的持存物（Bestand）的事物更是如此。中世纪的精神创造仍出于完全的信仰，它在托马斯的体系和但丁[①]的诗篇中结束，而它所描绘的东西

① 但丁·阿利基耶里（Dante Alighieri，1265—1321），意大利文艺复兴时期诗人，著有《神曲》。——译注

在被思考出来的那个瞬间，就已经是曾经存在过并且不可挽回地失落了的东西。那些虽然生活在旧时代，但已处于新时代威胁下的人们在过渡之中刻画了他们已敲响尾声的世界，并把其理念——因它从不曾是现实——永远地固定了下来。

长久延续的人类持存物是不存在的，或许至少不存在于人们渴望拥有持存物之处。我们通过真理意识到存在，而真理显现在时间之中。这种显现使时间性在不可挽留和逐渐消失之中拥有丰富的内涵。因此，源自当下起源的生命是具有本质性的重复，这种生命与过去显现的真理处于联系之中——而这种真理是通向万物唯一起源的道路。与之相对，空洞的重复是在摹仿中对某种显象的单纯重复，它没有发生源于自身起源的变化。进步只存在于知性认识中——知性认识是一种运动，其本身仅仅是一种契机，既有可能使人类更具深度，也有可能使人类更加肤浅。即使它是时间中永不停歇的运动的一个要素，但它却不是运动的意义本身。

在历史中，人能够回忆过去，从而将曾经存在的事物作为未来的因素保留下来，只有这才是历史中本质的东西。时间因人而获得了不可重复的历史性意义，而此在的自然则是对相同事物的不断重复。这类相同事物只是在极漫长的时间里无意识地发生着变化，对于其变化的原因，我们或只略知一二，或一无所知。

如果某种现状持久延续——无论它是秩序还是混乱——如果时间对它而言已无足轻重，那它就会立即失去历史的内涵。

但真正真理的每一次显象在起源和其持存中都是同源的。这里的持存不是指时间上的长久延续，而是指抹去了时间的永恒。只有在当下，在自身所处的过渡时期中，我才会遇到这种真理，而在理解、摹仿和对真理过去某种显象的原样重复中，我是无法与真理相遇的。

历史上的过渡时期各具特点。问题在于：哪一次过渡恰好使这种存在的显现方式成为可能？而面对过去各伟大过渡时期，我们所能指出的，只有那些使存在的显现方式成为可能的契机。

所以，历史的基本特征是：它完全是过渡。它不具有本质上持久延续的东西——一切持久延续的都是它的基础、材料和手段。以下设想与上述特征是分不开的：历史和人类总有终结的时候，正如它们曾经有过开端。后者——既是开端，也是终结——实际上距我们非常遥远，以至于我们察觉不到它，但是，从那里却产生了一个覆盖一切的准则。

第三章　历史的统一

导论

人的历史性从一开始就是多样的历史性。但是，这种多样处于一体性的要求之下。这里的一体性，不是某种历史性为了成为唯一历史性并支配其他所有历史性所要求的排他性，相反，它必须处于与多样的历史事物的联系之中，才能作为一体性的绝对历史性在意识中形成。

这是人类历史的统一（Einheit），一切有价值和意义的事物似乎都与其相关联。但是，我们要如何思考这种人类历史的统一？

首先，经验似乎是与这种统一相悖的。历史显象是无限分散的。世界上有许多民族和文化，每个民族和文化又有无数其特有的历史事实。人类散布在地球各处，哪里可以供人生存，哪里就有人定居，并在那里带来独特的显象，仿佛有大量不同的事物同时或相继地发展和消亡。

照这样去观察人类，就意味着要像对待植物王国里形色各样的种属那样，对人类进行描述和归类。这是由一个大群体所构成的偶然性，作为“人”这一种属，它显示出某些典型特征，并且就像所有有生命之物一样，在其特征允许的一定可能性范围内显示出差异。但是，这种对人的自然化会抹杀掉真正的人性。

这是因为即便人类在显象上再分散，但在本质上却是相互关联的。当人们遇到彼此时，会相互产生兴趣，会彼此厌恶或互生好感，会彼此交流和学习。一个人与他人相遇，就像是在他人身上重新认识到自身，然后又使自身独立于这个被当作自我一般的他人。在这样的相遇中，人会明白，无论他如何特殊，都与其他所有人一同与一体性联系在一起。虽然他并不拥有也不认识这种一体性，但一体性却在不知不觉中引导着他，或者是在某些瞬间以一种感染所有人的热情深深地打动他。

这样看，人类在历史中显现出的分散性是一场走向一体性的运动。这种分散性也许源于同一基础。无论如何，人不是在多样的分散性中显示出最终本质的此在的。

1. 表明统一的事实

1.1 人类特性的统一

对于历史中的人性，我们大概会有这样的通俗观念：人是由各种先天潜质（Anlage）构成的整体。人总是能在特定条件下实现其力量、才能和冲动的一部分，而其他部分则像是处于沉睡一样，尚未被唤醒。然而，由于人在潜力上永远是相同的，因此一个人任何时候都有可能发展出任何人类能力。人先天潜质中各部分发展情况不一，这并不意味着任何本质上的差异，而是显象上的不同。只有将所有显象看作是共同潜能下程度不同的发展，并将其综合起来，完整的人性才能在其中显现出来。

在有历史以来的短短数千年间，人的本性（Artung）是否发生了根本的变化？或者说，人在这段时间里是否在本质上保持了不变？有观点认为，没有任何事实能够证实这种根本性变化，所有的改变更应理解为对先天潜质中已有的东西所进行的选择。由于这种选择在不断变化，先天潜质中经久不变的东西总是随之显现出极不同的特点。当一些人的特质（Eigenschaft）满足了社会及其处境的特定条件时，他们总会出人头地、功成名就，然后逐渐成为人群中的多数。这种观点认为，形势促进哪一种人类本性，这标志着这种形势的特点。而随着形势的变化，选择也在发生改变，从前隐蔽的，长期受到抑制的，在选择中不被眷顾而变得少有的本性，此时又会凸显出来。在始终变化的条件下，随着选择的不同，同样的本质显现出不同的样子来。

然而，我们必须驳斥这类思路，人性整体绝不能看作是人类先天潜质的总和。无论在现实之中，还是在对人的构想中，任何人都不会也不可能兼具一切人类特质。

我们还要进一步提出的反对看法是，在与生俱来的本性上，个体所具有的本质差异是根本的。尤其当我们考虑到那些在幼年时期就已显现出来的特质和性格特征（Charakterzüge）时，先天潜质的必然性就显而易见了，这是人无法摆脱的。这种必然性使人所具有的本性截然不同。

上述这些设想和反驳都包含着一些确实的东西，但它们还不足以把人解释明白。

★ ★ ★ ★ ★ ★ ★ ★ ★ ★ ★

为了看到历史中显现出来的人性的统一，我们必须跳出生物学、心理学的观察层面。

通过人类恒久的本质，我们之间的相互理解和团结才有实现的可能，然而这种本质的统一存在于何处？它始终在遭受质疑。因为在历史中，人类的认识、意识以及自我意识始终在发生变化，精神上的可能性渐渐发展又消亡，人们逐渐变得陌生，乃至最终互不理解。这之中还能存在统一吗？不论如何，统一至少作为不受限制的理解意志是存在于其中的。

如果这种统一的意义完全不在生物学范围内，并因此无法从生物学上的先天潜质进行理解，那么它必定另有其源。这里的起源不是指从某一根源中衍生而来的生物本性和祖源，而是出于更高起源的统一的人性。只有在象征中，我们才对它有一个鲜活的想象：如在上帝按照自身形象创造出人类的思想以及原罪思想之中。

这一起源将我们人类整个联系在一起，促使我们相互接近，它既使统一成为我们的前提，也使我们追寻统一。这样的起源既不能去认识和观察，也无法作为经验的现实呈现在我们面前。

假如驳斥统一的观点想要断言人之本质在最根源上便存在差异性，乃至认为人类必会由一条无法逾越的鸿沟分隔开来，并通过指出个别人及民族之间天生的、特殊的、在生活中相互排斥的、看似使人们彻底分隔的本性差异来反驳统一，那无疑是错误的。尽管在显象上我们可以察觉到将人分隔开的鸿沟，也会有不同性格的人之间的龃龉或是彼此漠视，但那些可能将我们联系在一起的东西，那些潜藏在深处的东西同样是我们无法忽视的。统摄始终是超出所有已辨明现实的现实。我们永远无法预见，什么会在新的条件、新的处境下渐渐苏醒过来。任何人都不可能给一个人划定界限，好似他算得出，这个人身上可能发生什么，又不可能发生什么。断言一个民族或是时代则是更加不可能的事。对于作为一个整体而言的民族或时代，我们所能够描述出的特点，在它们内部绝不会具有绝对普遍性。因为它们随时都可能发生变化。个体或是某个小圈子达到的成就，固然属于整个民族，但却绝非必然被广泛接受，成为这个民族及其文化的一个特点。阿利斯塔克（Aristarchus）①的天文学（哥白尼宇宙说）在希腊始终没有产生什么影响，阿门内莫普（Amenemope）②的智慧和上帝信仰在埃及同样如此。高处不胜寒，至高的成就往往被撇在一旁，不为人所理解，局限在很小的圈子里，只是出于种种特殊的、偶然的原因才在表面上获得些无用的声望，或是在误解和歪曲中发挥作用。除了在一场范围狭窄的伟大思潮之外，人们大可怀疑柏拉图在希腊、康德在德国的真正影响。

* * * * * * * * * * * *

如果人真正成为历史的人，他的生活就会趋向统一。因此，统一的基础不可能在于某种统一的生物学祖源中，而只可能存在于更高的起源之中，这一起源使人直接形成于上帝之手。这种统一不是

---

① 阿利斯塔克（Aristarchus von Samos，公元前 315—前 230），古希腊天文学家、数学家，最早提出日心说的人，著有《论太阳和月亮的大小与距离》等。——译注

② 阿门内莫普（Amenemope，生活在公元 1100 年前后），古埃及人，著有《阿门内莫普教诲》，此书与《圣经》旧约的《箴言》《诗篇》《申命记》有相似之处。另，原文中为 Amenemhope，似有误。——译注

某种如是存在的持存物（Bestand eines Soseins），而是历史性本身。这体现在以下几点之中：

（1）人在其变化发展的运动中的统一，不是各种长期延续只有在相互关联中才能实现的特质的静止统一。在历史中，人通过运动才成为今天的人，而这种运动不是人的自然本性的运动。作为自然生物，人就是他那些与生俱来，在一定多样性范围内变化的自然本性；作为历史生物，人从其起源中走出来，超越了他的自然性。这一起源使人必然走向将所有人联系在一起的统一。这是一个基本前提：没有这种统一，就不可能存在理解，不同性格的人之间就会存在鸿沟，就不可能有可以理解的历史。

（2）在具体现实中，个体身上表现出一种排他的特点。作为单个的人，人无法兼具那些在源头上大相径庭的东西于一身，比如圣徒和英雄。

就可能性而言，人自起源起就是一切，单个的人也是一样；而就现实而言，人是单个的事物（ein Einzelnes）。但在现实中，人不是有限的组成部分，他是历史的，是其自身的起源。在面对其他历史起源时，人具有对唯一的将所有人联系在一起的历史基础的意识。

一个人永远不会是一个完人、一个理想的人。原则上，完人是不可能存在的，因为一个人所代表和实现的一切，都可以再度被突破，而事实也的确如此，它们是开放的。人不是尽善尽美的生物，也不是可以圆满无缺的生物。

（3）在历史上，不可复制和无可替代的事物出现在种种不可重复的创造、突破和实现中。这些创造性的步伐无法用任何因果关系来解释，它们的产生无法从任何事物中必然地推导出来。与其说它们出自事物单纯的发展进程，不如说它们像是启示一般另有其源。但是，一旦它们存在，就会为随之而来的人性奠定基础。人从它们之中获得其知识和意愿、榜样和对照，获得其标准、思维方式、象征以及内心世界。它们是通向统一的步伐，因为它们属于同一个自我理解的精神，因为它们面向所有的人。

1.2 普遍性

在全世界的宗教、思维方式、工具和社会形式中，相似的基本特点反复出现。人类的统一在这一事实中看起来令人印象深刻。尽管人与人之间有着种种不同，但人的相似性同样是显著的。正因如此，心理学和社会学事实普遍具有可比较性，我们从中可以确定大量的规律性，而这些规律性在心理学和社会学方面表明了人性的基本结构。然而，正是通过对共同之处的观察，不同之处才变得清晰起来——无论是从人的特殊本性的角度，还是从历史处境和历史事件的角度去把握。当人们着眼于普遍性（das Universale）时，就会在本质的东西中发现一致，而将特殊之处作为局部的东西加以理解，这些特殊之处附着于地点和时间。

但是，这种普遍性恰恰无法构成人类真正的统一。正相反。如果人们凝视显露出来的真理之深处，便会在特殊性（das Besondere）中找到历史的伟大之处，而普遍性中的一般性，非历史的不变性，这就好像是事实性和真实性的水分一样。

如果说相距最遥远的文化间也有着某种共同的所有物，它是人性的基本持存物，那么下面几点会使人感到诧异，但同时非常重要：凡是人们以为找到了某种绝对普遍性的地方，总是同时存在着不同；一些人具备的东西，总有另一些人不具备；绝对普遍性永远有一种抽象特点，一种单调性。

一种在普遍性尺度下完全特殊的事物可能恰恰实现了真正的历史性。人类的统一只能在与这种历史特殊性相互关联时为彼此奠定基础，而这种特殊性不是本质上的不同，而是积极意义上的原始内涵；并非某种一般性的实例，而是人类同一的、广博的历史性的一个个环节。

1.3 进步

在知识和技术能力领域，我们一步步向前发展，所获得的知识和财富可以原封不动地继续传播，成为全人类的财产。一条增长知识和技能的路线穿过个别文化的历史，随后贯穿了所有文化的历史，但这条路线只限于非个人的、普适的知识和一般意识能力。

在这一领域里，世界历史可以理解为一条上升发展的路线，虽然其中也有倒退和停滞，但在整体上，我们的财富是不断增长的。个人与各民族都为获得这些财富做出了贡献。这些财富就其本质而言是所有人都能获取的，它们也成为所有人共有的财富。以历史的眼光观察，我们看到这种进步的一个个阶段，并且当下正处于最高点。但这只是整体中的一条路线。人性本身，人的伦理、善意（Güte）和智慧并无进步。或许所有人都能理解艺术和诗歌，但却不是所有人都拥有它们，它们与一些民族及其时代所达到的独一无二、不可超越的高度紧密联系在一起。

因此，在知识、技术领域和创造条件以实现新的人类可能性方面，进步是存在的。但是，人性的实质并没有进步。事实否定了这种进步。顶尖的民族覆灭了，他们亡于次于他们的民族。文明被野蛮人所摧毁。压倒性的群众现实消灭了顶尖的人类类型，这是一个历史的基本现象（Grundphänomen）。一般水平的人口占比最多，没有思想的人日益增长，他们仅凭数量优势就不费吹灰之力地赢过了精神上有更高发展的人。由卑劣之人进行逆向选择的情况始终存在，例如在诡计与残忍能保证长期得利的环境里。人们倾向于这一观点：一切崇高的都将覆灭，一切卑劣的都会长存。

我们可以指出伟大事物的再现与回响来反驳这种一概而论的观点——即便它们在成百上千年间一直保持沉寂。但是，这样的延续就像风化中的岩石，是何等脆弱，何等岌岌可危！

有人说，倒退是短暂的，灭亡是偶然的，从长远看，我们有理由相信会实现实质上的进步。但是，这些偶然、这些毁灭恰恰始终处于历史的显要位置，它们才是压倒性的基本历史进程。

有人说，过去曾经发生的，今后未必会发生。这取决于我们能否更好地进行引导，克服偶然和盲目，实现进步。但是，当人性本身已经动摇，当人们从不了解，也永远无法通览和掌控引导的对象时，这种想法无疑是一种关于人类能力和发展的乌托邦。

有人说，毁灭是罪孽的后果。如果我们只偿赎罪过，保持纯净的生活，一切就将不同。事实上，自古代先知以来，这种警语一直存在，但我们不知道，道德纯净的生活要以何种途径、何时、怎样才能孕育出一种世界秩序之善。我们无法否认这一现实，即道德的善凭借其本身绝不会取得那样的成功，并且我们也绝非出于谋求成功的目的而去践行它。但是，道德的善包含着对成功与后果的责任感，它始终是独一无二的巨大机会。

进步或可带来可知事物的统一，但却无法带来人类的统一。普适的、自发现起就在无限进步中始终保持不变的真理之统一只会出现在科学和技术上，这种可以广泛传播和移植，只作用于知性的真理不是人类的统一。这样的进步带来一种知性的统一。它将人们在知性中联系在一起，以使人们彼此间能够进行理性讨论，但它也使人们有能力以同样的技术武器毁灭彼此。因为知性只是将一般意识联系起来，而不是人。它无法带来真正的交流和团结。

1.4 时空中的统一

人类的统一形成于自然基础的共有性（地球的统一）与时间的共有性。

它在交往的历史过程中逐渐发展——其中也伴随着倒退。自然条件的复杂性，民族和国家的多样性长期在没有关联的状态下并存。交往的道路将他们彼此联系起来，它使部落联合成民族，民族联合成民族群，国家联合成大洲，然后再度瓦解，它使不同民族的人们发现彼此，然后又相互忘却，直到所有人之间有意识的实际关系建立起来，直到交往无论在确实的践行中，还是在斗争造成的损害中都能保持不间断为止。在交往的统一之中，人类历史作为持续不断的相互交流拉开序幕。

很久以来，人类在成千上万年的漫游中占据了除极地、沙漠、高山以外的地球表面。过去，人类不断迁徙，在历史之初就已完成了惊人的旅行。诺曼人到达了格陵兰岛和美洲，波利尼西亚人渡过了整个太平洋，马来人抵达了马达加斯加。不论是在非洲还是美洲，其内部各种语言都分别十分相近，这表明在这些大陆内部存在着长期的交往。史前时代，各种发明、工具、观念和童话通过不断的近距离传播——就像是从这只手传递到那只手中一样——完成了它们的长途漫游。长期处于隔绝状态的只有澳大利亚，或许也有美洲，但它们的隔绝状态也不是绝对的（东亚与墨西哥之间有惊人的相似性）。隔绝并不意味着从未有外人闯进过那里，而是从未有过可以察觉到的外来影响。

在历史的发展过程中，一些大帝国建立起来，它们在一段时期内增强了其版图内人与人的接触。接着，这些大帝国再次四分五裂，交往的通路被阻断，各种关系破裂，人们渐渐遗忘了曾有过的对他人存在的认识。一些民族暂时将自身与外界隔绝起来，像是埃及、日本、中国，但是，每一堵竖起来的墙最终都会再度倒下。

五百年以来，欧洲人将整个地球拽进了他们的交通网。他们把欧洲文明带到世界各处，也取回来欧洲所没有的文明财富。他们带去了欧洲的家畜、经济作物、武器、产品、机器、习俗、信仰以及欧洲世界中的一切灾祸，他们得到了土豆、玉米、奎宁、可可、烟草、吊床等等。他们最先使人意识到地球的统一，使交往变得有计划、持久、稳定。

这种交往意味着一种持续的人类共同发展，意味着统一在地球一体化中的形成，而这种形成首先是人意识上的，并且最终会达到行动层面。

文化发展的最早期历史不是从地球上的某一点统一地展开的。

相反，在经验的目光所及之处，我们看到的是人类的分散性，是许许多多的尝试，然后是人与人、文化与文化之间的接触产生的促进作用，我们看到征服引起的不同文化交叠以及民族交叠所带来的发展，看到融合的意义——它可能导致均质化，也可能促成杰出的成就。进程总是通过交往而获得历史性，它向着统一推进，而不是从某一原本就有的统一中产生出来。

然而，通过共享地球上的同一片土地，通过共存于时空之中而达到的统一是最表面的统一，恰恰不同于历史的统一。这样的统一是一切现实共有的统一，不仅仅属于人类。人类在由人占满的封闭地球表面上的单纯共存还不是人类的统一。人类的统一通过交往才可能实现。但是，它绝不是这种交往本身，而是只有在这种交往中发生的事物才可能实现人类的统一。

环视全球，我们看到诞生了今天所有精神事物的土壤，这是一个相对狭窄，中间还数度断开的地带（从地中海地区直到中国）。地理上不存在历史的平等。

1.5 各种特殊的统一

在我们的认识中，人类事物的运动里有着许多起先相互分离，但之后又彼此汇聚的发展路线——或是有一些局部上的发展路线，它们虽然很典型地一再重现，但却只意味着整体的一些特征，而不是整体。

因此，有各种文化显象组成的有限的发展序列。从思想发展或是典型的风格发展序列的起源开始，直至其最终瓦解，数代人在其中连贯相关。

有作为事实上的共同世界之统一的各种文化之统一，而构成这一世界的是生活方式、组织形式、观念和统一的信仰；有各民族在其起源、语言和命运上的统一；有作为“世界宗教”的各宗教之统一，它们在很广的范围内传播着伦理、信仰和观念方面与超验相关的生活态度；有作为权利统一的国家之统一，它们塑造着其他的一切。

这些统一缺乏普遍性。它们是个别的统一，个别的文化，它们之外还有其他统一、其他文化。很多民族、宗教和国家都相互关联。文化与文化之间在平静的交流中相关联，国家与国家之间在斗争和政治协作中相关联，宗教与宗教在传教和争论中相关联。它们都在相互改变，彼此相互渗透，绝不是最终固定下来的东西。

历史向我们展示了各种事实上的、巨大而强有力的统一。它将各个文化圈作为一种仿佛是地下进行的，不用权力就可以开疆拓土的，对人有塑造作用的传播展现出来；将各个民族作为无意识的史前运动展现出来；将各个宗教作为“世界宗教”展现出来，虽然它们始终是有限的；将各个国家作为帝国展现出来。所有这些统一都常常相互交叉和重叠。自中国建立起大一统的帝国后，所有统一的重合在那里达到了顶峰。文化、宗教、国家交叠在一起。对中国人的意识来说，整体就是一个唯一的人类世界，一个唯一的帝国，除了那些边境上的原始野蛮人，帝国以外再无他物。并且他们将这些边境地带也看作是帝国潜在的组成部分，并在思想上将其归入帝国之中。如果人们拿“中央帝国”与罗马帝国做一比较，就会发现它们之间有相当大的差别。罗马帝国是一个相对短暂的显象，虽然这个帝国的理念在随后一千年间都在发挥着它的魔力。罗马帝国之外有日耳曼人和帕提亚人[1]，他们是从未被征服的、真正的强大力量。尽管罗马帝国内形成了一种非基督教的宇宙——宗教式的统一，但与中国不同，它没能凭借这种统一在精神上渗透到它的各个民族之中，这种统一的产生反而同时使基督教得到了发展，而最终基督教冲破了它。

2. 通过意义和目标达成的统一

如果各种意味着某种统一或是指向统一的事实还不足以建立起历史之统一，那么或许另一个起点是可以的。统一不是事实，而是目标。人们能够在一体的理念中相互理解，在唯一的真理中，在精神——其中，所有事物相互之间都存在着有意义的联系——的世界中联合起来，即使他们起初彼此还十分陌生——历史的统一或许就从这之中形成。

统一源于意义（Sinn），它是历史发展的方向。没有这种意义，那些处于分散中的事物就会毫无价值，是这种意义赋予了它们重要性。

目标可以作为一种隐蔽的意义出现，它不是任何人曾意指过的意义，而是观察者尝试去解释的意义，或随后把它作为有意识的任务、统一的意志去着手实现。这种意义被表述为历史的目标：

（1）人类的文明（Zivilisation）和人道化（Humanisierung）被

---

① 帕提亚人（Parther），是罗马人对帕提亚帝国人民的一种称呼。帕提亚帝国即安息帝国，位于亚洲西部伊朗地区，建立于公元前 247 年，公元 226 年被萨珊王朝取代。——译注

视为目标。但是，此在秩序之外，何谓文明与人道化？这绝没有明确的规定，而是本身就是历史的。然而，作为此在的秩序而言，这一目标就是实现法定的世界秩序。历史的道路由分散中延伸出来，经过和平与战争中的实际接触，通向由法制实现的现实统一下的全球共同生活。这种统一或能凭借此在的秩序为一切人类心灵和精神上的创造性潜力提供发展的空间。

（2）自由和自由的意识被视为目标。迄今为止所发生的一切都应该解释为争取自由的尝试。

但是，何为自由？这个问题的答案本身一定是无限的。

建立法制世界秩序的意志并不会使自由直接成为目标，而是仅仅使政治自由成为直接目标。政治自由为人类此在实现真正自由的一切可能性提供空间。

（3）高度发展的人、精神之创造被视为目标，在共同协作的条件下创造文化被视为目标，天才被视为目标。

人渴望获得最清晰的意识。当人在极端情境下最明确地意识到自身时，当人提出最深刻的问题时，当人找到了指引并深刻影响其生活的创见性答案时，意义的统一便从中产生了。这种由人性的高度实现的统一不存在于工具和知识的传播中，不存在于征服和帝国的规模中，不存在于像是致命的苦行或耶尼切里教育①那样对人极端的塑造中，不存在于制度和规定的长期延续和稳定性中，而是存在于获得最深刻的自我观照和揭示出本质的那些光辉灿烂的时刻之中。

---

① 耶尼切里（Janitschar），即创建于14世纪的奥斯曼土耳其帝国常备兵团，又称土耳其近卫军、土耳其禁卫军、苏丹亲兵，以纪律严格著称。——译注

这种最本质的东西可能就像是历史长河中一个微乎其微的点。但在整体进程中，它可能发挥酵素般的作用。也许，它暂时无声无息地保存在人的记忆中，但已准备好发挥作用，它是一个对未来提出的问题。也许，它可能因其独一无二的高度在世界上得不到任何反响，它消逝而没有任何人记得起它，并且只有在超越面前才能得以留存。

这样登峰造极的东西之所以对我们来说具有无可替代的宝贵价值，在于它属于一种我们始终在假定，但却从未真正认识的统一。总的来看，历史走向这种统一，历史源于这种统一，历史为这种统一而存在。

（4）存在在人之中的显现、对存在的深刻性的领悟，也即神性的显现被视作目标。

* * * * * * * * * * * *

这些目标在任何当下（Gegenwart）都是可以达成的，并且事实上——在一定程度上——得到了实现。即便人们不断遗忘，或已经遗失了这些目标，也会再次找回它们。每一代人都以在自己的方式实现这些目标。

但是，唯一的历史总目标并不会因此而实现。想象中的未来目标反而会将我们引向不该错过的当下。

在任何对意义的解释中，都无法达到目标的统一。任何一种表述，即便它达到了最高水平，也都只是停留在一种并不涵盖一切的目标上，至少不是在下面这种意义上的目标：其他一切目标都应该可以从其中推导出来，从而使历史的意义通过目标的统一展现在人们眼前。因此，如果被意指的目标成为人们的意愿或是信仰的一部分，它们或许都会成为历史内部的因素，但永远不会是统摄历史的东西。

每一种意义作为被意指的意义都以多样的形态出现于人的意识之中。在这样的意义里，我们没有把一体当作可支配的知识内容，而是决心达成一体。

但无论何时，把某一种意义当作涵盖一切的唯一意义去认识、去相信，都能满足人们的渴求。如果每一种绝对化了的意义都必然落空，那么新一代人就会立刻通过他们的哲学家重新找到一种统摄的意义。在他们看来，这一意义掌控了历史，也掌控着历史。在理解了这个意义后，便能将它作为一种被意指的意义吸收到自身意志之中，使其成为一种指引（像是在基督教的历史哲学和黑格尔、马克思、孔德[①]等等的思想中）。

解释性的全面历史直观呈现给我们的，就是这样一种统一。

3. 思维的全面直观的统一

理解历史的统一，即是将普遍历史作为一个整体去思考，这是历史认识的迫切追求，历史认识寻求着自身的最终意义。

于是，关于历史的哲学思考探询统一，统一使人类同舟共济。

---

① 奥古斯特·孔德（Auguste Comte，1798—1857），法国哲学家、数学家，是社会学和实证主义的创始人，著有《实证哲学教程》《实证政治体系》等。孔德提出三阶段法则，认为人类发展将经历三个阶段，即神学阶段，形而上学阶段和实证阶段。——译注

人类在过去就已占领了地球，但那时他们是分散的，彼此互不了解，生活形态极为不同，说着上千种语言。因此，过去曾思考过普遍历史的人们，都会因视野的狭隘而塑造出一种带有局限性的统一，比如在我们这里，这种统一局限于西方，而在中国那里则局限于中央帝国。当时，处于这种统一之外，或是不属于这种统一的一切，都被当作野蛮人和原始民族的生活，而在那时，他们或许是人种学的兴趣所在，但却不是历史的对象。一步步使地球上所有的未知民族参与到唯一的——也即自身的文化中来，将他们引入自身的秩序空间中，当时的发展趋势以此为前提，而当时的统一就存在于其中。

如果说信仰在一切历史中都以一个基础和一个目标为前提，那么思想就想要在现实历史中把它们认识清楚。过去那些关于唯一的人类历史的构想都是尝试，它们总是作为对统一的洞察性认识而出现，这些认识或源于上帝的启示，或源于理性。

在西方，历史中的上帝踪迹通过上帝的一系列活动变得显而易见：创世，逐出伊甸园，通过先知宣告他的意志，在时代的转折中亲自现身拯救人类，直至在预期的末日审判中结束。那些由犹太先知们最先思考，并随后通过奥古斯丁获得基督教形态的东西，从约阿希姆·菲奥雷[①]到波舒哀[②]都对它们进行了重申，并做出了一

① 约阿希姆·菲奥雷（Joachim of Fiore，1130？—1202），意大利神学家、历史神学家。——译注

② 雅克-贝尼涅·波舒哀（Jacques-Bénigne Bossuet，1627—1704），法国主教、神学家、演说家，著有《世界史叙说》等。——译注

些不大的改动，而从莱辛[1]、赫尔德[2]起直到黑格尔则使之世俗化，但它们始终是对唯一的整体历史的认识，在这样的历史中，一切都有其所在。一系列人类此在的基本原则出现了，它们的深层含义包括教导人们，什么是真正的，什么是真正发生的。

但这样的构想——两千年里它曾那么令人深信不疑，得到宏大的表述——却落空了：

（1）如果我认识了整体，那么每个人类此在就都要在整体中有其所在。人类此在不是自为的（für sich），而是服务于一条道路。它不直接通向超越，而是要借助于一个时间中的位置，这个位置压缩了它，使它成为一个部分。每一个人类此在，每一个时期，每一个民族都被剥夺了直接与超验相联系的资格。而与神性的原始关系抗拒这样的部分性和间接性，它是无限的统摄，任何时候都可以完整地存在。

（2）在对整体的认识中，人类的绝大部分现实，所有民族、时代和文化都无足轻重地落到一旁。它们不外乎是自然进程中的偶发事件和伴发现象。

（3）历史没有结束，也没有向我们展露出它的起源。但对于上述构想来说，历史已经完结了。开端和终结以一种所谓启示的形态被虚构出来，并被添加到这种构想之中。而事实上，有两个基本历史观点是针锋相对，彼此排斥的。

---

① 戈特霍尔德·埃夫莱姆·莱辛（Gotthold Ephraim Lessing，1729—1781），德国启蒙运动时期文学家、美学家、文艺批评家，著有《拉奥孔》《汉堡剧评》等。——译注

② 约翰·戈特弗里德·赫尔德（Johann Gottfried Herder，1744—1803），德国哲学家、神学家、诗人、文学理论家，著有《关于人类历史哲学的思想》《论语言的起源》等。——译注

历史要么作为一个整体呈现在人们眼前，它是可以认识的、具有开端和终点的发展之统一。我自身连同我的时代处于某个特定的点，它或被想成所达到的最低点，或被想成迄今为止所达到的最高点。

要么，历史不论在实际上，还是在我的意识中都是不封闭的。对于未来，我保持开放。这是一种等待和追寻真理与未知事物的态度。这里的未知事物甚至也包括那些已经存在，但只有未来才能理解的东西。在这样的基本态度中，就连过去也是未完结的：它仍在延续，过去做出的判断在整体上并非是最终确定无疑的，而只是相对如此，它们是可以修正的。过去存在的事物还能有新的解释。过去看上去明白确凿的事物会受到新的质疑。过去发生的事物还会在将来表明它的本质。过去事物不是堆在那的死灰。它内部不仅仅蕴藏着那些我们迄今为止客观地、理性地从中汲取出来的东西。思考者本身仍处于发展之中，这种发展就是历史。思考者没有驻足在终点上。他站在一座小山丘上，目光有限，而不是站在世界屋脊上，拥有通览整体的视野。因此，他知道可能存在的道路的方向，但他不会知道整体的起源与目标是什么。

因此，历史可能看上去就像是一块试验田，而统一隐没在无限的可能性之中。永恒的基本态度是疑问。由某种宏大的整体象征，以及某种消除了时间，随之一并消除了过去与未来的全人类统一的图景所带来的安宁只是时间中一个暂时的停靠点，它不是某种已知的真理造就的定局。

但是，如果我们不认为历史会分崩离析于分散发生的偶然事件之中，漫无方向的来来往往之中，许许多多的虚假道路造成的绝境之中，那么历史统一的理念就是必然的。问题仅仅在于，我们如何去理解它。

* * * * * * * * * * *

我们完成了一长串否定：历史的统一无法通过认识去把握。它与人类生物学起源的统一不同，是无法清楚认识的。地球表面之统一、在共同现实时间下所实现的统一，都只是表面的统一。涵盖一切目标之统一是无法展现出来的。法制世界秩序的理念指向的是人类此在的基础，而不是整体历史的意义，且它本身依然是一个问题。我们无法通过统一与对某一普适真理的认同之间的关联去把握统一，因为这样的统一只与知性有关。它不是通向这种目标的进步——其趋于或处于某种无限的发展进程。即使在最清晰的意识中，统一也还未出现；在精神创造的高峰中，它也还未实现。它并不存在于这样的意义中：所有已经或是将要发生的一切都是为了这个意义。统一也不能被视作人类整体的各有机发展阶段之统一。无论是作为现实，还是作为某种幻想图景中的意义，历史的整体都不真实存在。

如果一个人不将那些自大的想法——对历史进行所谓涵盖一切的理解——当作统一来追随，就会在所有这些为了理解统一而付出的努力中看到真理的一角。如果将这一角放大成整体，那么它就会变得虚假。只有作为提示或是符号，它才能保持真实。

每一条发展的路线，每一个典型的形态，种种统一的全部事实都是历史内部的简化物（Vereinfachung）。如果想要通过它们洞察历史之全部，那么它们就变成了谬误。重要的是，我们要领悟这些路线、形态和统一的多样性，但要对超出它们之外的整体保持开放的态度，这些现象都发生于其中；我们要对人类和任何时刻中的人性整体保持开放，人性整体统摄性地蕴含着一切显象，无论它们多么伟大，依然只是众多显象中的一个。

* * * * * * * * * * * *

统一的理念仍在向我们提出要求。普遍历史就是我们的任务。

（1）至少，我们还要对全世界所有人类进程做一“概览”。在分散的隔离化和高度的集中化这对二项选择中，两个极端中的任何一个我们都不接受，但我们要寻找一个合乎事实的、有建设性意义的总历史秩序。即使每种对历史统一的构想都总使人能在知识中感到深刻的无知，但在统一的理念下，通向秩序的道路仍然是可能实现的。

（2）其次，地球的封闭性为这种统一提供了支撑。作为空间与土地，地球是完整的，是可以掌握的。除此之外，即便时间是抽象的，但在唯一的时间内，时间顺序的明确性也为统一提供了支撑。另外，人类根源的统一性同样为统一提供了支撑，所有人同属一个物种，这一生物学事实指出了人类的共同祖源。

（3）统一的本质基础在于，人们相遇在普遍都可以理解的唯一精神之中。人们处于一种广博的精神之中，虽然无人能从整体上观察它，但它接纳所有人。在涉及唯一的上帝时，统一得到了最坚定的表达。

（4）统一的理念具体地存在于对万有可能的意识之中。观察的开放性增强了以下要求，即任何事物都可能赢得对任何事物的重要性，任何事物都仅仅因其存在，就可以与其他事物发生关联。我们生活在一种空间意识中，这个空间里没有一样事物是无关紧要的，它把最遥远之处作为与我们有关之处开放给我们，同时，它使我们在这样的意义上关注一切当下：当下是对我们将行之路的决断。放眼那些最古老的开端——它们从未深入起源之中，放眼未来——它始终是开放的，我们在一个难以捉摸的整体中了解到各种可能性，这样，整体的统一就显露在我们当下完成任务的坚定性之中。

（5）如果不会有某种站得住脚的、完善的整体图景，那仍有一些形式，整体图景呈现在这些形式中。这些形式是：

我们在价值层级，在历史的各种起源和关键性阶段中观察历史。现实事物被划分为本质与非本质的事物。

历史处于一个整体之下，这个整体从前叫作天意（Vorsehung），之后又被推想为一种规律。即便这种整体的思想只是错误地固定下来，但它仍是关于那种我们无法看到，而只能在其内部观察的事物；我们无法计划，而只能在其内部做出计划的东西的极端想象——作为整体而言，历史是不可重复的，是真正具有历史性的，而不是单纯的自然进程。关于某种整体秩序的理念始终存在，一切事物都在其中拥有属于自己的位置。这不是一种纯粹偶然形成的多样性，而是偶然事物的一切特征都被包含到一个巨大的、历史的基本特征之中。

* * * * * * * * * * *

就我们而言，我们草拟了一份世界历史简图，以此作为对统一的说明。今天看来，这份简图与对开放性、统一和经验的现实所提出的要求是最为相符的。我们对世界历史的描述尝试通过全人类共同的轴心时代获得历史的统一。

轴心不是指这样的内在性：它是隐藏的，各种显象的显著方面时刻都在围着它转，它本身即是永恒的，一直延伸到所有的时代，但却被笼罩在纯粹由当下事物所扬起的尘雾之中。倒不如说，轴心指的是公元前最后一千年中叶的一个时代。对这个时代而言，其先所发生的一切可能看上去都像是在为它做准备，而其后所发生的一切则在事实上，并且常常是在清晰的意识中与它发生关联。人性的世界历史从这里开始拥有了它的结构。我们不能断言这个轴心具有永远的绝对性和唯一性。而应该说，它是迄今为止短暂的世界历史中唯一的轴心，在所有人的意识当中，它可能意味着他们一致公认的历史统一之基础。于是，这个真实的轴心时代就会是一种理想轴心的化身，人性在不断运动中围绕着它聚合起来。

小结

我们试着在关于整体的各种图景中理解历史的统一，这些图景以建立在经验基础上的结构表明了人类本身的历史性——与此同时，基本事实仍然是通向未来的无限开放性以及这一短暂开场——我们才刚刚开始。历史是一个由各种意义关系（Sinnbeziehung）构成的世界，作为走向未来的世界，它在事实上是开放的、无限的，而作为被解释的过去也同样如此。这些意义关系看起来至少暂时地汇入一个越来越大的共同意义之中。

主题不是那些普遍范畴中的某一个范畴，不是历史的规律，而是对历史之统一的探问，探问它实际的、直观显现出的、不可重复的形态，这种形态不是规律，而是历史的秘密本身。我们将这种形态称为历史的结构。我们必须把它放在时空中确定的位置上，并且将它作为人性的精神现实来理解。

* * * * * * * * * * *

具有说明性的观察研究会成为意志的要素。统一会成为人类的目标。对过去事物的观察研究与这一目标相关联。这个目标会成为有意识的目标，比如把世界统一下的世界和平当作目标，通过一种旨在消除困境，并尽可能地将幸福赋予所有人的法律秩序去实现它。

但是，这种关于统一的目标只和有待实现的、全人类共同的此在基础有关。虽然，在为实现所有人类可能性创造条件的方面，这样的统一会具有无限的重要性，但它不是最终目标，而是手段。

我们要在更高的层面上，在由人类存在和创造构成的世界整体中寻找统一。当我们注视着这个整体，让那些关涉到所有人，并对所有人来说都具有根本性意义的东西凸显出来，就会得到过去历史之统一。

但这种东西到底是什么？它只有在人类共同的运动中才能显现出来。在对无限制交流的要求中，人的一致性通过相互理解的可能性得到证实。但是，在我们所知、所塑造、所谋求的东西中，在目标的图景中，都还不存在统一，而只有当它们进入到人与人的交流之中，统一才可能存在于它们之中。于是，最后的问题是：

人类统一是否存在于以共同信仰为基础的团结一致之中？是否存在于某种人们皆以为真实的所思或所信之物的客观性中？是否存

在于由全球性权威所确立的、永恒的唯一真理指导下的某一组织中？

或者，我们人类真正所能实现的统一，是否只是通过历史上的多种起源之间的交流所实现的统一？这些起源彼此相关，但没有在思想和象征的显象中变得相同。——是否只是使一体始终隐藏在多样性之中的统一？——是否只是这样的一体：它仅能在实现无限制交流的意志中，作为无止境地尝试人类可能性的无尽任务而保持真实？

一切关于永不可能相互理解的绝对陌生性的论断，所表达的始终都是心灰意懒，是面对人性最深刻要求时的不知所措——它们把暂时的不可能性夸大为绝对的不可能性，抹杀了内心已经做好的准备。①

* * * * * * * * * * *

作为人类的一体化而言，历史之统一永远不会圆满实现。历史处于起源与目标之间，统一的理念在它内部发生着作用。人走在他伟大的历史道路上，他无法以某个已经实现的最终目标结束这条道路。更确切地说，人类的统一就是历史的界限。这是说，已经实现的、圆满完成的统一就是历史的终点。历史始终是带有关于统一的观念和思想，在统一的指引下进行的运动。

以下观念中包含着统一：人类仿佛源于同一起源，从那里开始，人类在无尽的分离过程中逐渐发展，并力求将处于分离状态下的人

---

① 这关系到这种两极性：教会大公性（Katholizität）和理性。参见：我的《论真理》（*Von der Wahrheit*），慕尼黑，1948年，第832—868页。——原注

类重新统一起来。然而，在经验上，唯一的起源完全处于一片昏暗之中。无论我们在哪里认识一个人，他都已经处于不同个体与种族间的差异性与分散状态中了；我们看到一些不同的文化发展、多样的开端，但在此之前，一定已经有了某种我们所不了解的人类发展。——统一作为观念引导着我们，这种观念关于一种在许多人之间的相互作用中逐渐实现的东西。但是，所有这些观念都是不确定的。

如果关于统一的观念不仅仅被当作象征，它们就会产生误导。作为目标而言，统一是一项无限的任务；因为所有我们能够看到的统一都是局部的，都只是潜在统一的先决条件或是均质化的过程。而在这些均质化的背后隐藏着无法量度的陌生、排斥和冲突。

就算只是在理想之中，我们也无法清晰地、不引起异议地设想出一种圆满的统一。无论是作为完人，还是作为正确的世界组织方法，抑或是作为相互之间绝对透彻、开放的理解和协调一致，这种圆满的统一都不可能成为现实。不如说，一体是无限的、遥远的基准点，它同时是起源与目标；它是超越的一体。这样的一体无法掌握，也不会成为某种历史的、将自身当作真理本身强加给所有人的信仰的独占物。

如果整个普遍历史源于一体并走向一体，那它一定是这样的：对我们所开放的一切都在这两个终极之间。其中有各种统一的形成，有对统一的热情追求，而后又有对各种统一的狂热破坏。

因此，最深刻的统一上升到一个不可见的领域中；上升到灵魂的国度中，它们彼此相遇且属于彼此，这是一个存在于心灵的和谐里显明的隐秘王国。但是，运动始终是历史的，它永远处于开端与终点之间，绝不会到达终点，无论它到底意味着什么。

第四章　我们的现代历史意识

我们生活在历史认识的伟大传承之中。自古以来的伟大历史学家、历史哲学的全面直观（Totalanschauung）、文学与艺术充实了我们的历史想象。此外，近几个世纪中产生了批判性的历史研究，它自 19 世纪起开始具有决定性。尚没有任何一个时代像我们的时代一样拥有这样多关于过去的信息。从各种出版物、复原物、收藏品和目类中，我们掌握了前人所没有的知识。

今天，我们的历史意识似乎正在发生变化。科学的历史研究所取得的伟大成就将得到保存和延续。但是，现在我们应该弄明白，这种材料如何被赋予新的形态，在虚无主义的熔炉中提纯后，如何成为永恒起源独一无二的奇妙语言？历史再次从一个纯知识领域变为一个关于生活和此在意识的问题，从一个审美教育的内容变为倾听与回答的严肃性。我们如何看待历史，这不再没有风险。我们在整体中认识自我的方式，从整体中赢得历史基础与目标的方式，将决定我们自身生活的意义。

我们也许可以概括出正在形成的历史意识的一些特点。

（1）新的特点是**研究方法的全面性和精确性**，对无限纠缠和交织的因果因素的意识，以及对在完全不同于因果范畴的各种范畴中，各种形态学结构（morphologische Strukturen）中，各种意义的规律中，各种典范物中进行客观化的意识。

今天，我们虽然依然喜欢阅读叙述性的描述，我们想要通过它们来用各种图像填满我们内在直观（innere Anschauung）的空间。但是，只有伴随着各种分析——今天人们在社会学下对其进行概括总结——直观才会对我们的认识具有本质性。具有代表性的是马克斯·韦伯——他的著作及其中清晰、全维度的概念性，这种概念性产生于没有将任何全面图像固定下来的、最广阔的历史观视野。今天，熟悉这种思考的人在阅读兰克的许多作品时，都因其中概念的不明确性而无法感到认同。对事物进行透彻的把握，要求具备多种多样的专门知识，并在提出问题的过程中进行综合运用，而提出这些问题本身已经具有启发性了。在此同时，古老的比较法通过它如今获得的精确性，将那些不可重复的事物以令人印象深刻的方式凸显出来。沉浸到真正的历史事物之中使人们清醒地意识到那些不可重复的事物的秘密。

（2）今天，我们正在**克服**这样的历史态度，即认为我们在历史中**认识一个可以总览的整体**。任何一种对历史的封闭的全面设想都不能将我们吸纳进去。我们无法迁入一座不可更改的历史整体之大厦，而只会住进一处在当时有可能造好的，还会再次破碎的历史整体的逼仄小屋。

此外，我们在历史中找不到任何对绝对真实的揭示。不论哪里都不存在必须要原样重复的东西。真理存在于从未被认识的起源之中，从起源的角度看，一切特殊事物都局限于显象。我们知道，无论我们在哪里陷入历史绝对化之路，总有一天，谬误会暴露出来，我们会摆脱痛苦的虚无主义倒退，走向新的、起源性的思考。

尽管如此，我们并不拥有一种关于总体历史的回忆性认识，但我们时刻都在寻找它。我们止身处总体历史中一个不可重复的瞬间。总体的图像（Gesamtbild）总是能为我们的意识提供视野。

今天，在对灾祸的意识中，我们不仅倾向于把过去具有相对完整性的个别发展进程看作已经完成的进程，而且倾向于将整个迄今为止的历史都看作已经完结的历史。这段历史似乎已经结束，已经不可挽回地失去了，一些全新的事物势必会取而代之。我们对这些终结说感到习以为常：哲学的终结说，它说哲学在效仿者（Epigone）和历史学家中向我们道别；艺术终结说，它说艺术在重复旧有风格中，带着任性和私欲，伴随着替代艺术的技术性功能设计，在逐渐死亡中绝望挣扎；在迄今每一种一般意义上做出的历史终结说。只有在最后一刻，我们才能够作为理解者设想那已变得越来越陌生的东西，它不再是它，并将永不再是；我们还能再一次将那些很快就将被完全遗忘的东西表达出来。

现在看来，这完全是些无稽之谈，其导致的后果永远是虚无主义。这些无稽之谈是为了给某种人们完全说不清、道不明的东西腾出空间，但或许正因如此，人们才更狂热地谈论这种东西。

与之相对的是现代的态度，它将所有全面图像，包括上面那些负面的，都悬置起来；将一切可能实现的全面图像都放到我们的想象力面前，看看它们在何种程度上可以实现。在这个过程中，会产生一种广博的图像，其他图像都是它里面的单个要素。我们带着这个图像生活，它使我们意识到我们的当下，看清我们的处境。

事实上，我们时刻都在完成历史的总体直观（Gesamtanschauungen）。如果这些总体直观逐渐发展成潜在前景意义上的历史简图，那么一旦人们把一种全面直观当作是对整体的真知，认为要在必然性中理解其进程，这些历史简图的意义就会颠倒。只有当我们不去研究全面因果关系（Totalkausalität），而是研究无限扩展的特定因果关系时，我们才能触到真理。只有在这个范围内从因果关系上对某样事物进行理解，才能在因果的意义上看清它。某样事物的发生是非因果的——这样的论断是无法证实的。但我们可以看到，在历史中有人类创造的飞跃、意料之外的内涵显现、一代代人的代际变化。

今天，任何关于全面图景的构想都必须在经验上得到证实。我们拒绝纯粹靠推断得出的事件和形势图景。我们迫切地四处寻找传承中的真实性。不真实的东西将无处遁形。从这个极端的例子里可以看出这意味着什么：谢林仍然理所当然地坚持认为，创世发生在六千年前。而如今却无人质疑那些被发现的遗骨，它们证实，无论如何人类都已存在了超过十万年。时间的尺度伴随着历史一起出现，对历史而言它虽然是外部的，但却无法被遗忘，并且对意识造成了影响。因为过往历史的极度短暂性是很显然的。

历史的总体性（Totalität）是一个开放的整体。面对这个整体，经验的态度会意识到现有事实知识的贫乏，并时刻准备好去领悟新的事实；哲学的态度则让一切绝对世界内在性（Absolute Weltimmanenz）的总体性崩塌。如果经验和哲学相互促进，思考的人便会始终拥有可能性空间，他因此拥有自由。对他而言，开放的整体没有开端，也没有终点。任何历史的封闭性都无法得到他的认同。

现在仍有可能实现，并且能够洞察自身的全面思考（Totaldenken）的方法包含下列要素。

我们将领悟事实，这就好像是敲一敲它，听听它会发出什么声响，推测它可能具有什么意义。

我们将在一切领域里走到极限，以实现最广阔的视野：

这些视野将使一些要求浮现在我们眼前。看到历史的人会反观其自身与当下。

（3）我们会**克服**纯**审美的历史研究**。在面对浩瀚无垠的历史认识材料时，如果一切都仅仅因为曾经存在，即便无关己身也具有回忆的价值——这种无关己身性（Unbetroffenheit）只无穷无尽地确认着如是存在——那么一种审美的态度就会跟随这种无选择性而来。对于这种态度来说，一切都能以某种引起或满足好奇的方式去观察：此物是美的，彼物也是。这种不承担义务的历史主义，无论它是科学的，还是审美的，都会导致任意性。而对于这种任意性而言，在一切具有同等价值后，一切都不再具有价值。但是，历史的现实并非没有义务。我们与历史打交道，事实上是与历史角力。历史与我们有关；历史中与我们有关的事物在不断地扩大。而那些与我们有关的事物，仅因涉及我们就已经是一个当下的人类问题了。历史越具有当下性，它就越无法作为审美欣赏的对象。

（4）我们在一种较之从前更为全面和具体的意义上**面向人类的统一**。我们熟悉那种从显象上的大量分歧中看到唯一的人类起源的深深满足感。只有从人类的空间中，我们才感到自己被抛回自身的特殊历史性上。通过我们对这种特殊历史性的意识，它会对自身来说变得更加深刻，同时对其他所有人以及统摄的、唯一的人类历史性而言变得更加开放。

这一切与作为抽象概念的“人类”无关，在这样的概念中，人消失了。相反，我们今天的历史意识已经放弃了作为抽象概念的人类概念。只有在现实历史中，人类这一理念才能在整体上变得具体和形象。过去，当我们在孤立隔绝中一筹莫展时，在灾难中无计可施时，面对所有给我们安全感的思维习惯走向破灭而不知所措时，人类这一理念就在现实历史中成了起源内的庇护所，而从起源中产生出正确的准则。起源要求不受限制的交流，它使所有民族都能因在陌生人和人类集体中感受到亲缘性而感到满足。它所显示的目标使我们对共同生活的渴望和意志获得了可能性。

世界历史看上去可能就像是一堆杂乱无章的偶然事件——在整体上，混乱就像是洪水中的漩涡。它不断旋转，从一种迷惘到另一种迷惘，从一场灾祸到另一场灾祸，其中挟裹着短暂的幸福希望，以及洪水暂时还来不及吞没的小岛。总之，用马克斯·韦伯的一个比喻来说：世界历史就像是一条街道，它是魔鬼用毁掉的价值铺设而成的。

这样看来，历史没有统一，也因此没有结构和意义——除非是在无法综览的大量因果链和因果结构之中，而这样的因果链和因果结构同样出现在自然进程里，只不过在历史中它们要不精确得多。

但是，历史哲学就意味着去寻找这种统一、这种意义和世界历史的结构——这一结构只可能与整体人类相关。

（5）**对我们来说，历史与当下变得不可分割**。历史的意识处于一种两极性之中：面对历史，我抽身后退，站在它的对面观察它，就像是从整体上眺望一座远方的雄伟山脉，观察它的主要轮廓和独特显象。或者，我领悟整个在场性，领悟正在发生和我所身处的现在（Jetzt），随着现在不断加深，历史对我来说变成了当下，而那正是我本身。

二者都必不可少。历史的客观性作为他者（das Andere），即使没有我也一样存在；而假如没有现在的主观性，那种他者对我而言就没有任何意义。二者缺一则使历史失去效力，或是成为无穷无尽、供人随意选择的知识内容，或是成为被遗忘的事物。

但二者是如何联系起来的？并非通过任何理性的方法。而是在运动同时引起二者的时候，一方的运动控制着另一方的运动。

这一历史意识的基本情形决定了我们确信历史整体结构的方式。放弃这一基本情形是不可能的，因为那样的话，它会完全无意识地、不受控制地强占我们的直观。但去完成它，就要使它作为已经意识到的东西悬置起来，而与此同时，它还是我们存在意识的一个因素。

当研究与生存及其存在意识在彼此间的张力中相互实现时，研究本身也处于整体和细枝末节的张力之中。结合对特殊事物出于喜爱的亲近，历史的全面意识设想出一个世界，在其中，人类能够带着他的基础，作为他本身生活。对历史的广度保持开放，认同自身与当下事物的一致性，领悟整体历史，从当下的起源中生活，在这些张力中，人被抛回自身的绝对历史性，获得了观照自我的可能。

普遍的历史图景和当下的处境意识相互支撑。我如何看待过去之整体，就如何体会当下之事物。我在过去事物中获得的基础越深，我对当下事物进程的参与就越关键。

以史为镜，我才知晓我将归属何方，我又为何而活。“不知如何解释三千年历史的人，便只能茫然身处昏暗之中，一日日得过且过。”——这是一种意义意识，然后是一种位置意识（方向），并且最重要的是，它是一种本体意识（Substanzbewusstsein）。

令人惊讶的是，对我们来说，在场性可能消失；我们可能失去现实，因为我们仿佛永远生活在别处，活在幻想中，活在避免完全在场性的历史中。

但另一方面，以眼前这一刻的在场性，以没有回忆与未来地活在现在来驳斥上述情形，是没有道理的。因为这种生活意味着人类的可能性丧失在一种不断空洞的现在中，在这里，源于永恒当下（ewige Gegenwart）的现在之充盈（Fülle des Jetzt）没有留下任何东西。

通过历史意识，充实的现在之谜永远不会解开，而只会不断加深。现在的深处只有在与过去和未来，与回忆和我所秉持的理念成为一体时，才会显现出来。在那里，我通过历史的形态和历史外衣下的信仰肯定永恒的当下。

或者，难道我能摆脱历史，逃去时间之外吗？

第五章 战胜历史

我们已经意识到：历史没有完成，历史进程中包含着无限的可能性，所有将历史塑造为一个已知整体的尝试都会失败。记忆中的事物会通过新的资料显示出从前未能察觉到的真理；那些曾经作为非本质事物而被抛开的，现在赢得了至关重要的本质性。历史看起来不可能终结，它从无限中来，走向无限中去，只有外部的灾难才能将这一切以缺乏意义的方式中断。

一种对历史的不满足感攫住了我们。我们想要冲破历史，到达一切历史之前或超出历史之外的一点，到达存在的基础——面对这个基础，全部历史都会显现出来，而这样的显现在其内部永无可能与实际相符。我们想要到达这样的一点，在那，我们仿佛旁观了创世，再也不用完全陷于历史的掌控之中。

然而，对我们而言，历史之外绝不可能有已知的阿基米德点[①]（der archimedische Punkt）。我们永远身处历史之中。在我们竭力想要到达一切历史之前或之后或竭力横跨一切历史时，在我们竭力走向一切的统摄之中，走向存在本身之中时，我们都在超越和我们

① 源于阿基米德发现杠杆原理后所说的“给我一个支点，我就能撬动地球”，指将事实和理论统一起来的一点。——译注

的生存中探索着，假如这个阿基米德点可以具有一种能具体认识的形态的话，那它可能会是什么。

（1）我们通过转投自然而跨越历史。面对大洋，在山中天地，在风暴之中，在日出的光芒沐浴下，在自然现象的色彩变化时，在死寂的冰雪极地世界，在原始森林里，凡是在远离人烟的自然对我们窃窃私语的地方，我们都可能有一种如同解脱般的感觉。复归无意识的生命，更深刻地复归无生命的自然力的清晰性，这可以将我们引向静谧、雀跃和无痛苦的统一。但是，如果这一切不仅仅是在过渡中体验完全沉默的自然存在之秘密——这一存在超出一切我们称之为善与恶、美与丑、真与假的东西；这一冷酷无情的存在会将我们抛弃在水深火热之中——那么它就会使我们产生错觉。如果我们真的在那里找到了庇护，那我们就等于逃离了人类和我们自身。但如果我们把这些暂时扣动我们心弦的自然体验当作静默的符号，它暗示却不揭示那些历史之外的东西，那么，这些体验就会保持真实，因为它们推动我们向前，而不是将我们锁在身边。

（2）我们跨过历史，进入永恒的有效（das zeitlos Geltende），进入独立于历史的真理，进入数学和一切无可争议的知识，进入一般性和普适性的每一种形式——它不受任何变化的影响永远普适，无论人们是否正确地认识它。在明确把握到有效事物时，我们可能会感到极大的兴奋。我们拥有一个稳固的点，一种存在，它是持存的。但如果我们依附于它，便又会被引入歧途。这种持存的有效（das Gelten）也是一个符号，它不具有存在的内涵。它使我们奇特得并不受其影响，随着发现它的进程不断进步，它会显现出来。

它本质上是有效（Gelten）的形式，而有效的内容是无限多的存在者，但永远不是存在。只有我们的知性才能在一种长期延续的事物中享有安宁。我们本身并不能。但另一方面，既然存在这种有效性（Geltung），它独立于一切历史，脱离一切历史，就是对超时间性（Überzeitliche）的一个提示。

（3）我们跨过历史，进入历史性的基础——即走向世界存在的整体历史性。人类历史中有一条通向基础的道路，整个自在的（an sich）、非历史的自然从这一基础那里进入了历史性的光照中。但只有对思辨来说，这才像是一种语言：某种东西似乎在人的自身生物学特性、地形地貌和自然事件方面满足了源于自然的人的历史性。人的生物学特性、地形地貌和自然事件最开始只是缺乏意义的、缺乏对象的，是灾难或是无足轻重的现成存在（Vorhandensein），但历史仿佛赋予了它们灵魂，就好像它们是彼此相符地从一个共同的根基中生长出来的一样。

（4）我们自身生存的历史性将我们引入这一历史性的基础之中。当我们不受限制地接受和选择我们如何立于世界之中，不受限制地做出决定，在爱本身中不受限制地得赠自身时，我们就作为历史性成为横跨时间的存在——光亮从这一点上散发出来，因我们的交流而照亮了历史的历史性。我们的交流透过历史上的可知事物达到生存。在这里，我们跨越历史，走向永恒的当下，作为历史中的历史生存，我们超越了历史。

（5）我们跨越历史，进入无意识。人的精神是有意识的。意识是媒介，对我们来说，没有这个媒介就既不会有知识和经验，也不会有人性和与超越的联系。非意识的东西，称作无意识。无意识是一个就其内容而言可以无限阐释的消极概念。

我们的意识指向无意识，即指向我们在世界上发现的一切与我们没有内在交流的事物。我们的意识是由无意识承载的，它不断地从无意识中生发出来，又被牵引着回到无意识之中。但是，我们只能通过意识来获取对无意识的体验。在我们生命迈出的每一个有意识的步伐中，特别是在我们精神的每一次创造性活动中，我们内部的无意识都为我们提供了帮助。纯粹的意识什么也做不到。意识就像是波浪的顶峰，是宽阔深厚的基础上露出的尖顶。

承载我们的无意识具有双重意义。一种无意识是自然，它是自在的，并且永远是模糊昏暗的；另一种无意识是精神的种子，它竭力要显现出来。

如果我们跨越历史，作为显现在意识显象中的存在者进入无意识，那么这种无意识就绝不是自然，而是那种显露于象征中的无意识，这些象征从语言、诗歌、描述与自我描述和反思中浮显出来。我们的生活不仅从它中来，而且向它而去。意识越是使无意识清晰地显现出来，无意识本身反而就变得越实质，越深刻，越广博。因为它内部的那颗种子被唤醒了，这使它本身得到了增强和拓展。历史中的精神进程不仅耗尽了既有的无意识，同时也产生了新的无意识。然而，鉴于无意识是唯一的，这两种表达方式都是错误的。不仅精神的历史进程渗透到了唯一的无意识之中，并且无意识就是超越一切历史，处于一切历史之前和之后的存在。

但是，作为无意识，它的特点只能是消极的。我们无法通过这个概念获得任何存在的暗码（Chiffre des Seins），就像爱德华·冯·哈特曼（Eduard von Hartmann）[1]在实证主义思想世界中所进行的徒劳尝试那样。只有当无意识在意识中获得形态，并因此不再无意识地存在时，无意识才具有价值。意识是现实的、真实的。我们的目标是更高的意识，而非无意识。我们战胜历史，走向无意识，不如说是为了通过这样而走向更高的意识。

对意识缺失（Bewuβtlosigkeit）的渴望具有误导性，而在困境中，这种渴望无时无刻不在向我们人类袭来。无论是一位巴比伦的神想要以“我要睡觉”的言辞来结束世间的嘈杂，还是西方人渴望进入伊甸园，渴望回到他还没有从智慧之树上摘下苹果的状态；无论是他认为最好从未来到这世上，还是他竭力要回到所有文明产生之前的自然初始状态，或是将意识当作灾祸，把整个历史看作歧途，想要结束这一切——各式各样的形态下是同样的实质。这不是战胜历史，而是逃避历史和历史之中的自身此在。

（6）当人类在其最高作品中出现在我们面前时，我们跨过了历史。人类仿佛能够通过这些作品拦住存在，并使它变得可以传播。人们耗尽心思使永恒的真理变成语言，他们在这里实现的成就，虽然披着历史的外衣，但却超越了历史，并将我们领到超越历史世界的道路上，沿着这条道路，我们进入在那些历史之前就已存在，并通过历史而变成语言的事物。在那里，我们不再追问从何而来，去向何处，也不追问未来与进步。在那里，一些东西存在于时间里，却不再只意味着时间，而是超越一切时间，作为存在本身向我们走来。

---

① 爱德华·冯·哈特曼（Eduard von Hartmann，1842—1906），德国哲学家，著有《无意识哲学》。——译注

历史本身会变成通向超历史的道路。在对创造、行为和思想领域的伟大事物的直观中，历史就像永恒的当下一样散发着光芒。它不再只是满足某种好奇，而是成为激励人心的力量。作为敬畏的对象，历史中的伟大事物与超越所有历史的基础相连。

（7）对整体历史的理解延伸到历史之外。历史的统一本身不再是历史。把握这种统一，已经意味着跳出历史，进入这种统一的基础。统一通过这一基础而存在，统一使历史完整。但是，这种越过历史，朝向历史统一的飞跃本身仍然是历史之中的任务。我们并不生活在对统一的认识中，但假如我们将统一作为生活的出发点，那么我们就在历史中超历史地生活。

如果我们离开历史，那么一切超越历史的飞跃都会是错觉。我们的生存的基本悖论是，只有在世界之中才能超出世界地生活。这个基本悖论在超越历史的历史意识中不断重复。世界周围没有路，只有穿过世界的道路；历史周围没有路，只有穿过历史的道路。

（8）当我们注意到漫长的史前各时期和短暂的历史各时期时，下面的问题就产生了：相比几十万年的史前，历史难道不是一个暂时的显象吗？除了通过下面这个一般的定律外，我们无法从根本上回答这个问题：凡物有始，则必有终——无论它延续数百万年，还是延续数十亿年。

然而，这个答案——我们的经验认识不可能去验证它——对我们的存在意识而言是多余的。因为即便我们的历史观有可能根据我们所看到的是没有尽头的进步，还是终结的阴影而发生剧烈变化——但具有本质意义的是，对历史的认识不会是最终的认识。它取决于对在场性——它作为时间中的永恒性——的要求。历史之外环绕着更加广阔的地平线，在那里，在场性被看作场所（Stätte）、考验（Bewährung）、决断（Entscheidung）和充实（Erfüllung）。永恒的东西作为决断显现在时间之中。对于生存的超越性意识而言，历史消失在永恒的当下之中。

但是，在历史本身之中始终有时间的视角：或许人类历史还要在这个现已成为一体的地球上延续很长很长时间。于是，在这样的视角下，每个人都要问自己：我要立身何处？我要为何效力？

人名对照表

Alexander der Groβe	亚历山大大帝
Amenemope	阿门内莫普
Amida（Buddha）	阿弥陀佛
Anaximander	阿那克西曼德
Archimedes von Syrakus	阿基米德
Arendt，Hannah	汉娜・阿伦特
Aristarchus von Samos	阿利斯塔克
Asoka der Groβe	阿育王
Augustinus，Aurelius	奥勒留・奥古斯丁
Bach，Johann Sebastian	约翰・塞巴斯蒂安・巴赫
Bachofen，Johann Jakob	约翰・雅各布・巴霍芬
Bacon，Francis	弗朗西斯・培根
Bismarck，Otto von	奥托・冯・俾斯麦
Bossuet，Jacques–Bénigne	雅克－贝尼涅・波舒哀
Buddha，Siddhartha Gautama	释迦牟尼
Burckhardt，Jacob	雅各布・布克哈特
Burke，Edmund	埃德蒙・伯克
Caesar，Gaius Julius	盖乌斯・尤里乌斯・恺撒
Chantepie de la Saussaye，Pierre Daniel	尚特皮・德・拉・苏撒耶
Columbus，Christoph	克里斯托弗・哥伦布
Comte，Auguste	奥古斯特・孔德
Constant，Benjamin	本杰明・贡斯当
Croce，Benedetto	贝奈戴托・克罗齐

续表

Daniel	但以理
Dante Alighieri	但丁·阿利基耶里
Da Vinci，Leonardo	列奥纳多·达·芬奇
De Groot，Jan Jakob Maria	高延
Demokrit	德谟克利特
Descartes，Rene	勒内·笛卡尔
Dessauer，Friedrich	弗里德里希·德绍尔
Deutero-jesaias	第二以赛亚
Dionysios Areopagita	亚略巴古的狄奥尼修斯
Eckhart，von Hochheim	埃克哈特
Eddington，Arthur Stanley	亚瑟·斯坦利·爱丁顿
Elias	以利亚
Elphinstone，Mountstuart	芒斯图尔特·埃尔芬斯通
Engels，Friedrich	弗里德里希·恩格斯
Euklid von Alexandria	欧几里得
Ezechiel	以西结
Ferrero，Gulielmo	古列尔莫·费列罗
Fichte，Johann Gottlieb	约翰·戈特利布·费希特
Fiore，Joachim	约阿希姆·菲奥雷
Florenz，Karl	卡尔·弗洛伦茨
Friedrich II	腓特烈二世
Galilei，Galileo	伽利略·伽利雷
Goethe，Johann Wolfgang von	约翰·沃尔夫冈·冯·歌德
Habakuk	哈巴谷
Hartmann，Eduard von	爱德华·冯·哈特曼
Hayek，Friedrich August von	弗里德里希·奥古斯特·冯·哈耶克

续表

Hegel，Georg Wilhelm Friedrich	格奥尔格·威廉·弗里德里希·黑格尔
Helmolt，Hans Ferdinand	汉斯·费迪南德·赫尔默特
Heraklit	赫拉克利特
Herder，Johann Gottfried	约翰·戈特弗里德·赫尔德
Herodotus	希罗多德
Hiob	约伯
Hitler，Adolf	阿道夫·希特勒
Homer	荷马
Hrozny，Friedrich	弗里德里希·赫罗兹尼
Jeremias	耶利米
Jesaias	以赛亚
J ü nger，Ernst	恩斯特·荣格尔
J ü nger，Friedrich Georg	弗里德里希·格奥尔格·荣格尔
Kaegi，Werner	维尔纳·凯基
Kant，Immanuel	伊曼努尔·康德
Kepler，Johannes	约翰尼斯·开普勒
Keyserling，Hermann Alexander Graf	赫尔曼·亚历山大·盖沙令伯爵
Kierkegaard，Soren	索伦·克尔凯郭尔
Klages，Ludwig	路德维希·克拉格斯
Konstantin der Groβe	康斯坦丁大帝
Lasaulx，Peter Ernst	彼得·恩斯特·拉索尔克斯
Le Bon，Gustave	古斯塔夫·勒庞
Leeuwenhoek，Antony van	安东尼·列文虎克
Lessing，Gotthold Ephraim	戈特霍尔德·埃夫莱姆·莱辛
Lippmann，Walter	沃尔特·李普曼

续表

Longinus, Gaius Cassius	盖乌斯·卡西乌斯·郎其努斯
Luther, Martin	马丁·路德
Marx, Karl	卡尔·马克思
Meyer, Eduard	爱德华·迈尔
Michelangelo Buonarroti	米开朗琪罗·博那罗蒂
Milton, John	约翰·弥尔顿
Montesquieu, Charles	查理·孟德斯鸠
Morse, Samuel	塞缪尔·摩尔斯
Mozart, Wolfgang Amadeus	沃尔夫冈·阿玛多伊斯·莫扎特
Napoléon Bonaparte	拿破仑·波拿巴
Newton, Isaac	艾萨克·牛顿
Nietzsche, Friedrich Wilhelm	弗里德里希·威廉·尼采
Numa Pompilius	努马·庞皮留斯
Ortega y Gasset, José	奥特加·伊·加塞特
Parmenides	巴门尼德
Pascal, Blaise	布莱士·帕斯卡
Perikles	伯里克利
Plato	柏拉图
Portmann, Adolf	阿道夫·波特曼
Pythagoras	毕达哥拉斯
Raffaello Santi da Urbino	拉斐尔·桑西·达·乌尔比诺
Ranke, Leopold von	利奥波德·冯·兰克
Rembrandt Harmenszoon van Rijn	伦勃朗·哈尔曼松·凡·莱因
Rocholl, Rudolf	鲁道夫·罗切尔
Röpke, Wilhelm	威廉·洛卜克
Salomon, Albert	阿尔伯特·萨洛蒙

续表

Schelling，Friedrich Wilhelm Joseph	弗里德里希·威廉姆·约瑟夫·谢林
Shakespeare，William	威廉·莎士比亚
Shinran	亲鸾
Sokrates	苏格拉底
Solon	梭伦
Spengler，Oswald	奥斯瓦尔德·斯宾格勒
Spinoza，Baruch de	巴鲁赫·德·斯宾诺莎
Strauβ，Viktor von	维克多·冯·施特劳斯
Tacitus，Publius Cornelius	普布利乌斯·科尔奈利乌斯·塔西陀
Thales	泰勒斯
Thomas Aquinas	托马斯·阿奎纳
Thukydides	修昔底德
Tocqueville，Alexis-Charles-Henri Clérel de	阿历克西·德·托克维尔
Toynbee，Arnold Joseph	阿诺德·约瑟夫·汤因比
Trotzki，Leo	列奥·托洛茨基
Vergil	维吉尔
Vico，Giambattista	詹巴蒂斯塔·维柯
Weber，Alfred	阿尔弗雷德·韦伯
Weber，Max	马克斯·韦伯
Wilhelm II von Deutschland	威廉二世
Xenophanes	色诺芬
Zarathustra/Zoroaster	查拉图斯特拉 / 琐罗亚斯德